Thomas Bührke

Die Sonne im Zentrum

Aristarch von Samos

Thomas Bührke

Die Sonne im Zentrum

Aristarch von Samos

Roman der antiken Astronomie

Verlag C. H. Beck München

Mit 3 Abbildungen von Peter Palm, Berlin

© Verlag C. H. Beck oHG, München 2009
Satz aus der Meridien bei Fotosatz Amann, Aichstetten
Druck und Bindung: GGP Media GmbH, Pößneck
Umschlaggestaltung: www.kunst-oder-reklame.de
Umschlagbild: Giorgione, Die drei Philosophen, 1508/1509,
Kunsthistorisches Museum, Wien, Foto: Photobusiness – Artothek
Gedruckt auf säurefreiem, alterungsbeständigem Papier
(hergestellt aus chlorfrei gebleichtem Zellstoff)
Printed in Germany
ISBN 978 3 406 58249 3

www.beck.de

✿ **Für Ute**

Es ist nicht die Aufgabe des Dichters zu berichten,
was geschehen ist, sondern vielmehr, was geschehen könnte und was
möglich wäre nach Angemessenheit und Notwendigkeit.

Aristoteles, Von der Dichtkunst, 4. Jhdt. v. Chr.

Das schöne Altertum war stets ehrenswert;
aber nie habe ich geglaubt, es sei anbetungswürdig.
Ich sehe die Alten, ohne vor ihnen die Knie zu beugen.
Sie sind groß, wahrlich, aber Menschen wie wir.

Charles Perrault, 1687

Inhalt

Die Personen

Historisch gesichert

Aristarch von Samos	Astronom und Mathematiker
Straton von Lampsakos	«Der Physiker», dessen Lehrer
Euklid	Mathematiker, Verfasser der *Elemente*
Ktesibios von Alexandria	Mechaniker («Pneumatiker»)
Timocharis von Kos	Hofastronom, Aristarchs Lehrer
Hekataios von Abdera	Historiker, Ägyptenforscher
Herophilos von Chalkedon	Arzt und Chirurg
Zenodotos von Ephesos	Grammatiker, Erster Leiter der Bibliothek
Kallimachos von Kyrene	führender Literat seiner Zeit
Asklepiades von Samos	Lyriker
Hedylos von Samos	Lyriker
Sotades von Maroneia	Lyriker
Glauke von Kos	Harfenspielerin und Sängerin
Euhemeros von Messene	Atheist
Hegesias	Atheist, Anwalt des Selbstmordes
Kleanthes von Assos	Philosoph, Aristarchs Ankläger
Aristyllos	Astronom, Nachfolger von Timocharis
Archimedes von Syrakus	Mathematiker, Astronom, Physiker, Ingenieur
Ptolemaios I. Soter	einer von Alexanders Heerführern, 305–283 v. Chr. König von Ägypten
Ptolemaios II. Philadelphos	dessen Sohn, 283–246 v. Chr. König von Ägypten
Arsinoë II.	dessen Schwester und spätere Gemahlin

Fiktiv

Demeas von Athen	Aristarchs Freund, Schüler von Hekataios
Nikeratos von Athen	Aristarchs Freund, Schüler von Herophilos
Dolios	Diener im Museion
Simaitha	Aristarchs Liebe
Damokrates	Sekretär des Verwalters (Epistate) im Museion
Mesui	Ägyptischer Dolmetscher

Am Vorabend

Alexandria, 8 Phaophi im Jahre 14 des Ptolemaios II. Philadelphos

Verehrter Lehrer, lieber Straton,

ich schreibe Dir diese Zeilen im Angesicht einer ungewissen Zukunft. Du weißt, dass mich der Philosoph Kleanthes öffentlich der Gottlosigkeit angeklagt hat, weil ich, wie er es formuliert, «die Erde als Herd und Tempel des Kosmos» aus dessen Mitte gestoßen habe. Es ist wahr, dass ich die Sonne als Zentrum der Welt ansehe und behaupte, dass die Erde sie umkreist und sich zudem um die eigene Achse dreht. Du kennst meine Beweggründe für diese Hypothese, und Du hast mich vor deren öffentlicher Verteidigung gewarnt. Nun ist es so gekommen, wie es kommen musste.

Morgen findet das Streitgespräch mit Kleanthes statt, dem das Königspaar, Gelehrte der Stadt und geladene Gäste beiwohnen werden. Ich wage keine Prognose über den Ausgang, erwarte aber nichts Gutes. Was werden die Konsequenzen sein, wenn ich unterliegen sollte? Auch darüber wage ich kaum nachzudenken. Du weißt, welche Strafe auf Gotteslästerung stehen kann. Aristoteles wurde wegen dieses Vergehens am Ende seines Lebens verbannt, Sokrates musste den Schierlingsbecher trinken, Anaxagoras entging dem todbringenden Richterspruch nur durch Flucht. Warum also tue ich das? Warum gebe ich mich nicht damit zufrieden, als angesehener Astronom wohlversorgt am Königshof zu arbeiten und wie ein Huhn im Stall sorgenfrei zu leben, wie Du selbst einmal gesagt hast?

Meine Argumente, die mich zu diesem radikalen Bruch mit den Ansichten der alten Gelehrten geführt haben, sind Dir bekannt, Du selbst hast sie überzeugend genannt. Sind sie es nicht wert, dass man ihnen genauer nachgeht, sie prüft und – sofern sie sich als überzeugend erweisen – beherzt verteidigt? Müssen wir nicht alle Wege gehen, an deren Ende wir uns ein lohnenswertes Ziel erhoffen? Und ist nicht die Wahrheit das lohnenswerteste Ziel, das wir je erreichen können?

Mit unseren neuen Beobachtungsinstrumenten und den wunderbaren Bedingungen, die wir hier im Museion vorfinden, sind wir zum ersten Mal in der Lage, den Bauplan des Kosmos zu entdecken. Diese Möglichkeit müssen wir ergreifen!

Nicht philosophische Spekulationen werden uns zukünftig als Ariadnefaden durch das Labyrinth des Universums dienen, sondern Messwerte, mit denen wir unsere Hypothesen überprüfen können.

Einzig und allein der Wahrheit fühle ich mich verpflichtet, nicht Aristoteles, nicht Platon und auch nicht einem Glauben daran, dass die Erde im Mittelpunkt des Kosmos stehen *muss*. Wahrheit und Erkenntnis sind stets die Ideale in meinem Leben gewesen. Wofür sonst lohnt es sich, zu leben und zu kämpfen?

Wenn Du diese Zeilen liest, wird das Urteil über mich bereits gesprochen sein. Egal wie es ausfallen wird, Du wirst an mir festhalten, davon bin ich fest überzeugt.

Sei freundschaftlich umarmt
von Deinem Schüler und Freund,
Aristarch.

Ankunft in der neuen Welt

2 Pachon im Jahre 16 des Königs Ptolemaios I. Soter

Seit dem frühen Morgen schon stand er ganz vorne am Bug und blickte auf den flirrenden Streifen des Horizonts. Mittlerweile hatte die Sonne ihren höchsten Punkt erreicht, so dass er trotz der zum Schutz erhobenen Hand seine Augen zusammenkneifen musste. Die Hitze war unerträglich, nur hin und wieder kühlte ihn eine Brise. Tränen rannen ihm über die Wangen, vereinten sich mit der salzigen Gischt, die der Seewind herauftrieb.

Das Segel schlug im monotonen Rhythmus der Ruder, die das Wasser durchzogen. Die 170 Männer, in drei Reihen übereinander, auf schmalen Holmen hockend, eingepfercht in dem Rumpf der Triere, zogen an den Riemen und stierten vor sich hin. Übermüdet und mit schwieligen, blutverkrusteten Händen sehnten sie das Ende der Fahrt herbei, obwohl sie wussten, dass ihnen nur eine kurze Ruhe vergönnt sein würde, bevor sie wieder zurückmussten in den Bauch des Schiffes.

Unverwandt blickte der junge Mann auf den Silberstreifen, der den Himmel von der Erde trennte. Eine Woche lang war er auf See gewesen, hatte zugesehen, wie in den Häfen von Milet und Rhodos hektisch und mit lautem Geschrei Waren verladen wurden: Hafenarbeiter hatten Wein in bauchigen Amphoren herbeigeschafft, Marmorblöcke in die Schiffe gewuchtet und dicke Ballen feinsten Leinentuches verpackt. Nächtelang hatte der Reisende auf den Schiffsplanken gelegen und zu den Sternen aufgeschaut. Gemächlich zogen sie ihre Bahn, nichts konnte ihren Lauf stören. Göttlich im Wesen, göttlich in ihrer Schönheit und Erhabenheit kreisten sie um die Erde und um ihn.

Schon als Kind war in ihm die Faszination für den Sternenhimmel erwacht. Oft war er nachts heimlich durch das Fenster seines Zimmers in den Garten hinausgestiegen, hatte sich ins Gras gelegt und stundenlang zugesehen, wie die Gestirne ihre Bahnen zogen. Woher diese Begeisterung kam? Er wusste es nicht. Sein Vater verdiente gutes Geld als Kaufmann; die Himmelskunde war nie seine Sache gewesen.

Die Leidenschaft für die Astronomie ließ ihn nicht wieder los. Hinzu kam eine ungewöhnliche Begabung für Mathematik. Die letzten Jahre der Schulzeit hatten ihn gelangweilt, weil die Lehrer ihm nichts Neues mehr beibringen konnten. Am Ende gab es für ihn nur ein Ziel: die Himmelskunde. Ein ganz und gar unrealistischer Wunsch, wenn er auf Samos geblieben wäre.

Ein alter Freund der Familie, Straton von Lampsakos, erwies sich als Retter. Er war Lehrer am königlichen Hof in Alexandria und sorgte dafür, dass der talentierte junge Mann an das neue Zentrum für Wissenschaften und Philosophie, das Museion, eingeladen wurde. Dort gab es Astronomen, die mit neuartigen Instrumenten die Orte der Sterne und die Bewegungen des Mondes, der Sonne und der Planeten vermaßen. Dort lehrte Euklid die Elemente der Mathematik.

Das Schiff näherte sich weiter seinem Ziel, als sich aus dem Dunst eine kleine Erhebung herauslöste. Zuerst schien dem jungen Mann der Schemen eine Täuschung zu sein, doch bald erkannte er einen Turm, der sich in den Himmel erhob. Noch konnte er sich keine klare Vorstellung von dessen Größe machen, weil die Wasserwüste jedes Gefühl für Entfernungen trübte. Aber das Gebäude musste riesig sein. Gehört hatte er schon von diesem Wunder der Baukunst. Pharos, wurde es genannt, ein Leuchtfeuer, das allen Seefahrern den Weg in den Hafen wies, Wahrzeichen einer noch jungen Stadt, die den Rang einer Metropole von Kunst und Wissenschaft, Politik und Wirtschaft anstrebte.

Der junge Mann am Bug konnte seine Augen nicht abwenden von diesem Bild, das nach und nach immer weitere Einzelheiten offenbarte. Eine lange Festungsmauer tauchte auf, dahinter große Palastgebäude, umrahmt von kleineren Villen und mehrstöckigen Herrenhäusern.

Das tiefe Blau des Meeres ging nun stetig in ein klares Grün über, das ihn an seine Heimat erinnerte – an die sanfte Küste von Samos, an der er mit seinem Bruder gespielt hatte und so gern spazieren gegangen war. Seit Beginn der Reise dachte er das erste Mal wieder an den Abschied; an die Tränen seiner Mutter, die Hand seines Vaters auf seiner Schulter und an seinen Bruder, der ihm ein kleines Fässchen mit Honig und einen Beutel Sesamkörner geschenkt hatte. Mit Heimweh im Herzen zog er den Beutel aus der Tasche, holte einige Körner heraus und zerkaute sie langsam. Er liebte diesen Geschmack und versüßte ihn sich gern mit etwas Honig.

Jetzt war die Stadt nicht mehr fern. Das Meer wurde unruhiger, der Schiffsrumpf schlug heftiger auf das Wasser. Die Hafeneinfahrt. Wie steinerne Wächter ragten Felsen aus dem Meer. Als das Schiff zwischen ihnen in die Bucht einlief, beruhigten sich die Wellen. Rechts von ihm stand auf einem Felsen der Pharos zum Greifen nahe. Auf der Spitze thronte eine kolossale Bronzestatue des Poseidon, der mit seinem Dreizack die Erde erschüttert und Stürme entfacht. Von ihm beschützt, könne Pharos von niemandem als ihm selbst wieder zerstört werden – so weissagte das Orakel.

Auf der anderen Seite schützten die Klippen der Landzunge Lochias die Hafeneinfahrt. Hier lagen die Königspaläste. Umgeben von einer mächtigen Wehrmauer zogen sie sich in einem weiten Bogen die Küste entlang und beherrschten das Panorama im östlichen Teil der Stadt. Unterhalb der Paläste, abgetrennt von einer Mauer, deren einzigen Durchlass ein wuchtiges Tor verschloss, lag der Hafen für die königlichen Schiffe. Rechts davon schwamm die Muschel eines großen Theaters auf dem Häusermeer, dahinter im Dunst der Stadt ein Tempel auf einem künstlich aufgeschütteten Hügel mit einem schneckenförmigen Aufgang.

Die prächtige Erscheinung der Stadt fesselte den Reisenden so sehr, dass er nicht einmal bemerkte, als das Schiff am Kai anlegte. Erst als ihn jemand antippte und auf sein Gepäck zeigte, das bereits von Bord getragen wurde, begann er zu begreifen: Er war angekommen.

Er ging von Bord, geschäftige Lastenträger rempelten ihn an. Enttäuscht musste er feststellen, dass ihn offenbar niemand erwartete. Da er nicht wusste, wohin er sich wenden sollte, beschloss er, sich den Pharos anzuschauen, der ihn magisch anzog. Er ließ sein Gepäck liegen und schritt, den ungewohnten festen Boden unter den Füßen, leicht wankend die Kaimauer entlang.

Im Hafen herrschte wüstes Getümmel. Schiffe wurden entladen oder vollgestopft, weiße Segel drängten sich in der Ausfahrt zusammen, von allen Seiten erscholl Gebrüll, Lastenträger wurden zur Arbeit geprügelt, stockende Esel vor überquellenden Karren geschlagen. Wagen polterten mit ihren metallbeschlagenen Rädern über buckelige Steine und ließen den Boden vibrieren. Es war stickig, die heiße Luft angefüllt mit dem Gestank von Schweiß und Kot, verfaultem Obst, ausgelaufenem Wein und fauligem Fisch. Süßliche Schwaden vergorener Trauben schwebten durch den brestigen Dunst. An vielen Stellen war kein Durchkommen. Berge rhodischer Tonkrüge und klobige Ballen Papyrus versperrten den Weg. Hunde streunten zwischen dem Unrat umher, unbeeindruckt von den Schlägen und Tritten der Hafenarbeiter.

Weit abseits davon erhob sich der mächtige Leuchtturm. Um ihn zu erreichen, musste Aristarch einen langen Damm, das Heptastadion, überqueren. Deich und Pharos-Insel bildeten zusammen den westlichen Teil der Hafenbucht. Als er den Damm betrat, erblickte er auf der anderen Seite einen weiteren Hafen, von dem ein Kanal ins Inland führte. Über eine Viertelstunde benötigte er, um auf die Insel zu gelangen, und noch einmal so lange, bis er vor dem Monument stand. Hoch über sich erblickte er Poseidon, der vor den schnell ziehenden Wolken hin und her zu wanken schien.

Der aus weißem Kalkstein errichtete Leuchtturm strebte in drei sich nach oben verjüngenden Blöcken in die Höhe. Der untere, rechteckige Teil war von dunklen Fensteröffnungen durchbrochen; ein Rundgang, verziert mit bronzenen Zentauren, bildete den oberen Abschluss. Darüber verschlankte sich der Turm in einem oktaedrischen Zylinder. Darauf stand ein tempelartiger Bau. In einer offenen Laterne brannte das Leuchtfeuer, das Metallspiegel in die Ferne reflektierten. Etwa auf halber Höhe gewahrte Aristarch eine Inschrift: «Mögen die rettenden Götter die Seefahrer stets beschützen. Gewidmet von Sostratos von Knidos, Sohn des Dexiphanes.»

Er betrachtete noch eine kurze Weile das Bauwerk, als ihm jemand von hinten auf die Schulter tippte. Erschrocken dreht er sich um:

«Entschuldigt bitte, seid Ihr Aristarchos von Samos?»

Vor ihm stand ein kleiner, freundlich lächelnder Mann mit einem wilden Lockenschopf und zwei dunklen, knopfartigen Augen. Er trug den traditionellen, kurzen Chiton der Makedonier, gegürtet nur mit einem alten Strick.

«Seid gegrüßt, mein Name ist Dolios. Chairestratos, der königliche Verwalter des Museions, schickt mich, Euch zu begleiten. Unten am Schiff sagte man mir, der Mann aus Samos sei zum Pharos gegangen, und so folgte ich Euch», erklärte Dolios.

Freudig ergriff Aristarch die zum Gruß gereichte Hand und bedankte sich bei Dolios, froh darüber, nicht mehr allein zu sein. «Ihr habt eine herrliche Stadt, Ihr könnt glücklich sein, hier leben zu dürfen. Allein der Turm, ein Bauwerk, wie ich es noch nie gesehen habe.»

«Oh ja, sicher, wir haben alles, was wir brauchen. Brot und Wein, alle Früchte, die ihr Euch nur denken könnt. Im Stadion die Wettkämpfe, draußen vor der Stadt ein Hippodrom, jede Menge Vergnügungen, Bäder, Frauen und, wenn es Euch gefällt, auch gut gebaute junge Männer.» Bei den letzten Worten zwinkerte Dolios mit einem Auge und fasste Aristarch flüchtig am Arm.

«Ja, der Turm, den gibt es nicht noch einmal auf der Welt», fuhr Dolios fort. «Zehn Jahre lang haben viele tausend Männer daran gearbeitet. Einige haben es natürlich nicht überlebt, sind vom Gerüst gestürzt oder blieben ihr Leben lang ein Krüppel, weil ein Steinblock ihnen ihre Beine zertrümmert hat.» Dabei schlug er sich mit der Handkante gegen das Schienbein und verzog sein Gesicht, als habe er selbst gerade dieses Schicksal erlitten. «Aber große Taten verlangen ihre Opfer, das war schon immer so. Und außerdem waren es schließlich nur Sklaven.»

Jetzt deutete er auf die Inschrift am Turm und fragte: «Ihr wisst, wer Sostratos von Knidos war?» Aristarch schüttelte den Kopf. «Ein sehr reicher Mann am Hofe unseres Königs. Er schenkte den Turm der Stadt. Hat sich selbst natürlich damit ein Denkmal gesetzt», fuhr er wichtigtuerisch fort. Als er bemerkte, dass Aristarch ihn skeptisch ansah, setzte er hinzu: «Nun ja, man sagt, der König habe damals etwas Geld beigesteuert. Aber lasst uns jetzt gehen, man erwartet Euch bereits im Museion.»

Sie gingen über den Damm zurück zum Anlegeplatz des Schiffes, wo bereits jemand das Gepäck im Wagen verstaut hatte. «Setzt Euch hinter den Kutscher auf die Rückbank.» Dolios nahm dort neben ihm Platz, und sie fuhren los. Immer wieder musste der Kutscher vor ihnen laut brüllen, damit die Menschen ihrem Gefährt Platz machten.

Nur langsam kamen sie in dem Tumult voran, was Dolios Zeit zum Erzählen bot. «Eine großartige Stadt, gegründet von dem größten aller Menschen, der zugleich ein Gott war. Kennt Ihr die Geschichte?»

Natürlich kannte Aristarch dieses Märchen, das in seiner Heimat die Mütter ihren Kindern erzählten. Er schüttelte aber dennoch den Kopf, weil er Dolios den Spaß nicht verderben wollte. Außerdem war er froh, dass jemand sich so vertraut mit ihm unterhielt. Dolios hob also festlich an:

«Nachdem der göttliche Alexander Tyros eingenommen hatte, marschierte er mit seinem Heer weiter nach Westen, bereit, Ägypten zu unterwerfen. Doch wollte der junge Herrscher dieses Vorhaben nicht ausführen, ohne zuvor das Orakel von Ammon, den obersten Gott Ägyptens in der libyschen Wüste, zu befragen. Zwei Tage lang brachte Alexander Opfer dar und wünschte sich, einen Wahrspruch zu hören, wo er eine Stadt nach seinem Namen gründen solle. Da riet ihm Ammon: ‹Wenn du ewig unversehrt willst weiterblühen, so gründe die ruhmreiche Stadt der Proteus-Insel gegenüber im Angesicht des thronenden Aion Plutonios, der vom fünfgipfligen Berg die unendliche Welt bewegt.› Daraufhin verließ der große Alexander das Heiligtum und folgte dem Laufe des Nil bis in das weite, fruchtbare Schwemmland des Deltas, das durchzogen ist von unzähligen Flüssen und Rinnsalen, dessen Grenzen der gewaltige Strom unablässig fortspült und wieder aufs Neue zieht. Hier, am westlichen Zipfel dieses Landfächers, den man das kanopische Delta nennt, gründete er unsere Stadt. Bis dahin existierte dort nur ein dreckiges Nest namens Rhakotis, in dem einige arme Ägypter brüchige Hütten bewohnten. Doch Alexander erkannte sofort die strategisch günstige Lage des Ortes. In allen Einzelheiten ordnete er an, wo die Agora mit ihren verschiedenen Hallen, Basaren und Heiligtümern erbaut, wie viele Tempel errichtet und welchen Göttern sie gewidmet werden sollten. Die Baumeister zeichneten mit weißem Sand den Verlauf der Stadtmauer auf, doch plötzlich ging ihnen der Sand aus. Als der König das sah, ordnete er an, von dem für die Soldaten vorgesehenen Mehl zu nehmen. Auf diese Weise konnten sie den gesamten Stadtumfang festlegen. Die Propheten hielten dies für ein gutes Zeichen und sagten der Stadt eine glorreiche Zukunft voraus. Und nun seht selbst!»

Mit einer weit ausladenden Geste wies Dolios, der die Geschichte offensichtlich auswendig gelernt und schon etliche Male vorgetragen hatte, auf das quirlige Treiben um sie herum.

Endlich kam der Wagen aus dem Gewimmel der Hafengegend heraus und langte an einer Allee an, die die gesamte Stadt von Ost nach West durchzog. Trotz der Breite drängelten sich die Eselskarren und Fußgänger. Garköche boten lautstark Speisen an. Gebratene Kürbiskerne, gekochte Linsen, Pökelfleisch aus Byzantion und Käse aus Kios, es gab alles im Überfluss. Die Menschen suchten den kühlenden

Schatten der langen Arkaden entlang der Allee. Hin und wieder konnte Aristarch im Vorbeifahren einen Blick in die grün bewachsenen Oasen der Innenhöfe werfen. Hier spielte sich das häusliche Leben die meiste Zeit über ab. Hier wurde gearbeitet, gekocht, gegessen und in den heißen Wochen des Jahres auch geschlafen. Vereinzelt tauchten mehrstöckige Häuser auf, in deren Erdgeschoss sich häufig Handwerker eingerichtet hatten: Barbiere und Bäcker, Gerber und Glasbläser, Walker und Spinner, Schneider, Spengler, Schmiede, Steinmetze, Böttcher, Töpfer und Färber.

Die Allee war eine der beiden Hauptachsen, die die Stadt senkrecht zueinander durchzogen. In großer Entfernung führte sie durch ein mächtiges Stadttor hinaus ins Vorland. «Das ist unsere Plateia, von einigen auch scherzhaft Dromos, die Rennbahn, genannt», verkündete Dolios voller Stolz. Er fühlte sich sichtlich geschmeichelt, dass sein hoher Gast so beeindruckt war von seiner Stadt.

«He, du Langweiler! Pass doch auf, siehst du nicht, dass wir hier links die Straße nehmen müssen?» Dolios hatte dem Kutscher aufgeregt auf den Rücken geschlagen und fuchtelte mit der Hand vor dessen Gesicht herum. Sie bogen von der Plateia in eine schmalere Straße ein, die auf ein Tor zuführte, den einzigen Durchlass in einer hohen Mauer.

Diese Mauer umschloss das gesamte Königsviertel. Dort befanden sich nicht nur der Palast des Königs Ptolemaios, sondern ebenso die Tempel, Bäder, ein kleines Theater, die Wohnhäuser der Priester, Bediensteten und der makedonischen Leibgarde sowie der Gelehrten des Museions. Eine Stadt in der Stadt. Zu dem Museion gehörte die fast fertiggestellte Bibliothek, in der nach dem Willen des Königs das Wissen der gesamten Welt zusammengetragen und für die Nachwelt gesammelt werden sollte. Ein Hort der Wissenschaft und der Kunst erstand hier, das neue kulturelle Zentrum, in dessen Licht Athen verblassen würde.

Auf Dolios' Zuruf ließen die beiden Wachen die Kutsche passieren. Dolios musste den etwas erstaunten Gesichtsausdruck Aristarchs bemerkt haben, denn gleich erklärte er: «Die Soldaten kennen mich besser als den König. Überhaupt kennt mich jeder im Königsviertel.»

Als sie das Tor passiert hatten, öffnete sich vor ihnen ein weiter Platz, von dem aus mehrere Straßen abgingen. Offenbar war hier die quadratische Anlage der Stadt nicht durchgehalten worden, denn linker Hand führte eine Straße schräg auf ein zweistöckiges Gebäude zu, mit einer Säulenreihe an seiner gesamten Längsseite. Es stand etwas erhöht, so dass man eine vorgelagerte Terrasse erst über einige Treppenstufen erreichte. Die Terrasse lag jetzt, am frühen Nachmittag, im Schatten, nur wenige Menschen hielten sich dort auf. Rechtwinklig zu dieser Kolonnade schloss sich ein weiterer Säulenbau an. Aristarch vermutete deswegen, dass das Gebäude insgesamt ein Quadrat bildete, das einen großen Innenhof umschloss.

«Das ist unser Museion, Eure neue Arbeitsstätte», erklärte Dolios, der Aristarchs Blick wieder aufmerksam gefolgt war und eifrig auf den Säulenbau wies. «Dort stelle ich Euch dem Sekretär des Priesters vor. Er wird Euch alles erklären, die Arbeit, den Tagesablauf und so weiter.»

Gemächlich fuhren sie auf das Museion zu und hielten vor der Treppe an. Dolios bedeutete dem Kutscher, hier zu warten, und stieg dann mit Aristarch die Stufen zur Terrasse hoch. Im Schatten des Säulenganges schlenderten sie weiter, vorbei an Statuen und Wandmosaiken, die Szenen aus der Götter- und Sagenwelt darstellten. Ab und zu begegneten sie kleineren Gruppen von Männern. Nachdem sie am Ende der Kolonnade nach links abgebogen waren, hielt ihn Dolios plötzlich am Arm fest und deutete auf eine Tür.

«Der Sekretär des Priesters. Ihr müsst allein hineingehen. Ich sorge dafür, dass das Gepäck in Euer Zimmer gebracht wird, und werde Euch nach dem Gespräch wieder erwarten. Gleich nebenan habe ich übrigens auch ein kleines Zimmer, wo Ihr mich oft antreffen könnt, wenn Ihr etwas benötigt.»

Aristarch wollte sich noch bedanken, aber da hatte sich Dolios bereits umgedreht und war zurück zur Kutsche geeilt. Aristarch klopfte an; zögernd trat er ein.

Ein Luftzug, vermischt mit dem Geruch von Lampenöl, schlug ihm aus dem Zimmer entgegen. Er musste sich erst an die spärliche Beleuchtung gewöhnen, die der Raum von zwei Fenstern erhielt. Ihm gegenüber befand sich ein schwerer, mit Papyrusrollen bedeckter Tisch, den einige Kerzen und eine große, von der Decke herabhängende Öllampe beleuchteten. Dahinter thronte ein etwa fünfzig Jahre alter Mann von nicht unbeträchtlicher Körperfülle. Den Kopf hatte er etwas nach vorn geneigt, so dass sein massiges Doppelkinn gebührend zur Geltung kam.

«Ich grüße Euch, ich heiße Aristarchos und komme …»

«… von Samos», fiel ihm der Koloss ins Wort. «Ihr seid der Mathematiker, der uns von unserem Gelehrten Straton so warm empfohlen worden ist. Ich weiß, ich weiß. Seid willkommen in unserem Tempel der Musen. Entschuldigt bitte, wenn ich nicht aufstehe, um Euch zu begrüßen, aber die Hitze ... Ich bin Damokrates, der Sekretär unseres Epistaten Chairestratos. Hattet Ihr eine gute Überfahrt? Ihr müsst doch bei der Hitze fast umgekommen sein. Na ja, euch jungen Männern macht das nicht so viel aus. Und dann Eure Statur. Ich habe ganz entschieden einige Minen zu viel, ha ha ha.»

Sein Lachen war eher ein dumpfes Dröhnen, bei dem der gesamte Körper bebte. «Aber wie Ihr seht, habe ich viel Arbeit und keine Zeit, meinen Körper gymnastisch zu pflegen. Nun aber zu Euch. Dolios hat Euch offenbar unbeschadet durch das mittägliche Gewimmel auf den Straßen hierherbringen können. Was sagt Ihr zu unserem Juwel?»

Bevor Aristarch antworten konnte, fuhr der Sekretär schon fort: «Hier geht es etwas geschäftiger und hektischer zu als in Eurem Samos. Nichts gegen die altehrwürdigen Stätten der Forschung und Philosophie. Wir schauen natürlich immer noch voller Bewunderung auf die Schule des Aristoteles in Athen. Aber die Zukunft, mein Junge, die Zukunft heißt Alexandria.»

Aristarch wusste, dass Damokrates recht hatte. Diese Stadt wirkte wie ein Magnet auf die Gelehrten. Selbst aus seiner Heimat Samos waren bereits einige ausgewandert, um hier zu lernen und zu lehren.

«Schaut einmal auf den Hof!» forderte Damokrates seinen Gast auf. Aristarch trat an eines der Fenster, von dem aus der gesamte, vollständig von Säulengängen umgebene Innenhof zu überblicken war. Meist in kleinen Gruppen wandelten Männer umher. Die Wände waren mit Malereien und Mosaiken in kräftigen Farben geschmückt, zahlreiche Statuen von Musen und Göttern schienen die plaudernden Männer zu belauschen. Die Säulengänge umgaben einen von kleineren Baumgruppen und Wasserbecken aufgelockerten Rasen. Dominiert wurde der Hof jedoch von dem Standbild zweier Männer, von denen der eine einen Lorbeerkranz auf dem Kopf trug.

«Das sind Demetrios von Phaleron und unser König Ptolemaios», kam Damokrates Aristarchs Frage zuvor. «Sie sind die Gründer des Museions. Demetrios war ein Schüler von Theophrast, der wiederum bei Aristoteles gelernt hat. Dann wurde er Staatsmann, bis man ihn aus Athen verbannte. Schließlich kam er zu uns an den Hof und wurde Ratgeber unseres Königs. Ptolemaios und Demetrios verfolgten die Idee, in den Tempel der Musen die neuen Erkenntnisse der Philosophie und der Naturwissenschaften mit einfließen zu lassen. Früher waren die Musentempel ausschließlich unseren großen Dichtern gewidmet, hier aber suchen Physiker, Mathematiker, Astronomen und Philosophen nach den Wahrheiten der Natur. Diese Gemeinschaft, zu der auch Ihr jetzt gehört, lebt nur für die Forschung und steht unter dem Schutz des Königs. Ihr bekommt ein ausreichendes Salär und könnt, sofern Ihr das wollt, hier wohnen und essen. Ihr untersteht einzig und allein dem König und dem Epistaten. Zuerst werdet Ihr noch viel lernen, und wer wäre besser als Lehrer geeignet als Straton, den viele den Physiker nennen. Heute ist er im Palast, wo er den jungen Prinzen unterrichtet. Morgen aber könnt Ihr ihn treffen und dann diskutieren, so viel Ihr wollt.»

Damokrates, der die ganze Zeit über an seinem Tisch sitzen geblieben war, machte, offenbar leicht angestrengt von seinem Vortrag, eine Pause.

«Ich freue mich, Straton morgen zu sehen. Wie Ihr sicher wisst, ist er ein guter Freund meines Vaters, und auch ich kenne ihn recht gut», sagte Aristarch, der sich die Enttäuschung darüber, den einzigen Bekannten in dieser Stadt heute nicht mehr treffen zu können, nicht anmerken ließ.

«Selbstverständlich bekommt Ihr alle Arbeitsmaterialien von uns», begann der Sekretär erneut. «Wir haben unsere eigenen königlichen Geldmittel, die unser Epistate verwaltet. Von der Papyrusrolle und der Schreibfeder bis hin zur Ausgestaltung des Museions und der Tempel sowie der Wahl der Statuen sind wir in unseren Entscheidungen frei. Auch hierin erkennt Ihr den Großmut des Königs.»

Schwerfällig erhob sich Damokrates ein wenig, indem er sich auf die Stuhllehnen stützte, und schaute auf eines der vor ihm liegenden Schriftstücke. Er hatte seinen jungen Gast schon fast wieder vergessen, als sich dieser unentschlossen vom Fenster abwandte.

«Nun, habt Ihr noch Fragen? Ihr seid so still.»

Aristarch hätte ihn unendlich viel fragen mögen, aber stattdessen schüttelte er den Kopf und ging still zur Tür zurück.

«Nein danke, ich werde mich schon zurechtfinden.»

«Dann wünsche ich Euch alles Gute. Dolios wird Euch auf Euer Zimmer begleiten. Wenn Ihr Probleme habt, kommt ruhig zu mir.» Er reichte ihm die Hand, ohne sich dabei zu erheben. «Entschuldigt bitte, aber die Hitze …!»

Aristarch verabschiedete sich. Als er die Tür öffnete, traf ihn ein Hitzeschwall, und das gleißende Licht verhinderte, dass er den vor einer Säule hockenden und vor sich hindösenden Dolios sofort sah. Kaum hatte der jedoch Aristarch bemerkt, schoss er schon auf ihn zu.

«Nun, wie gefällt er Euch? Er ist vielleicht ein klein wenig zu ...» Dolios streichelte zärtlich seinen Bauchansatz. «Aber ein sehr freundlicher Herr, auch uns einfachen Leuten gegenüber.»

«Ja, den Eindruck habe ich auch. Er kannte sogar meinen Namen und wusste, was ich auf Samos bisher getan habe.»

Er spazierte mit Dolios den Säulengang entlang, wobei dieser sich über die Dummheit des Kutschers ereiferte. Der wisse nicht einmal, wie viel Fuß ein Stadion habe, geschweige denn, wie man ein bockiges Maultier antreibe. Aber wie viel Drachmen eine Mine ausmacht, das wisse dieser Gauner und Halsabschneider ganz genau. Und er, Dolios, müsse sich mit diesen Dummbeuteln und Klugschwätzern abgeben. Ausgerechnet er, Dolios. Wo doch sein Vater beim großen Alexander gekämpft habe und hier von Anfang an dabei gewesen sei. Ob er, Dolios, sich das bieten lassen müsse. Ausgerechnet von so einem krummbeinigen Phryger! Da sei er, Dolios der Makedonier, nun wirklich etwas Besseres. Schließlich sei er ein Angestellter des Königs. Nun ja, zwar nicht gerade in einer Stellung wie Aristarch, aber doch immerhin. Und dann müsse er sich mit Kreaturen wie diesem staubdummen Eselstreiber abgeben und um jede Drachme feilschen.

Sie stiegen eine Treppe zum Obergeschoss hinauf und blieben schließlich vor einer Tür stehen. Dolios öffnete sie mit einem Schlüssel und ließ Aristarch eintreten. Es waren zwei kleine, etwa gleich große Räume. Das hintere Zimmer besaß ein Fenster zum Innenhof, während man aus dem anderen, in dem sie jetzt standen, ins Königsviertel schaute. Dolios sagte ihm, er werde ihn in etwa zwei Stunden wieder abholen, um ihm den Essenssaal zu zeigen.

Bedrückende Stille umfing Aristarch von dem Moment an, als die Tür hinter ihm ins Schloss fiel. Er meinte, sein Herz schlagen zu hören, sein Magen zog sich zusammen. Ein Gefühl von Einsamkeit und Heimweh überkam ihn. Warum nur hatte er seine Heimat, seine Familie und seine Freunde verlassen? Doch er versuchte sich mit dem Gedanken an die Freuden der kommenden Tage zu trösten.

Er lehnte sich zum Fenster hinaus und sog die warme, salzig schmeckende Luft ein. Sein Blick schweifte über die Gebäude des Königsviertels, folgte den Menschen, die durch die Straßen irrten, flog über das Meer, das sich glitzernd hinter der Mauer erstreckte, und verlor sich am Horizont. Die Sonne schien nicht direkt in sein Zimmer, da das Dach weit über das Gebäude hinausragte und so bis gegen Abend Schatten spendete. Zu seiner Beruhigung spürte er den Beutel mit den Sesamkörnern in seiner Tasche. Er zog ihn heraus und zerkaute langsam einige der goldgelben Körner.

Jetzt erst kam er auf den Gedanken, sich seine beiden Zimmer anzuschauen. Sehr schlicht waren sie eingerichtet: rechter Hand eine Liege sowie zwei Stühle mit lederbezogener Sitzfläche und ein Holztisch, an der gegenüberliegenden Wand zwei Truhen, das war alles. Im hinteren Zimmer befanden sich an der linken Wand eine kleine Wanne für Fuß- und Sitzbäder sowie ein Becken auf einem Dreibein für die Gesichtswäsche. Rechts stand ein Holzbett, an dessen Fußende sich gen Osten das zweite Fenster öffnete. So würde er nachts einen kleinen Himmelsausschnitt sehen können.

Er packte die Kisten aus, die Dolios bereits aufs Zimmer getragen hatte. Das war schnell erledigt. Unentschlossen und müde legte er sich aufs Bett. Er lauschte dem leisen Gemurmel, das vom Hof heraufdrang, bis er schließlich in einen unruhigen Halbschlaf verfiel. Beständig mischten sich Stimmen in seine Träume; mehrfach meinte er, schon wieder geweckt worden zu sein und mit Dolios zu sprechen, erkannte aber jedes Mal seinen Irrtum und schlief wieder ein. Chaotische Szenen reihten sich aneinander, bis er schließlich wieder am Hafen war. Er wollte zurück an Bord seines Schiffes gehen, aber am Ende der Rampe stand der Aufseher der Ruderer und stampfte fortwährend mit einem schweren Stock auf die Schiffsplanken. Sobald Aristarch einen Fuß nach vorne setzte, schlug der Stock auf den Boden. Langsam tauchte er wieder an die Oberfläche seines Bewusstseins auf, als er endlich bemerkte, dass er geträumt hatte. Das Klopfen aber war real.

Verwirrt und noch ganz benommen presste er ein «Ja?» hervor.

«Ich bin's, Dolios, wir müssen zum Abendessen hinuntergehen.»

«Ich komme sofort», antwortete Aristarch, während er sich träge erhob. Er musste wohl gut zwei Stunden geschlafen haben, denn die Sonne schwebte bereits dicht über dem Horizont und schien genau in sein Zimmer. Er erfrischte sich rasch mit etwas Wasser und ging dann nach draußen.

Sie stiegen die Treppen hinunter und gelangten in einen großen

Raum. An den in langen Reihen aufgestellten Tischen mochten wohl mindestens hundert Menschen Platz finden. Dolios blieb mit Aristarch an der Eingangstür stehen. Umgehend näherte sich ihnen ein dunkelhäutiger Sklave, der Aristarch mit einer einladenden Handbewegung bedeutete, ihm zu folgen. Dolios verabschiedete sich.

Der Diener, den Aristarch für einen der vielen Syrer hielt, die in Alexandria den größten Teil aller Sklaven ausmachten, führte Aristarch zuerst in eine Ecke des Saales, wo ein kleines Becken stand. Dort wusch er ihm Füße und Hände, die er ihm anschließend mit einem weißen Tuch abtrocknete. Dann begleitete er ihn an einen Tisch, an dem bereits zwei Männer Platz genommen hatten. Sie begrüßten ihn freundlich und boten ihm einen Stuhl an. Kaum hatten sie sich einander vorgestellt, als auch schon das Essen kam und das kurze Gespräch unterbrach.

«Esst nach Herzensbegier, damit uns der Hunger nicht töte! sagt schon der Dichtervater Homer, also lasst es Euch schmecken», ermunterte einer der beiden Tischgenossen den jungen Gast.

Während des Essens, es gab gesottenes Gemüse mit gekochtem Lammfleisch und Brot, unterhielten sich die beiden Tischgenossen über berufliche Dinge. Sie waren Naturgelehrte, deren Aufgabe es war, eine Systematik der Tiere und Pflanzen zu erstellen. Doch ihr Gespräch schweifte rasch von der Wissenschaft ab. Nun ging es um die Qualität des Essens, die Frage, welcher ihrer Kollegen wohl auch eine Stellung am Alexandrinischen Museion bekommen würde und ob dieser oder jener womöglich ein höheres Gehalt bezöge als sie.

Nach dem Essen bestellten sie eine Karaffe Wein, den sie mit drei Teilen Wasser verdünnten. Über seiner belebenden Wirkung vergaß Aristarch seine beiden Tischnachbarn, die mittlerweile über die Höhe ihrer zukünftigen Rente lamentierten, und versank in seine Gedanken. Von morgen an würde er, der unbedeutende Schüler von der Insel Samos, zum Kreis der auserwählten Wissenschaftler und Philosophen gehören. Angst und Unsicherheit mussten Mut und Zuversicht weichen. Ja, er freute sich auf den nächsten Tag.

«Der aber ist der Beste, der auf Hoffnungen allzeit vertraut: Verzagen mag der Schlechte nur!» platzte Aristarch hervor, dem das Geplapper seiner Tischgefährten auf die Nerven ging. Er erhob sich so heftig, dass sein Stuhl beinahe umstürzte, und verabschiedete sich knapp von den verdutzt dreinschauenden Gelehrten. Schnellen Schrittes verließ er den Saal.

Draußen atmete er tief die kühle Abendluft ein. Die Sonne war gerade untergegangen, Fackeln erleuchteten den Säulengang, den er langsam entlangschlenderte. Von der Terrasse aus überblickte er einen kleinen Teil des Königsviertels. Er folgte der Straße, die ihn hergeführt hatte, in Richtung Meer. Sie endete an einer Befestigungsmauer, zu der man über eine Treppe hinaufgelangen konnte.

Behände nahm Aristarch die Stufen und stand schließlich auf dem mächtigen Wall. Wie ein Spiegel aus flüssigem Kupfer lag das weite Meer vor ihm. Die letzten Strahlen der Abendröte tanzten auf den Wellen, wogten hin und her, verbogen sich zu roten Ringen und wanden sich in gelben Schlangen, die ins Dunkel der Nacht eintauchten. Pharos zeichnete sich als schwarze Silhouette vor dem feurigen Meer ab, sein Leuchtstrahl zeigte wie ein weißer Finger in den Dunst.

Die ersten Sterne tauchten auf: Arkturus, der Jäger, der die Bärin stets im Auge behält, Spika, die Kornähre am Haupte der Jungfrau, Regulus, der Königstern im Löwen, der sich erst schwach aus der Abendröte hervorhob. Am Osthorizont stieg das schimmernde Band der Milchstraße auf und überspannte den Himmel. Welche Macht hatte diese geheimnisvollen Himmelskörper erschaffen, was waren sie? Götter, die das Treiben der Menschen vergnügt verfolgten, oder doch nur heiße Kugeln wie unsere Sonne, jedoch in unermesslicher Entfernung? Steckten sie auf einer kristallenen Sphäre wie Fliegen auf dem Weinbecher, oder waren sie tief und weit im Universum verstreut? Wurden sie erschaffen, oder existierten sie seit ewigen Zeiten, werden sie vergehen oder unendlich lange bestehen?

Er genoss die Stille, die nur vom Knirschen seiner Tritte und dem Kreischen einiger Seemöwen durchbrochen wurde. Lange ging er auf dem Wall spazieren, ließ sich von der Stimmung der hereinbrechenden Nacht verzaubern und verspürte zum ersten Mal ein Gefühl der Zugehörigkeit zu dieser Stadt, über die dieselben Sterne hinwegzogen wie über seine Heimat Samos.

In den Hallen der Gelehrten

3 Pachon im Jahre 16 des Königs Ptolemaios I. Soter

Aristarch erwachte früh, die ersten Sonnenstrahlen erhellten sein Zimmer. Schwankend zwischen Neugierde und Angst blieb er noch eine Weile liegen und lauschte den ersten Geräuschen des Tages. Aus dem Innenhof drangen Wortfetzen zu ihm herauf, Gärtner, die offenbar die Bäume bewässerten. Vögel zwitscherten, und von weit her war das Brüllen eines störrischen Esels zu vernehmen. Schließlich stand er auf, trat ans Fenster und genoss die frische Morgenluft. Die Sonne setzte bereits alles daran, die Stadt wieder aufzuheizen wie einen Backofen, wobei Aristarch unwillkürlich an den beleibten Sekretär denken musste. Er wusch sich, zog sich einen kurzen Chiton über und schlüpfte in seine Sandalen. Gerade als er sein Zimmer verlassen wollte, klopfte es. Gleich darauf hörte er Dolios' Stimme, der ihm einen guten Morgen wünschte und einen Besucher ankündigte. Überrascht öffnete Aristarch die Tür und sah an der Seite des kleinen Dolios einen großen, hageren Mann: Straton.

Überschwänglich schüttelte Aristarch ihm die Hand und konnte ihm gar nicht oft genug versichern, wie glücklich er über sein Kommen sei.

«Auch ich freue mich, dich zu sehen», sagte Straton. «Eigentlich wollte ich dich schon gestern besuchen, aber ich konnte dem Hof nicht entrinnen. Wie ich hörte, hattest du eine angenehme Überfahrt ohne schlimme Stürme und bist von Dolios schon ein wenig herumgeführt worden. Wenn du fertig bist, können wir in mein Haus gehen und dort frühstücken.»

Während sie die Treppe hinunterstiegen und das Museion verließen, musste Aristarch von seiner Familie erzählen, die Straton seit langer Zeit nicht mehr gesehen hatte. Zwar hatte der alte Freund mit ihnen brieflichen Kontakt gehalten, wodurch er über Aristarchs Leistungen in der Mathematik unterrichtet war, aber es vergingen doch stets einige Monate zwischen den Nachrichten. So achtete Aristarch kaum auf den Weg, der sie an verschiedenen Wohn- und Tempelanlagen vorbeiführte. Er bemerkte nur, dass sie im Königsviertel blieben und in Richtung Meer gingen. Als die Straße nach links abbog, sah er plötzlich in einiger Entfernung, etwas erhöht auf den Felsen der Halbinsel Lochias, herrliche Palastbauten, die sich in kräftigen Farben vor dem blauen Morgenhimmel abhoben.

«Das ist zeitweise meine Arbeitsstätte, der Palast des Königs. Mein Haus nimmt sich dagegen etwas bescheidener aus. Dort rechts ist es, der Diener wird uns schon erwarten.»

Wie alle Häuser, die Aristarch auf seiner Fahrt durch die Stadt gesehen hatte, war auch das von Straton im griechischen Stil gebaut. Ein fast quadratischer, zweistöckiger Bau umschloss den Innenhof, in dem man sich einen Großteil des Tages aufhielt. Sie traten durch die Eingangstür in eine kleine Vorhalle, wo sie sofort ein Diener begrüßte, ihnen die Schuhe abnahm und sie zum Handwaschbecken führte. Das Frühstück wurde auf der kleinen Säulenterrasse serviert, die eine Seite des Innenhofes bildete. Es hatte nichts von der kulinarischen Üppigkeit, die Alexanders Eroberung des persischen Reiches auf dem Esstisch mit sich gebracht hatte, sondern entsprach der schlichten griechischen Tradition: ein wenig Weizenbrot, Käse, Gerstenbrei, getrocknete Weintrauben, Honig sowie Wasser und mareotischer Wein.

Straton mochte an die sechzig Jahre alt sein, und wenngleich sein Haar noch voll war, wirkte er doch älter. Dies lag vor allem daran, dass er von schwächlicher Statur war und ein schmales Gesicht mit eingefallenen Wangen hatte. Aristarch erinnerte sich daran, dass sein Vater häufig von Krankheiten gesprochen hatte, an denen Straton litt. Einzig sein wacher und gesunder Geist habe ihn wohl am Leben gehalten, meinte er.

Straton stammte aus Lampsakos, einer ansehnlichen Stadt in der Troas mit einem großen Hafen. Schon früh erkannte man seine außerordentliche Begabung für Mathematik und die Naturwissenschaften, so dass er nach Athen an die Schule des Aristoteles, den Peripatos, eingeladen wurde. Hier erlebte er noch, wie Aristoteles der Prozess wegen Gottlosigkeit gemacht wurde. Tief enttäuscht hatte dieser sich daraufhin auf sein Landgut zurückgezogen, wo er kurze Zeit darauf gestorben war.

Zwanzig Jahre lang blieb Straton im Peripatos. Zuerst lernte er bei dem Aristoteles-Schüler Theophrast, dann lehrte er selbst. Schon damals hatte er versucht, aus dem übermächtigen Schatten des Aristoteles, in dem Theophrast sein Leben lang stand, herauszutreten. Zwar hielt Straton an der von Aristoteles begründeten Aufteilung der Naturwissenschaften in verschiedene Spezialdisziplinen fest. Auch bewunderte er die logische Denkweise und die empirische Behandlung philosophischer Probleme. Aristoteles' Anschauung von der Natur und den über sie herrschenden Göttern hielt er jedoch für überholt. Deshalb suchte er in den alten philosophischen Ideen von Leukippos und Demokrit nach neuen Anregungen.

Dann aber kam es zur entscheidenden Wende in Stratons Leben. Sein Lehrer Theophrast hatte eine Einladung von König Ptolemaios nach Alexandria erhalten, um dort den jungen Thronfolger zu unterrichten und am neu erbauten Museion zu lehren. Theophrast lehnte jedoch ab und begründete dies mit seinem hohen Alter. Stattdessen erbot er sich, seinen ehemaligen Schüler Straton zu schicken. Seitdem waren zehn Jahre vergangen, in denen Straton enger Vertrauter am Hofe und einer der wichtigsten Lehrer im Museion geworden war.

Dieser erfahrene und einflussreiche Mann saß Aristarch nun am Tisch gegenüber. Er goss dem jungen Freund etwas Wein in den Becher und unterhielt sich mit ihm noch eine Weile über dessen Familie, während sie zu essen begannen. Dann aber kam Straton auf das Museion zu sprechen.

«Der König hat sich hier etwas Großes vorgenommen: Er will Athen vom Thron der Geistesmetropolen verdrängen. Er ist reich und hat es über seinen politischen Aufgaben nicht versäumt, sich weiterzubilden. Mit seinem Gold kauft er die besten Wissenschaftler, Philosophen und Künstler und bietet ihnen ein unbeschwertes Leben. Von überall kommen sie her: Kyrene, Kos, Milet und vor allem auch von Samos.» Hierauf hob Straton seinen Becher und trank auf das Wohl seines jungen Freundes.

«Neider bezeichnen uns deshalb mitunter ja auch als Hühner, die im Korb der Musen verhätschelt werden. Und wie gut es mir hier geht, das siehst du selbst», fuhr er fort, wobei er auf sein Haus deutete.

Sichtlich beeindruckt vergaß Aristarch beinahe zu frühstücken. Er hätte hundert Fragen auf einmal stellen mögen. «Der König ist mittlerweile fast achtzig Jahre alt. Wird sein Sohn die Wissenschaften ebenso fördern wie er?»

Straton überlegte kurz, dann antwortete er mit etwas leiserer Stimme: «Es ist noch nicht endgültig entschieden, wer ihm auf den Thron folgen wird. Aus seiner ersten Ehe mit Eurydike hat er einen Sohn und eine Tochter, ebenso aus der zweiten Ehe mit unserer jetzigen Königin Berenike. Ptolemaios will dem jüngeren Sohne das Diadem übergeben, es gibt jedoch einige am Hofe, die lieber den Sohn aus erster Ehe auf dem Thron sähen. Du musst diese intime Kunde allerdings für dich behalten. Ich vertraue ganz auf dein Stillschweigen.»

Eifrig nickte Aristarch, woraufhin Straton fortfuhr: «Ich unterrichte hauptsächlich den jüngeren Sohn. Er ist gerade neunzehn Jahre alt, also etwa in deinem Alter, und sicher ein klarer Kopf. Er lernt Lyrik, Dialektik, Rhetorik und Musik. Ich lehre ihn Geometrie, Geographie, Astronomie und die Wissenschaft von der Natur.»

«Ein wahrer Schöngeist also?» fragte Aristarch.

«Eher nicht. Mit zunehmendem Alter interessiert er sich immer mehr für Militärstrategie und Sport. Immer häufiger findet man ihn im Gymnasion beim sportlichen Wettkampf, wo er sich prächtig bewährt. Außerdem ist der König darauf bedacht, ihn in die Politik einzuführen. Manchmal fragt er ihn bereits in politischen oder militärischen Angelegenheiten um Rat.»

Straton reichte Aristarch noch etwas Brot und ermunterte ihn zu essen. Wie sein Leben hier weitergehen werde, erkundigte sich der Neuankömmling.

«Das wird zum großen Teil von dir selbst abhängen. Erst einmal wirst du mein persönlicher Schüler sein. Ich denke, in den Naturwissenschaften und sogar in der Mathematik kann ich dir noch einiges beibringen», antwortete Straton, wobei er schelmisch lächelte. Beflissen nickte Aristarch ein zweites Mal.

«Ich habe jeden Tag, meistens am Vormittag, im Palast zu tun. In dieser Zeit kannst du die Lektionen besuchen, die einige Gelehrte im Museion geben, oder eigenen Studien nachgehen. Am Nachmittag dann werden wir zusammen arbeiten. Heute aber habe ich mir den ganzen Tag freigenommen, um dir deine neue Arbeitsstätte zu zeigen. Wenn du dein Essen beendet hast, lass uns noch ein wenig auf der Kline ausruhen. Nimm dir Brot und Honig mit, wenn du möchtest.»

An der Wand standen zwei Liegen, die mit weichen Decken und dicken Kissen gepolstert waren. Hier plauderten sie noch ein wenig über Aristarchs erste Eindrücke von der Stadt. Schließlich zog Aristarch den Beutel mit Sesamkörnern aus der Tasche und füllte sich, nach einem fragenden Blick zu Straton, eine kleine Portion Honig auf einen der Teller, die in einem kleinen Regal neben der Kline untergebracht waren. Er verrührte die Körner darin und leckte die Süßspeise genüsslich mit dem Finger auf.

«Ich sehe, du hast deine alte Vorliebe nicht abgelegt», schmunzelte Straton. «Schon als kleiner Junge hast du deine Mutter damit zur Verzweiflung gebracht, dass an sämtlichen Gegenständen Honig klebte», lachte er. Aristarch packte den Beutel wieder ein, eifrig bemüht, die Röte in seinem Gesicht zu verbergen.

Sie verließen das Haus und gingen den Weg zum Museion zurück. Die Straßen hatten sich gefüllt, es herrschte geschäftiges Treiben, einen Großteil ihrer Tätigkeiten wollten die Menschen noch vor der brütenden Mittagshitze erledigt haben.

Unweit von ihrem Ziel blieb Straton vor einem lang gestreckten Gebäude stehen, an dem noch gebaut wurde. Der dem Museion gegenüberliegende Westflügel schien bereits fertiggestellt zu sein, während der übrige Teil gerade seinen Dachstuhl erhielt. In einer Tür verschwand ein Bauarbeiter, der einen Karren mit einer großen Kiste hinter sich herzog.

«Was meinst du, was der Sklave hier hineinträgt?» wandte sich Straton an seinen jungen Freund. Nach einer kurzen Pause gab er die Antwort gleich selbst: «Bücher!»

Aristarch begriff. «Ist dies die Bibliothek?»

Ohne auf die Frage einzugehen, fuhr Straton fort: «Dem alten Aristoteles würden vor Freude die Tränen kommen, wenn er dies sehen könnte. Ich selbst habe seine Büchersammlung im Athener Lyceum benutzen dürfen. Immerhin hat er etwa tausend Papyrusrollen besessen, eine der größten Sammlungen seiner Zeit. Aber eine große Bibliothek ist teuer. Papyrus ist in Athen selten und begehrt, Originaldokumente müssen besorgt und Abschriften angefertigt werden. Das können sich heute nur noch Könige leisten. In kurzer Zeit werden wir diese Bibliothek einweihen können, und die Schriften von Babylon und Mesopotamien werden ebenso für Studien zur Verfügung stehen wie die unserer griechischen Philosophen und Dichter. Fast täglich treffen Schiffe im Hafen ein, die neue Schriften für uns an Bord haben. Sie werden bereits in diesem Teil des Gebäudes gelagert.» Er deutete auf den fertiggestellten Westteil. «Der König muss bald dafür sorgen, dass sich jemand der Rollen annimmt, sie sortiert, archiviert und einen Katalog anlegt, sonst wird der Berg zu groß.»

Sie stiegen die sonnenbeschienene Terrasse hinauf und betraten durch eine hohe Tür das kühle Innere des Museions. In einem kleinen Vorzimmer saß hinter einem Tisch der Aufseher. Straton stellte ihm seinen neuen Schüler vor, der ab heute zum Museion gehören würde.

Durch eine weitere Tür gelangten sie in einen großen, lang gestreckten Saal, der wohl ein Drittel der gesamten Ostseite des Gebäudes einnahm. Bunte Mosaiken und üppige orientalische Teppiche schmückten die Böden. Die Wände waren mit großformatigen Bildern bemalt oder mit schweren Teppichen behängt, deren Stickereien Aristarch sofort ins Auge fielen. Die Decke war aus geschnitztem, in Kassetten angeordnetem Holz gefertigt. Zwischen einigen Säulen standen Tische mit verzierten Beinen, die auf gedrechselten Löwentatzen standen, umgeben von Stühlen und Klinen. Einige waren von Männern besetzt, die sich unterhielten. Die Teppiche auf dem Boden und an der Wand dämpften die Gespräche so stark, dass in dem großen Raum eine beruhigende Stille herrschte.

«Dies ist der Versammlungsraum, in dem sich die Kollegen treffen, um sich auszuruhen oder zu diskutieren. Wir kommen hier häufig nach dem Abendessen oder in der heißen Mittagszeit zusammen», flüsterte Straton. «Siehst du die Türen in den Wänden links und rechts von uns sowie gegenüber?» Straton wies in die drei Richtungen und schaute dann Aristarch an. «Wie viele Türen zählst du?»

«Gegenüber fünf und in den beiden Wänden zu unserer Linken und Rechten jeweils zwei, also insgesamt neun», entgegnete der schnell.

«Richtig. Fällt dir etwas an ihnen auf?»

«Nun, meinst du die Statuen neben den Türen?» fragte Aristarch vorsichtig.

«Wieder richtig. Und was fällt dir zu der Zahl neun ein?»

Sein junger Schüler überlegte kurz, dann war es sonnenklar: «Die neun Musen!»

«Sehr gut. Jeder wissenschaftlichen oder künstlerischen Disziplin steht ein Gelehrter oder Künstler vor. Hinter diesen Türen befinden sich ihre Studierzimmer. Ganz links befindet sich das Zimmer von Philitas. Er steht unter dem Einfluss von Erato, der Muse der Lyrik und erotischen Poesie. Hinter der übernächsten Tür sitzt Zenodotos und arbeitet unter dem Schutz von Kalliope, der Schönstimmigen. Du erkennst sie an der Wachstafel in der linken und dem Schreibgriffel in der rechten Hand. Direkt daneben hat der Historiker Hekataios von Abdera sein Zimmer. Dort, wo Klio mit der Papyrusrolle steht. Und ganz rechts siehst du Urania, die Muse der Astronomie, der Timocharis vorsteht. Ich möchte dir zuerst Hekataios vorstellen.»

Langsam durchquerten sie den Raum. Straton schien seinen jungen Schüler warnen zu wollen: «Hekataios wird dir im ersten Moment vielleicht etwas wundersam erscheinen. Er ist ein äußerst zweiflerischer Mensch, glaubt prinzipiell erst einmal gar nichts und kritisiert alles. Er beschäftigt sich viel mit den Bräuchen und dem Leben anderer Völker. Man kann viel von ihm lernen. Es hat allerdings auch schon den einen oder anderen scharfen Disput zwischen uns gegeben.»

Aristarch blickte seinen Lehrer fragend an, den er nur als netten, besonnenen Menschen kannte. Ein streitender Straton schien ihm unvorstellbar.

«Er ist ein Schüler des Skeptikers Pyrrhon aus Elis», fuhr Straton fort. «Er und seine Epigonen lehnen jede Erkenntnis und jedes Dogma ab, erscheine es auch noch so vernünftig. Ständig sind sie darauf bedacht, Lehrsätze zu widerlegen und zu hinterfragen. Alle Ideen haben ihre Berechtigung und gleichzeitig keine von ihnen.»

«Eine mitunter sehr destruktive Vorgehensweise», meinte Aristarch.

«Eine wesentliche Bestätigung für diese Weltsicht sieht Hekataios in den verschiedenen Bräuchen, Riten, Glaubensbekenntnissen, ethischen Grundsätzen und all den anderen Sitten, nach denen fremde Völker leben. Alle haben seiner Ansicht nach ihre Berechtigung. Er sieht seine Aufgabe deswegen hauptsächlich darin, Berichte und anderes Material aus den verschiedensten Bereichen der Welt zu sammeln. Seit einigen Jahren arbeitet er an einem Werk über die Ägypter. Niemand kennt ihre Kultur besser als er, niemand hat so viele Namen ägyptischer Pharaonen im Gedächtnis.»

❂

Straton klopfte an die Tür neben der steinernen Klio. Obwohl niemand zu antworten schien, trat er ein. An einem Tisch saß tief über ein Pergament gebeugt Hekataios, der jetzt etwas erschreckt aufstand, um seine beiden Gäste zu begrüßen.

Straton stellte seinem Kollegen Aristarch vor, der Hekataios verschüchtert die Hand reichte. Nach Stratons Ankündigungen hatte er befürchtet, auf einen unwirschen Gelehrten zu treffen. Umso überraschter war er, als er einen sehr zuvorkommenden Mann vor sich fand. Mit seinem flach anliegenden, leicht welligen und sorgsam in der Mitte gescheitelten Haar sowie seinem vollen Bart, den er zu zwei Rollen gedreht hatte, die ihm beidseitig vom Mund herabhingen, sah er sogar durchaus amüsant aus.

Sie unterhielten sich eine Weile über ihre Forschungen, als Aristarch eine erste Kostprobe von Hekataios' Philosophie zu spüren bekam.

«Ja, ja, die Herren Mathematiker und Astronomen. Ihr beobachtet, wie am Meereshorizont langsam ein Schiff auftaucht, seht tagsüber am Himmel eine glänzende Scheibe, und nachts blinken euch unzählige Lichter an, und was schließt ihr daraus? Erstens, dass die Erde eine Kugel ist, und zweitens, dass sie von der Sonne und den fünf Planeten, natürlich ebenfalls alles Kugeln, umkreist wird. Erscheint euch das nicht auch etwas hochgestochen, wenn ihr ehrlich seid?»

Straton wollte gerade zu einer Antwort anheben, aber Hekataios schnitt ihm das Wort ab:

«Hier, *das* sind die Werte.» Damit deutete er auf eine hölzerne Regalwand, in der mindestens hundert Papyrusrollen gestapelt waren. «Anhand dieser Dokumente könnt ihr einen Kosmos wirklich rekonstruieren. Den menschlichen Kosmos. Genauer gesagt, den der ägyptischen Könige und Pharaonen, der trefflichsten und edelsten Menschenrasse, die es je auf Erden gegeben hat, wie schon Platon gesagt hat. Da bedarf es keiner Lehrsätze und Dogmen, um das Unerkennbare zu erklären, sondern wir müssen lediglich nachlesen und lernen. Seht diese Schrift hier!»

Sie beugten sich über das Papyrusblatt, auf dem für Aristarch völlig unverständliche Zeichen gemalt waren: Hier schien ein hockender Mensch eine Eule mit einem Beil erschlagen zu wollen, dort schwebte ein einzelnes Auge über einer Schlange; an einer anderen Stelle schritten zwei Beine ohne Rumpf über einem Grasbüschel geradewegs auf ein liegendes Kaninchen zu. Zu allem Überfluss tanzten

Ovale, Kreise, Spiralen, einfache senkrechte Striche, Zöpfe und diverse andere seltsame Zeichen herum. Verständnislos und fasziniert zugleich schüttelte Aristarch den Kopf und fragte nach ihrer Bedeutung.

«Die Priester hatten zu jeder Zeit ihre heiligen Bücher, in denen sie genau das Aussehen und den Charakter der jeweiligen Könige sowie die wichtigsten Ereignisse ihrer Regentschaft aufgeschrieben haben. Diese Dokumente wurden seit der frühesten Zeit immer wieder an die nachfolgenden Priester weitergegeben, so dass wir eine vollständige Chronik besitzen. Ich selbst kann diese ägyptische Schrift nur bruchstückhaft lesen, aber es gibt in unserem Reich einige wenige Menschen, die dazu in der Lage sind. Sie übersetzen diese Dokumente für mich.»

«Ist dies die Chronik?» fragte Aristarch, wobei er auf das Papyrusblatt auf dem Tisch deutete.

«Nein, nein. Die Originalchroniken geben die Priester nicht her, so dass ich entweder auf Abschriften angewiesen bin oder die Texte an Ort und Stelle übersetzen lassen muss. Übrigens ein elendes Geschäft, bei dem man ständig aufpassen muss, dass der Schreiber die Zeichen nicht durcheinanderbringt, sorgfältig arbeitet und nicht darüber einschläft. Aber das soll uns jetzt nicht interessieren.»

«Ihr habt also Ägypten bereist und die königlichen Pyramiden gesehen?» fragte Aristarch dazwischen. Es war einer seiner sehnlichsten Wünsche, einmal dorthin zu gelangen.

«Sicher. Ich war schon mehrfach in Ägypten. Es ist zum Teil sehr beschwerlich, lange Ritte auf widerspenstigen Eseln, Sandstürme, dass man die Hand nicht mehr vor Augen sieht, und eine sengende Hitze, wenn man den Fehler begeht, im Sommer zu reisen. Wenn du länger in Alexandria bleibst … Wie lange wirst du deinen jungen Freund überhaupt hier festhalten?» wandte er sich nun wieder an Straton.

«Er kann bleiben, so lange er will. Er kann morgen wieder abreisen oder sein Leben lang Alexandriner bleiben», antwortete Straton, indem er lächelnd Aristarch anblickte.

«Nun gut, ich sehe schon, du bist noch in den Tagen der Vorfreude. Wenn du aber lange genug hierbleibst und eines Tages aus eurem Turm der Theorien und Hypothesen herauskommen möchtest», hierbei schaute er kurz zu Straton hinüber, «solltest du unbedingt eine Ägyptenreise unternehmen. Ich kann dir gute Ratschläge geben, die in diesem Lande Gold wert sind. Aber du fragtest mich nach diesem Papyrus. Es ist Teil eines Totenbuches. Diese Bücher wurden den Verstorbenen mit ins Grab gegeben. Entweder legte man sie in den Sarg oder wickelte sie in die Mumie mit ein. Die Ägypter glauben an eine Belohnung der Guten und eine Bestrafung der Bösen im Jenseits, oder, wie sie selbst sagen, sie glauben an ein ewiges Leben der Gerechten und an einen zweiten Tod der Frevler. Darüber, ob der Tote gut oder schlecht war, entscheidet ein Seelengericht. Den Ort dieses Gerichts nennen sie Saal der zweifachen Wahrheit. Der schakalgesichtige Totengott Anubis und der Schreiber Thot stehen dort an einer Waage. Ein Seelengericht aus 42 Richtern unter dem Vorsitz von Osiris entscheidet über das Schicksal der Seele. Das Herz als Sitz des geheimen Wissens wird in die eine Waagschale gelegt, eine Feder in die andere. Bleibt die Waage im Gleichgewicht, so wird die Seele für gut befunden. Fortan wird sie unter den Göttern leben und jeden Tag das strahlende Antlitz des Osiris schauen. Hat der Tote schuldhaft gelebt, so neigt sich die Waage auf der Seite des Herzens. Die Seele muss sterben und wird den bösen Dämonen zum Fraß vorgeworfen. Um vor dem Seelengericht zu bestehen, waren in den Totenbüchern alle guten Taten des Verstorbenen verzeichnet, die er im Saal der zweifachen Wahrheit vorbringen konnte. Dieses Blatt stammt aus einem solchen Totenbuch. Sieh hier dieses Zeichen!»

Hekataios deutete auf eine Stelle des Papyrus. «Die strahlende Sonne vor dem Vogel und dem knienden Menschen. Das ist eines der häufigsten Zeichen in den Totenbüchern. Es bedeutet so viel wie Glanz, Freude, Schönheit oder Seligkeit und steht hier für den zum göttlichen Leben auferstandenen Menschen. Ich könnte dir noch schönere Schriften aus den Pyramidengräbern zeigen, wenn es dich interessiert.»

«Ich glaube, du hast den Jungen schon genug verwirrt, Hekataios. Wir wollen noch Herophilos aufsuchen, und es geht schon auf die Mittagszeit zu», unterbrach Straton den Ägyptenforscher, der sich sichtlich in Begeisterung geredet hatte.

Von den vielen Zeichen und dunklen Erklärungen war Aristarch schon ganz schwindlig geworden. Zum ersten Mal spürte er, dass er sich in einem fremden Land befand. Alexandria war zwar überwältigend in seiner Größe und Pracht, aber doch hellenistisch in seinem Baustil und den Bewohnern. Das umliegende riesige Land jedoch musste gänzlich anders sein, und die Ägypter gaben wohl alles daran, ihre uralte Kultur zu bewahren. Der düstere Totenkult, bei dem die Menschen ausgeweidet wurden wie Tiere, und die rätselhaften Schriften, die sie ihren Toten mit auf den Weg gaben, all dies war für Aristarch erschreckend und anziehend zugleich.

«Eine Frage hätte ich aber doch noch, bevor wir gehen», sagte Aristarch. «Beschäftigt Ihr Euch ausschließlich mit der Religion und dem Totenkult der Ägypter?»

«Nein, nein», lachte Hekataios. «Dafür gibt es denn doch zu viele andere interessante Dinge. Mein Buch über Ägypten wird vier Teile besitzen. Erstens über das Weltbild und den Glauben, zweitens über die Geographie, drittens über die Könige und Pharaonen und schließlich über die Gebräuche. Gleichzeitig versuche ich die Ergebnisse dieser Untersuchungen mit unseren hellenistischen Gegebenheiten zu vergleichen. Aber du solltest später noch einmal zu mir kommen, wenn dein Herr und Gebieter nicht so streng über dich wacht.»

❂

Zurück im Versammlungszimmer, schlug Straton vor, in sein Haus zu gehen, um dort etwas zu essen und zu trinken.

Die Köchin hatte das Essen schon vorbereitet, als sie eintrafen. Aristarch war nicht sehr gesprächig, zu stark verwirrten ihn die ersten Eindrücke. In seiner Heimatstadt war alles einfach und übersichtlich gewesen. In einer kleinen Klasse war er mit sieben weiteren Schülern unterrichtet worden. Grammatik und Rhetorik wurden großgeschrieben. Unter freiem Himmel hatten sie ihre Dichter gelesen, den Homer auswendig gelernt, Tragödien von Euripides und Komödien von Menander aufgeführt oder Reden von Demosthenes deklamiert.

In der Astronomie und Mathematik, wo sich die meisten seiner Mitschüler schwertaten, hatte er das größte Vergnügen daran gefunden, elementare geometrische Konstruktionen anzufertigen. Wenn der Lehrer fragte, wie man in einem gegebenen Kreis ein gleichseitiges und gleichwinkliges Fünfeck einbeschreibe, so hatte er sich umgehend an die Aufgabe gemacht und nicht eher Ruhe gefunden, bevor sie gelöst war. Wenn seinen Freunden der Kopf schwirrte von den Platonischen Wirteln und den homozentrischen Sphären des Eudoxos, dann fing für ihn die Freude erst an.

Diese Welt der Kindheit und Jugend war überschaubar gewesen, und in ihr hatte er etwas gegolten. Seine Lehrer lobten ihn wegen seiner schnellen Auffassungsgabe, seine Freunde wussten, dass sie immer auf ihn zählen konnten, und seine Familie war stolz auf ihn und gab ihm Geborgenheit.

Hier jedoch war alles anders: An diesem Ort war die Intelligenz des gesamten hellenistischen Reiches versammelt, und es kam darauf an, sich gegenüber anderen jungen Männern durchzusetzen, die ähnlich talentiert waren wie er. Das Museion war so groß, oder zumindest kam es ihm so vor, dass man vielleicht nie alle Schüler und Gelehrten kennenlernen würde. Ein unfassbarer Gedanke für ihn. Und letztlich hatte der König alles in der Hand: Er holte die Leute ins Land, gab ihnen Geld und zitierte sie nach Belieben an seinen Hof.

Straton bemerkte die Unsicherheit seines jungen Freundes und versuchte, ihn auf andere Gedanken zu bringen. Er erzählte von der Stadt, dem lebhaften Ausbau, der seit ihrer Gründung unablässig weiterging, von den prunkvollen Festen zu Ehren der Götter und des Herrscherpaares, von den zahlreichen Vereinen der Musiker, Dichter und Sportler, von den abendlichen Theatervorstellungen, den dampfenden Bädern, in denen man sich so herrlich entspannen konnte, den bunten Märkten, auf denen Händler die exotischsten Dinge aus dem fernen Asien oder Afrika anboten.

«Dort wirst du übrigens auch ausreichend Sesam bekommen», sagte Straton und lächelte dabei Aristarch an, der währenddessen bedächtig auf den letzten Sesamkörnern herumkaute und dazu verdünnten Wein schlürfte.

Nach einem flüchtigen Blick auf die Sonnenuhr, die direkt unter dem Dach angebracht war, schlug Straton schließlich vor:

«Wenn du einverstanden bist, würde ich dir gern noch einen weiteren Freund vorstellen. Er hatte heute zwar Verpflichtungen beim König, aber ich denke, er wird mittlerweile wieder zurück sein. Ich habe ihm bereits von dir erzählt. Er ist kaum älter als dreißig Jahre, hat sich aber bereits einen guten Ruf als Mediziner verschafft. Er heißt Herophilos, du wirst seinen Namen wahrscheinlich nicht kennen.»

Während der letzten Worte hatten sie sich bereits erhoben. Auf der Straße schlugen sie die Richtung zum Museion ein, wobei Straton weiter erklärte:

«Herophilos ist in Chalkedon geboren, unweit von meiner Heimatstadt Lampsakos. Ich habe ihn allerdings hier erstmals getroffen. Er ging schon mit zwanzig Jahren auf die Insel Kos, wo er Schüler von Praxagoras wurde. Du weißt, dass es diesem Arzt nicht nur darum ging, alte Menschen von ihrer Gicht zu befreien oder eine geeignete Arznei gegen Darmverstopfungen zu finden. Er versuchte, das verzweigte System der Adern und Nerven zu entwirren und die Lage der Organe im Körper herauszufinden. Dabei kam er zu dem Schluss, dass nur die Venen mit Blut gefüllt seien. Die Arterien jedoch, so sah er in Tierkadavern, führen kein Blut, sondern in ihnen bewegt sich der Seelenhauch, das Pneuma. Unser Herophilos hier hat eine andere Hypothese. Er glaubt, dass auch die Arterien von Blut durchflossen werden. Sein Ziel ist das Verständnis des gesamten Körpers. Was macht das Gehirn, und gibt es einen Zusammenhang mit dem Herzen? Wo durchziehen die Nerven unseren Körper und wozu? Und letztendlich die grundlegende Frage: Welches ist das Zentralorgan im menschlichen Körper, wo ist der Sitz der Seele?»

«Mir erscheint diese Forschung zwar sehr interessant, aber wenig erfolgversprechend», warf Aristarch ein. «Wie soll man die Tätigkeiten der Organe im Innern des lebenden Körpers erkunden, wenn man nicht in ihn hineinschauen kann? Wann soll Herophilos seine Untersuchungen vornehmen? Vielleicht, wenn er einmal zu einem Verwundeten gerufen wird, der so schwer verletzt ist, dass dessen Adern oder Nerven sichtbar werden. Er sollte mit den Soldaten in den Krieg ziehen. Dort hätte er genügend Gelegenheiten.»

«Allerdings könnte er dabei selbst sehr schnell zu seinem eigenen Untersuchungsobjekt werden», fiel ihm Straton lachend ins Wort.

«Richtig. So bleibt ihm nichts anderes übrig, als beim Schlachten von Tieren zuzusehen und dort seine Studien zu treiben. Aber die Tiere sind doch von den Menschen stark verschieden. Eine eklige Forschung, findest du nicht auch?»

✲

Am Museion angelangt, folgten sie dieses Mal dem Bau auf die Nordseite. Rechts von der Tür, vor der Straton stehen blieb, bewachte ein steinerner Asklepios den Eingang. Das Gesicht mit einem dichten Bart überwuchert, den Körper in einen dicken Mantel gewickelt, hob er in der rechten Hand wehrhaft einen Stab, um den sich eine Schlange wand. In den Sockel der Statue war die Inschrift eingemeißelt: «In allen Häusern werde ich zum Nutzen der Kranken eintreten.»

Im Gegensatz zu allen anderen Gelehrten, die Aristarch bisher getroffen hatte, trug Herophilos keinen Bart. Die kurzen lockigen Haare hatte er in zwei kräftigen Wellen wie zwei Hörner zurückgekämmt, die sich ihm immer wieder störrisch in die Stirn warfen. Als Erstes fielen Aristarch jedoch die hellen Augen auf, die ihn und Straton in Blitzesschnelle musterten.

«Ah, Straton, du kommst gerade recht, um einen wertvollen Schatz meiner Papyrussammlung zu bewundern. Diese Rolle ist gestern mit dem Schiff angelangt. Der König hat sie auf meine Bitte hin von Kos kommen lassen. Hier sieh einmal, die Arbeit des Hippokrates über die Natur des Menschen. Damit wächst meine Sammlung der Hippokratischen Schriften schon ganz ordentlich an. Aber entschuldige bitte, ich habe deinen Freund ganz vergessen. Sei willkommen.»

Er reichte Aristarch die Hand und schaute ihm dabei durchdringend in die Augen. «Du bist vermutlich der neue Schüler aus Samos. Leider habe ich deinen Namen vergessen.»

Aristarch stellte sich kurz vor, beeilte sich jedoch hinzuzufügen, dass er nicht stören wolle, Herophilos solle nur weiter seine neue Errungenschaft erklären. Dieser fuhr denn auch mit wahrem Feuereifer fort:

«Hippokrates gibt in dieser Schrift eine sehr genaue Beschreibung des Adersystems im menschlichen Körper. Er schreibt hier: Die dicksten Adern haben folgenden Verlauf: Es gibt im Körper vier Paare. Eines von ihnen verläuft hinten vom Kopf her.» Indem er die linke Hand auf der Textzeile beließ, berührte Herophilos mit dem Zeigefinger seiner rechten Hand nun Stratons Hinterkopf und erklärte, indem er die Bahnen der Adern mit dem Finger nachzeichnete: «Die Adern führen durch den Hals hindurch, liegen dann auf beiden Seiten an der Wirbelsäule bis zu den Hüften, wo sie sich in die beiden Beine aufteilen. Dort verlaufen sie durch die Waden zu den äußeren Knöcheln und münden in den Füßen.»

Bei den letzten Stationen hatte der Arzt alle Mühe gehabt, mit seiner Hand der beschriebenen Bahn an Stratons Körper zu folgen. Jetzt blickte er ihm wieder fest in die Augen und erklärte: «Auf diese Weise zeichnet er auch die Verläufe der anderen drei Aderpaare nach. Eine sehr schöne Arbeit. Er benutzt diese Kenntnisse, um die Stellen genau anzugeben, an denen bei bestimmten Krankheiten ein Aderlass vorzunehmen sei. Ich stoße hierbei allerdings auf ein Problem: Entnehme ich der Ader an irgendeiner Stelle eine gehörige Menge

Blut, so muss es von einer anderen Stelle nachfließen. Außerdem muss der Körper die verlorene Menge wieder ersetzen, denn ich kenne Menschen, die bereits so oft zur Ader gelassen worden sind, dass sie ohne Blutnachlieferung bereits gestorben sein müssten. Nun die Frage: Was bewegt das Blut durch die Adern?»

Gespannt musterte er Straton und Aristarch und fuhr dann fort: «Denken wir uns einen an beiden Enden offenen Gänsekiel; er soll uns als Anschauung für eine Ader dienen. Schütte ich einen Becher Blut, das ich einem Tier bei dessen Schlachtung entnehmen kann, in diesen Gänsekiel, so fließt es darin nach unten. Fließt also auch das Blut in unserem Körper nur von oben nach unten?» Aristarch zuckte nur mit den Schultern.

«Dann müsste das Blut doch wohl im Gehirn erzeugt werden, denn wie sollte es sonst aus einem anderen, niedrig gelegenen Organ in ein höheres wie den Kopf gelangen?» fuhr Herophilos fort. «Was aber, wenn wir eine blutende Wunde ganz oben auf dem Kopf haben. Wie wird das Blut auch dorthin, also ganz nach oben, transportiert? Dass dies in der Tat passiert, ist klar. Denn die Wunde verheilt, und bei einer erneuten Verletzung wird das Blut ebenso herausfließen wie zuvor. Aber wie gelangt es dorthin? Ihr seht, dass dieser Fragenkomplex um das System der Adern und des darin fließenden Blutes noch ungeklärt ist.»

Straton schien an diesem Thema Gefallen zu finden und konnte einer Diskussion nicht aus dem Weg gehen. Aristarch hingegen waren diese Probleme völlig fremd. Er konnte nur bruchstückhaft folgen und erriet höchstens die Hintergründe der Argumente seines Lehrers. Mehrmals fiel der Name Ktesibios, bei dem die beiden herzhaft lachen mussten. Langsam schweiften sie von ihrer Diskussion über die Blutbahnen immer weiter ab, um sich schließlich in einem angeregten Geplauder über jenen Mann, von dem Aristarch noch nie gehört hatte, zu verlieren.

Als Straton schließlich zum Aufbruch mahnte, kam dies Aristarch keineswegs ungelegen. Sie streiften einige Zeit gemütlich zwischen den Grüppchen auf der Terrasse des Museions umher. Schließlich konnte Aristarch es sich nicht länger verkneifen, nach jenem Ktesibios zu fragen, der den beiden zu reichlich Heiterkeit Anlass gegeben hatte.

«Das ist wirklich ein wunderlicher Kauz», begann Straton. «Manche sagen, er sei verrückt, aber das ist gewiss nicht der Fall. Ich glaube eher, dass ihm viele seinen Erfolg neiden und ihm Schlechtes nachsagen wollen, denn er stammt nicht aus einem angesehenen Haus. Seine Eltern waren einfache Leute. Er ist deshalb auch rhetorisch nicht so geschickt wie ein Philosoph. Zudem versteckt er manchmal sein Talent und gibt sich eher wie ein dummer Bauerntölpel. Dahinter verbirgt sich allerdings nicht übertriebene Bescheidenheit, sondern Strategie. Vorderhand gibt er seinem Gegner Stoff zum Lästern. Im nächsten Moment aber zeigt er sein ganzes Können und beschämt ihn auf diese Weise. Du kannst dir denken, dass er sich dadurch nicht nur Freunde schafft.»

«Aber was tut er denn, ist er auch Gelehrter am Museion?» fragte Aristarch, der immer neugieriger wurde.

«Nein, am Museion ist er nicht, obwohl der König es ihm angeboten hat. Er zieht es vor, in seinem eigenen Haus zu arbeiten. Er ist ein Mechaniker, ein Tüftler mit außerordentlichem Geschick. Viele mechanische Instrumente, die du im Museion oder beim König sehen kannst, stammen aus seiner Werkstatt. Für Herophilos und auch für Timocharis zum Beispiel hat er äußerst genau gehende Wasseruhren gebaut. Ich habe mit Ktesibios oft über die Natur der uns umgebenden Luft diskutiert. Ich bin davon überzeugt, dass sie körperhaft ist, ebenso wie Wasser beispielsweise. Ktesibios denkt da ganz ähnlich, wobei er diese Frage weniger von der philosophischen als von der praktischen Seite her angeht. Du wirst ihn schon noch kennenlernen.»

Schleichend dehnte sich der Schatten des Museions immer weiter über dessen Vorplatz aus, und die Hitze wich einer wohligen Wärme. Straton bot ihm an, den Abend in seinem Haus zu verbringen. «Und wenn du möchtest, kannst du auch über Nacht bleiben. Es ist genug Platz vorhanden, und wir können uns morgen früh gemeinsam zum Museion aufmachen, um mit dem Unterricht zu beginnen.»

Aristarch kannte nun bereits den Weg zu Stratons Haus, vorbei an der Bibliothek, wo auf dem halb fertigen Dachstuhl immer noch Zimmerleute und Dachdecker am Werk waren. Die beiden aßen wie schon gewohnt im Innenhof des Hauses. Später begaben sie sich in einen Raum des Obergeschosses, der sowohl zum Innenhof als auch nach draußen fast völlig offen war. Die Sonne beschien gerade mit ihren letzten Strahlen den hölzernen Fußboden, der so glatt poliert war, dass er das Licht wie ein Spiegel reflektierte und die beiden Eintretenden blendete.

Sie machten es sich auf zwei Klinen bequem, stillten ihren Durst mit Wasser und Wein und aßen dazu Feigen, Datteln, Granatäpfel und Nüsse, die in kunstvoll geformten Tonschalen auf einem flachen Tischchen standen. Sie unterhielten sich wie zwei alte Freunde. Aristarch fühlte sich geborgen, fast wie zu Hause. Ihr Gespräch wurde immer ruhiger und verhaltener, je mehr sich der Tag dem Ende zuneigte. Der Horizont brannte in den grellsten Farben, vereinzelt trieben tiefschwarze Wolken wie Holzkohlenstücke auf der Glut. Nach und nach löschte der dunkelblaue Himmel die Lohe, und tiefschwarze Nacht senkte sich über die Stadt. Sterne blitzten wie seit unendlichen Zeiten.

Schließlich verabschiedete sich Aristarch von Straton und ging in sein Zimmer, wo der Diener bereits alles für ihn hergerichtet hatte. Er wusch sich und legte sich auf das Bett, von wo aus er noch eine Weile durch das Fenster hindurch die Sterne beobachtete. In seinem Kopf schwirrten die Eindrücke des Tages durcheinander: die Hieroglyphen des Hekataios, die Blutbahnen des Herophilos und die Luftmaschinen des Ktesibios. Was für ein skurriles Treiben.

Im Garten der Philosophie

4 Pachon im Jahre 16 des Königs Ptolemaios I. Soter

«Wir müssen uns ein wenig beeilen, Demeas und Nikeratos werden schon warten», sagte Straton, während er Aristarch leicht die Hand auf den Rücken legte. Sein kräftiger Schritt, mit dem er das Haus verließ, passte so gar nicht zu der mageren und verhärmten Gestalt des Physikers. Schon beim Frühstück hatte Straton einen extrem frischen Eindruck gemacht.

«Sie kamen beide vor etwa einem Jahr aus Athen nach Alexandria», fuhr Straton fort. «Es sind fleißige und begabte Schüler. Ich habe sie für deine erste Lektion ausgewählt, weil sie zwei unterschiedliche Naturlehren vertreten, so dass wir eine fruchtbare Diskussion führen können. Betrachte diesen ersten Tag als einen Einstieg in die kommende Zeit. Wir werden heute ein weit gespanntes Thema diskutieren, aber sicher nicht im Ganzen behandeln können. Es soll für dich eine Übung im logischen Argumentieren sein und dir zeigen, wie wir die Natur heute sehen, gleichzeitig aber auch, wie viele Geheimnisse sie noch birgt.»

Aristarch wollte die Hoffnungen, die Straton offenbar in ihn setzte, nicht enttäuschen. Aber wie sollte er sich bewähren? Schließlich hatte er noch keine gründliche philosophische Ausbildung hinter sich. Die meisten Gebiete hatten seine Lehrer nur oberflächlich behandelt, und eine eigene Meinung hatte er sich bisher eher gefühlsmäßig denn durch den Verstand gebildet.

«Es wird immer schwieriger, sich in allen Bereichen der Philosophie auszukennen», fuhr Straton fort. «Sieh dir einmal das umfangreiche Werk des Aristoteles an, und nimm hinzu, was Astronomen, Geographen, Historiker, Mediziner, Ethiker und die zahlreichen anderen Gelehrten in den vergangenen Jahrzehnten an neuem Wissen angehäuft haben. Sieh doch nur diese grandiose Bibliothek», dabei deutete Straton auf das halb fertiggestellte Gebäude, an dem sie gerade vorbeikamen. «Sie soll etliche Myriaden Schriften der wichtigen Natur- und sonstigen Lehren aufnehmen. Ist es da nicht ganz natürlich, dass ein einzelner Mann nicht mehr in allen Gebieten gleich gut bewandert sein kann?»

Sie waren die Terrasse zum Museion hinaufgestiegen und durchquerten das Gebäude an der Südseite, so dass sie in den grünen Innenhof gelangten. Zielstrebig ging Straton auf eine kleine Baumgruppe zu, in deren Mitte Aristarch bald einen kleinen Pavillon ausmachen konnte. Als sie ihn erreichten, kamen ihnen zwei junge Männer entgegen, die kaum älter als Aristarch waren.

Sie begrüßten sich, und Straton stellte ihm Demeas und Nikeratos vor. Nachdem sie sich auf Stühle gesetzt hatten, die hier und da unter den Bäumen gruppiert waren, plauderten sie eine Weile, bis Straton das Wort übernahm. Aus einem Lederbeutel, den er von zu Hause mitgebracht hatte, zog er zwei Gegenstände heraus und begann:

«Seht einmal her, was halte ich hier in den Händen?» Dabei schaute er Aristarch an, der ihm etwas verwundert antwortete:

«Dies ist ein Stein und das andere ein Stück Holz.»

Straton nickte und gab ihm die beiden Gegenstände. «Nun zähle mir bitte die Eigenschaften auf, die das Holz und den Stein beschreiben und wodurch sie sich voneinander unterscheiden.»

Aristarch besah sich Stein und Holz und beschrieb Gewicht, Farbe und Form, Rauheit und Glätte, Kühle und Wärme, und nachdem ihn Straton aufgefordert hatte, beide Körper an die Nase und den Mund zu halten, konnte er sie auch am Geruch und Geschmack unterscheiden.

«Sehr schön», sagte Straton und nahm ihm die Lehrstücke wieder aus den Händen. «Wenn wir unsere Welt beschreiben und begreifen wollen, müssen wir also von unserer Erfahrung ausgehen, die uns die fünf Sinnesorgane vermitteln. Ich sage ausdrücklich vermitteln, denn keines der Organe selbst verfügt über ein eigenes Empfindungsvermögen. Dies kommt allein der Seele zu. Sie schaut gewissermaßen durch bestimmte Öffnungen der Sinneswerkzeuge hervor. Ohne sie wären wir Menschen empfindungslos, blind, taub und ohne Gefühl. Seele und Sinnesorgan verhalten sich etwa wie ein Handwerker und sein Werkzeug. Aristoteles hat einmal gesagt: Wäre das Auge ein Lebewesen, so wäre das Sehvermögen seine Seele. Heute wollen wir nicht weiter über die Seele und das Wahrnehmungsvermögen sprechen. Eines aber solltet ihr euch merken: Ob die Sinne uns das wahre Sein der Natur offenbaren, wissen wir nicht. Die Sinneserkenntnis ist für uns aber die einzig mögliche Erkenntnis über die Natur.»

Straton nahm das Stück Holz in die eine und den Stein in die andere Hand und fuhr fort: «Du, Aristarch, hast uns deine Sinneseindrücke mitgeteilt, die dir der Stein und das Holz vermittelt haben. Wir wollen uns nun darüber unterhalten, woraus diese beiden Körper bestehen. Wenn wir das Stück Holz mit einem Messer halbieren und eine Hälfte wieder halbieren und immer so weiter, so müssen wir uns doch fragen, ob dieses Teilen irgendwann ein Ende hat und was dann übrig bleibt. Ebenso verhält es sich mit dem Stein und allen anderen Körpern.»

Mit diesen Worten schien Straton zur Diskussion überleiten zu wollen, denn er schaute bei den letzten Worten Demeas auffordernd an, der auch sofort begann: «Es gibt in allen Dingen etwas Ursprüngliches, das wir das Element nennen. Als Element gilt dasjenige, worin die Körper aufgeteilt sind, das aber selbst nicht mehr weiter aufteilbar ist. Hierin sind sich die Philosophen im Großen und Ganzen einig. Uneinig sind sie sich jedoch in der Frage, wie viele Elemente es gibt und welcher Art sie sind. Aristoteles legt die Zahl der Elemente auf vier fest: Feuer, Wasser, Luft und Erde. Dafür liefert er uns zwei Beweise.»

«Diese Beweise, wie du sie nennst, erscheinen mir sehr fragwürdig», fiel ihm Nikeratos in die Rede. «Ich bin gespannt, ob sie unseren neuen Freund hier zu überzeugen vermögen.»

«Der erste Beweis» fuhr Demeas fort, «geht direkt von den Sinneserfahrungen aus. Diese beruhen stets auf gegensätzlichen Qualitäten, von denen Aristoteles nur vier als absolut grundlegend festgelegt hat: warm-kalt und feucht-trocken. Diese vier Qualitäten warm, kalt, feucht und trocken lassen sich in sechs Paaren kombinieren. Zwei schließen sich in der Natur jedoch aus, weil sie nicht gleichzeitig in einem Körper enthalten sein können, und zwar warm-kalt und feucht-trocken. Wir erhalten letztendlich also vier Paare, die jede Art von Materie beschreiben. Sieh hier!»

Demeas nahm einen Stock vom Boden auf und schrieb in den Sandboden die zwei Qualitätenpaare in einem Quadrat auf. Dann zog er mit Schwung einen Kreis um sie und fuhr fort: «Diesen vier Paaren können wir genau vier Elemente zuordnen, wie sie schon Empedokles genannt hat: Das Feuer ist warm-trocken, die Luft, die nichts anderes als besonders feiner Dampf ist, ist warm-feucht, das Wasser ist kalt-feucht und die Erde kalt-trocken. Und alle gemischten Körper, wie Holz, Stein, aber auch Knochen und Fleisch, sind Mischungen aus diesen vier Elementen.»

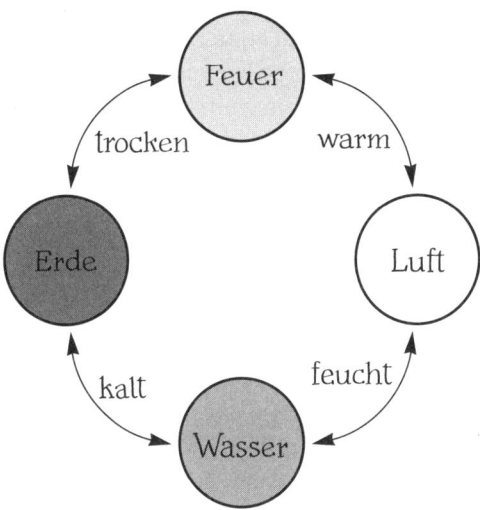

Aristarch hatte aufmerksam zugehört. Er kannte diese Aristotelische Elementenlehre. Schon früher hatte er einiges von ihr nicht verstanden. Noch traute er sich aber nicht, eine Frage zu stellen. Doch dann sah er Straton an, dessen Augen ihn förmlich dazu einluden, in das Gespräch einzusteigen. Schließlich nahm er sich ein Herz, griff nach dem Holz und dem Stein und fragte Demeas:

«Wie kannst du mit dieser Lehre erklären, dass das Stück Holz so viel leichter ist als der Stein, obwohl beide gleich groß sind?»

«Wie ich bereits sagte, können sich die Elemente mischen oder, besser gesagt, ineinander übergehen. Sonst gäbe es nicht diese Vielzahl der Dinge in der Natur. Um deine Frage zu beantworten, muss ich den zweiten Beweis für die Anzahl der Elemente ausführen. Die Elemente besitzen eine natürliche Bewegung: Das Feuer ist das leichteste von ihnen und strebt deshalb nach oben, das heißt der Sphäre der Sterne zu. Die Erde bewegt sich als schwerstes Element immer nach unten. Unten bedeutet in Richtung zum Mittelpunkt des Universums, also der Mitte der Erdkugel. Die beiden anderen Elemente liegen dazwischen, wobei die Luft über das Wasser aufsteigt, jedoch unter dem Feuer bleibt. Genau diese Aufteilung der Elemente findest du in der Natur: Zuunterst ist die Erde, darauf befinden sich die Flüsse, Seen und der Ozean. Hierüber erhebt sich die Lufthülle, und zuoberst umgibt alles der feurige Bereich. Von ihm haben wir natürlich nur entfernte Kunde, so zum Beispiel durch die Kometen, die Entzündungen gasartiger Ausdünstungen der Luft sind, oder das Himmelsleuchten. Das Streben jedes Elementes an seinen natürlichen Ort dient somit der Aufrechterhaltung der Ordnung in der Welt.»

«Diese Frage beschäftigt die Astronomen», unterbrach Aristarch. «Was hat das mit den unterschiedlichen Materialien zu tun?»

«Genau das will ich dir damit erklären», sagte Demeas. «Stein und Holz beinhalten beide die Elemente Erde und Feuer. Das Holz enthält aber mehr Feuer, also mehr Leichtes als der Stein, und ist somit leichter als der Stein. Dies erkennst du auch daran, dass das Holz etwas wärmer ist als der Stein. Außerdem brennt Holz viel schneller und heftiger als ein Stein, den du nur zum Glühen bringen kannst.»

«Das klingt sehr einleuchtend», musste Aristarch zugeben. «Trotzdem erscheint mir die Wahl der Elemente, ihrer Qualitäten und Bewegungen etwas willkürlich zu sein», fuhr er grübelnd fort. «Du hast gerade davon gesprochen, dass Holz verbrennt. Dabei wird es zu Asche. Offenbar können also diese Elemente getrennt oder verändert werden. Ich möchte dir ein anderes Phänomen nennen, das mir mit deiner Lehre nur schwer erklärlich scheint.»

Aristarch nahm einen der Tonbecher, die auf dem Tisch standen, füllte ihn mit Wasser und stellte ihn auf den Rasen in die Sonne.

«Wenn wir diesen Becher eine Weile stehen ließen, so würdest du bemerken, wie die Menge Wasser immer mehr abnimmt. Kannst du mir dies deuten?»

«Das ist nicht weiter schwierig», fuhr Demeas fort. «Wie du schon ganz richtig gesagt hast, ändert sich hier etwas. Die Veränderung, das Werden und Vergehen, ist ein wesentlicher Vorgang und den Elementen von Natur aus mitgegeben. Dies geschieht einfach, indem sich die Qualitäten ineinander umformen. An dem Elementenkreis hier», dabei deutete er auf die Skizze im Sand, «kannst du das Prinzip leicht erkennen. Wasser ist kalt-feucht; Erde ist kalt-trocken. Es braucht sich also nur eine der beiden jeweiligen Qualitäten in die andere umzuformen, nämlich das Feuchte in das Trockene, und schon wird aus Wasser Erde. Ebenso einfach kann aus Erde (kalt-trocken) leicht Feuer (warm-trocken) werden, da nur das Kalte über das Warme obsiegen muss. Auch dies beobachten wir in der Natur, denn Feuer ist Flamme, und Flamme ist Rauch, Rauch aber besteht aus Luft und Erde. Schwieriger ist die Umwandlung des einen Elementes in das andere, wenn sich *beide* Qualitäten ändern müssen. Deswegen erleben wir es nie, dass aus Feuer (warm-trocken) Wasser (kalt-feucht) wird oder sich Luft (warm-feucht) in Erde (kalt-trocken) verwandelt. Das Prinzip lautet also: Diejenigen Elemente, die auf dem Kreis nebeneinanderliegen, können leicht ineinander übergehen, die einander gegenüberliegenden jedoch nicht.»

«Wie erklärst du mit deiner Elementenlehre das Verdunsten des Wassers aus diesem Becher?» fragte Aristarch gespannt.

«Das Element Wasser ist feucht-kalt. Durch die Sonneneinstrahlung wandelt sich nun das Kalte in Warmes um, und aus feucht-kalt wird feucht-warm. Und welches Element besitzt diese Eigenschaften?»

Aristarch schaute auf den Kreis der Elemente und erkannte sofort: «Luft! Das Wasser wandelt sich in Luft um.» Er war von dieser Erklärung so überwältigt, dass ihm kein weiterer Einwand einfiel.

«Du hast uns hier eine schöne Abhandlung eures Meisters Aristoteles gegeben», meldete sich Nikeratos zu Wort. «Ich gebe zu, dass dies alles zunächst einleuchtet. Unser neuer Freund hier hat aber ein Beispiel gebracht, das ich dir in etwas abgewandelter Form als neuen Prüfstein vorlegen möchte. Dieses Rätsel wird das unterschiedliche Gewicht von Stein und Holz erklären. Und es wird darüber hinaus beweisen, dass es leeren Raum gibt, den ihr so heftig bekämpft. Sieh her!»

Nikeratos deutete auf den Wasserbecher und sagte: «Wenn wir in den Becher schauen, erkennen wir, dass die Sonnenstrahlen seinen Boden erreichen und erhellen. Nun halte ich meine Hand so über den Becher, dass sie dessen Öffnung zum Teil bedeckt. Was sehen wir? Die Hand wird von unten, vom Wasser her, beleuchtet. Also durchdringt nur ein Teil der Sonnenstrahlen das Wasser, ein anderer Teil wird offenbar von der Oberfläche zurückgeworfen. Wie kann das sein, wenn die Materie kontinuierlich mit den Elementen erfüllt wäre? Müsste dann nicht alles Sonnenlicht von der Oberfläche abprallen?»

Herausfordernd blickte er Demeas an und fuhr dann fort: «Ich werde dir eine Erklärung liefern, die sehr einfach ist. Die Materie ist nicht, wie ihr behauptet, eine lückenlose Substanz, sondern sie besteht aus vielen kleinen Teilchen, die nicht mehr weiter teilbar sind. Demokrit nannte sie Atome. Zwischen den Teilchen ist leerer Raum. Nun trifft das Licht, das ebenfalls aus Atomen besteht, auf die Wasseroberfläche. Diejenigen Lichtatome, die auf ein Wasseratom treffen, werden zurückgestoßen, so als würden zwei Bälle aufeinanderprallen. Sie gelangen auf meine Hand, wie ich es vorgeführt habe. Die anderen aber können zwischen den Wasserteilchen hindurch bis auf den Becherboden vordringen. Es gibt viele Beispiele in der Natur, die die Richtigkeit meiner Ausführungen beweisen. Worte lassen sich durch Mauern nicht aufhalten, die fröstelnde Kälte dringt bis in die Knochen vor, Wärme breitet sich durch Erz und Eisen hindurch aus. All das könnte man nicht wahrnehmen, wenn es nicht leere Poren in den Körpern gäbe, durch die die Atome hindurchschlüpfen können», endete Nikeratos.

Auch diese Argumente waren für Aristarch überzeugend. «Wie erklärst du mit dieser Theorie, dass dieser Stein und das Stück Holz trotz ihrer etwa gleichen Größe unterschiedlich schwer sind?» fragte er.

«Demeas erklärt dies durch Mischung der Elemente und deren natürliche Bewegungen. Mir erscheint das alles sehr willkürlich. Meine Erklärung ist viel einfacher: Was ebenso groß, aber leichter ist, enthält einfach mehr Leeres und weniger Atome.»

«Diese Theorie hört sich ebenfalls recht einleuchtend an, aber sie widerspricht in bestimmter Hinsicht unserer Erfahrung: Absolute Leere oder Vakuum, wie wir auch sagen, kann es nicht geben», entgegnete Demeas.

«Das ist allein ein Problem eurer Philosophie, nicht der Natur», warf Nikeratos ein.

«Wirklich? Dann erkläre mir Folgendes: In Stoffen verschiedener Zähigkeit bewegen sich Körper unterschiedlich schnell. Ein Stein fällt zum Beispiel in Honig langsam, in Wasser etwas schneller und in der Luft schließlich am schnellsten. Wenn es aber den leeren Raum gäbe, so müssten sich darin alle Körper unendlich schnell bewegen, denn sie würden keinerlei Widerstand verspüren. Dass dies nicht der Fall sein kann, leuchtet wohl jedem ein», schloss Demeas seine Ausführung lachend ab und blickte dabei seine Gefährten Zustimmung erheischend an.

Doch so leicht gab Nikeratos nicht auf. «Dass sich die Körper nicht mit unendlicher Geschwindigkeit bewegen, sehe ich auch, lieber Demeas. Dies liegt daran, dass es eine natürliche größte Geschwindigkeit für alle Körper gibt. Offenbar hat die Natur nicht alles, was möglich sein könnte, auch realisiert. Sie hat die Atome nicht unendlich klein gemacht, sondern ihnen eine Mindestgröße verliehen, die nicht mehr weiter teilbar ist. Ebenso hat sie der Geschwindigkeit der Atombewegung eine Schranke gesetzt.»

Demeas konterte umgehend: «Deine Beweisführung mag kurzfristig überzeugend wirken, aber sie basiert auf der Existenz des Leeren, das nicht existieren kann. Wie erklärst du sonst folgendes Problem: Wenn du Schwere und Leichte durch mehr oder weniger Leerräume in den Körpern erklärst, so muss sich doch wohl das Leere nach oben und das Volle nach unten bewegen. Wenn dies so ist, warum sondern sich dann die beiden nicht voneinander ab?»

«Mein lieber Demeas», entgegnete Nikeratos sichtlich gelassen. «Es ist falsch, wenn du dir das Volle und das Leere als zwei Teilchenarten vorstellst. Vielmehr ist es so, dass der Raum selbst, also das nicht anfassbare Etwas, das Leere ist. Das Leere ist der Raum, der den Körpern die Möglichkeit gibt, zu existieren und sich zu bewegen, und das All ist unendlich hinsichtlich der Menge der Körper und der Größe des leeren Raumes. So lehrt unser Meister Epikur.»

«Euren Meister Epikur solltest du besser nicht so laut anpreisen, denn was man von ihm hört, würde eher auf einen stadtbekannten Tunichtgut als auf einen gebildeten Philosophen zutreffen, mein lieber Nikeratos!» antwortete Demeas sichtlich erregt. «Man hört ja allerhand schmähliche Dinge über ihn …»

«Was willst du damit sagen?» reagierte Nikeratos gereizt.

«Es ist schließlich kein Geheimnis», fuhr Demeas fort, «dass er seine Brüder verkuppelt hat und selbst mit der Hetäre Leontion zusammenlebt. Außerdem treibt er mit verschiedenen Jünglingen und verheirateten Frauen ein übles Intrigen- und Liebesspiel, indem er unzüchtige Briefe schreibt, die dann ganz plötzlich in der Öffentlichkeit auftauchen. Kurz, er ist ein Wollüstling. Sein ehemaliger Schüler Timokrates hat bei seinem Austritt aus der Schule geschrieben, Epikur übergebe sich zweimal am Tag, weil er zu viel gefressen habe. So vollgestopft sei er gewesen, dass er sich tagelang nicht von seinem Tragsessel erheben konnte.»

Demeas war bis an die Vorderkante seines Stuhles vorgerutscht und beugte sich Nikeratos mit erhobenem Zeigefinger entgegen: «Dies mag ja alles noch hingehen, solange er die Welt damit nicht behelligt. Aber in wissenschaftlichen Dingen ist er oft sehr schlecht bewandert und legt die Atomlehre des Demokrit und die Lustlehre des Aristipp gerade so aus, wie es ihm in den Kram passt. Nicht ohne Grund kursiert der Spottvers: Letzter der Physiker, säuisch und hündisch, aus Samos entsprossen, ein Lehrer der Kleinen, ein Muster an mangelnder Bildung.»

Nun hielt es Nikeratos nicht mehr auf seinem Stuhl. Er sprang auf und fuhr Demeas an: «Das sind alles üble Verleumdungen seiner Neider. Die angeblichen Briefe, von denen du sprichst, sind von Diotimos geschrieben und unter Epikurs Namen veröffentlicht worden, um ihn zu verunglimpfen. Epikur ist ein edler Mann voller Menschenliebe, den Göttern fromm ergeben und seinem Vaterland verbunden. Warum sonst hätte er wohl so viele Freunde im ganzen Land? Seine Verehrerschar ist so groß, dass manche Stadt Griechenlands sie nicht fassen könnte. Warum sonst errichten die Stadtväter in seiner Heimatstadt auf Samos ihm zu Ehren große Statuen? Das wirst du doch bestätigen können, Aristarch.»

Doch der zuckte nur verlegen mit den Schultern.

«Genau das Gegenteil deiner Anschuldigungen trifft auf ihn zu», fuhr Nikeratos fort. «Er ist bekannt für seine Wohltätigkeit gegenüber seinen Brüdern und die Mildherzigkeit gegen seine Diener, die sogar bei ihm mitstudieren dürfen. Außerdem wird dir jeder in Athen bestätigen können, dass er und seine Schüler einfach und bescheiden leben. Einen kleinen Becher Wein gönnen sie sich am Tag, sonst trinken sie nur Wasser und essen Brot. Schicke mir kythnischen Käse, damit ich, wenn ich Lust dazu habe, einmal recht schwelgen kann, hat er einmal gesagt. So steht es um ihn, den du einen Wollüstling nennst. Und überhaupt, wie sieht es denn mit eurem Meister aus? War Aristoteles nicht ein elender Verschwender, der sich, nachdem er sein väterliches Vermögen durchgebracht hatte, auf allerhand Faseleien und Quacksalbereien geworfen hat, um damit noch einige Goldtalente zu verdienen?»

Jetzt war es Demeas, den es nicht mehr auf seinem Stuhl hielt. Wütend sprang er auf seinen Kontrahenten zu. Bevor es jedoch zu einem Handgemenge kommen konnte, ging Straton nun sichtlich verärgert dazwischen: «Aber, meine Herren! Ich bitte Euch, bleibt doch beim Thema. Wir haben uns hier nicht versammelt, um übles Geschwätz daherzureden, das allenfalls Waschweibern zukommt, nicht aber klugen Schülern der Philosophie. Ihr solltet Euch schämen, eine wissenschaftliche Diskussion durch üblen Klatsch und Tratsch zu entwürdigen. Abgesehen davon, dass wir keine dieser persönlichen Anschuldigungen überprüfen können, gehören sie nicht hierher. Wir beschäftigen uns nur mit den wissenschaftlichen Erkenntnissen dieser Männer. Alles andere könnt ihr in Schankwirtschaften oder bei Gelagen mit schlechten Freunden verbreiten. Hier aber haben diese Dinge nichts zu suchen!»

Er legte den beiden Streithähnen die Hände auf die Schultern und fuhr beschwichtigend fort: «Ich denke, wir sind in unserer Diskussion sehr gut vorangekommen und haben uns eine kleine Pause verdient. Wir lassen uns Wasser und Wein sowie etwas Brot bringen. Vielleicht kühlen Eure erhitzten Gemüter dabei ein wenig ab.»

❂

Nachdem sich alle etwas zu essen und zu trinken genommen hatten, machten sie sich zu einem kleinen Rundgang durch den Innenhof auf. In der Zwischenzeit hatten sich viele Gruppen eingefunden, die auf dem Rasen unter schattigen Bäumen saßen oder in den Säulengängen umherspazierten. Diese Art zu diskutieren, zu lehren und zu lernen war auch ein Erbe Aristoteles' und des Peripatos. Vielleicht sind die Gedanken leichtgängiger, wenn man sich bewegt, kam es Aristarch unwillkürlich in den Sinn. Zumindest wirkte es offenbar beschwichtigend auf die beiden Streithähne, denn sie plauderten bereits wieder wie beste Freunde miteinander.

Schließlich forderte Straton sie auf, die unterbrochene Diskussion fortzusetzen: «Wir haben also festgestellt, dass es zwei widerstreitende Meinungen zum Aufbau der Materie gibt. Da ist auf der einen Seite die Lehre des Aristoteles, wonach der gesamte Raum mit den Elementen angefüllt ist, die spezifische Qualitäten besitzen. Die gemischte Materie besteht aus Mischungen dieser Elemente und deren Eigenschaften. Die Lehre des Demokritos und Epikur, die Nikeratos hier so heftig und anschaulich vertreten hat, geht von kleinsten Partikeln, den Atomen, aus, die nicht mehr weiter teilbar sind. Sie bilden durch Zusammenballung die Materie, und zwischen ihnen gibt es leeren Raum. Wir haben aber auch gesehen, dass der Begriff der Bewegung nicht von dem der Materie zu trennen ist. Nach Aristoteles besitzt jedes der vier Elemente eine ihm natürlich innewohnende Bewegungsrichtung. Um beide Theorien gegeneinander abwägen zu können, müssen wir noch einige Dinge eingehender behandeln. Zuerst muss uns Nikeratos die Atomtheorie etwas genauer erläutern, sowohl im Hinblick auf die Bildung und die Eigenschaften der Materie als auch auf die Bewegung. Alsdann sollten wir uns noch einmal der Veränderung der Materie und den Ursachen hierfür zuwenden.»

Nikeratos ergriff das Wort: «Nach Demokritos gibt es unendlich viele Atome im Universum, und sie sind unvergänglich. Dies ergibt sich aus dem Folgenden: Das All ist unendlich, denn wäre es begrenzt, so hätte es eine äußere Grenze. Hinter jeder Grenze folgt aber ein weiterer Raum, der wieder zum Universum gehören muss, denn das Universum lässt sich nicht von außen betrachten. Dies ist ganz so wie in der Mathematik: Es gibt keine größte Zahl. Zu jeder noch so großen Zahl kann ich immer wieder eine größere Zahl finden, indem ich zu ihr 1 addiere. Ist das Universum unendlich groß, so muss es auch unendlich viele Atome geben, da eine beschränkte Anzahl von Atomen weit zerstreut durch die unendliche Leere irren würde. Außerdem kann keine Materie aus dem Nichts entstehen, ebenso wie sie sich nicht in nichts auflösen kann. Die Atome müssen unvergänglich und unentstanden sein. Ebenso verhält es sich letztendlich natürlich auch mit dem Universum.»

«Sieh an. Gibt es dann auch unendlich viele Arten von Atomen?» unterbrach ihn Demeas.

«Nein, damit die Atome die vielfältige Materie in der Natur bilden können, müssen sie unfassbar viele, nicht jedoch unendlich viele verschiedene Formen und Größen besitzen. Die unterschiedlichen Dinge in der Natur, vom kleinsten Sandkorn bis zum größten Esel», dabei blickte er Demeas an, «erhalten ihre Gestalt, indem sich Atome mit unterschiedlichen Formen und in verschiedener Anordnung ineinander verhaken und zusammenballen. Wir können uns zwei Atome zum Beispiel wie die zwei Buchstaben E und G vorstellen. Sie sehen zum einen unterschiedlich aus, zum anderen können sie sich verschieden anordnen. Dabei bewirken bereits kleine Änderungen in der Stellung große Unterschiede in der Erscheinung. So unterscheiden sich die Worte ERDE und REDE nicht in den Buchstaben selbst, aber ihre unterschiedliche Stellung führt zu zwei völlig unterschiedlichen Bedeutungen.»

«Und die Eigenschaften der Körper, etwa ihre Farbe oder ihr Geschmack, wie kommen diese zustande? Besitzt bereits jeder Buchstabe eine Eigenschaft oder erst das ganze Wort», fragte Demeas spöttelnd.

«Demokrit schrieb den Atomen spezielle Formen zu. So sind Atome, aus denen etwas Scharfes besteht, eckig, dünn und stark gebogen, weil das Scharfe wegen seiner Ätzkraft überall einzudringen vermag. Die Atome des Süßen sind rund, die des Sauren vieleckig, ohne Rundungen. Auch die Farben stammen daher. So besteht das Schwarze aus rauen, ungleichmäßigen Formen, so dass die Poren in einem schwarzen Körper schwer durchlässig sind. Im Gegensatz hierzu setzt sich das Weiße aus glatten Atomen zusammen. Alle Farben sind Mischungen aus den vier Grundfarben Schwarz, Weiß, Rot und Grün. Allerdings besitzt nicht jedes einzelne Atom die Eigenschaften des Körpers, wie zum Beispiel die Farbe Blau. Ein Atom an sich kann nicht blau sein, sondern erst die bestimmte Lage und Anordnung der Atome im Körper bewirkt die blaue Farbe. Deswegen kann uns das Meer an sonnigen Tagen blau, an stürmischen aber grau erscheinen.»

«Mich erinnert deine Formenspielerei sehr an Platon», warf Demeas ein, «der behauptete, die Elemente seien aus geometrischen Körpern zusammengesetzt. Wie du dich sicher erinnerst, sind in diesen Platonischen Körpern zwei Prinzipien vereint: Ihre Grundform beruht auf dem gleichseitigen Dreieck, und ihre Flächen sind alle gleich groß. Demnach setzt sich das Feuer aus dreiseitigen Pyramiden, also Tetraedern, zusammen, die Luft aus Oktaedern, das Wasser aus Ikosaedern und die Erde aus Würfeln. Auch diese regulären Körper können sich, abgesehen vom Tetraeder und dem Würfel, nicht so zusammenfügen, ohne dass Leerräume zwischen ihnen frei bleiben.»

«Deine Angst vor der Leere kann ich, wie gesagt, nicht teilen. Aber abgesehen davon gebe ich dir darin recht, dass diese rein auf der Mathematik beruhende Vorstellung nicht die Realität sein kann. Es ist lächerlich, den Elementen nur vier Formen zuzuordnen, während die Formenvielfalt in der Natur unerschöpflich ist. Wie sollen die unfassbar vielen Gerüche, Farben und Geschmäcker zustande kommen, wenn alles lediglich aus idealen geometrischen Körpern aufgebaut ist? Demeas, hierin sind wir ausnahmsweise mal einer Meinung: Die Welt ist nicht Mathematik!»

«Damit wollen wir es mit dem Aufbau der Materie, wie ihn sich die Demokriter und Epikureer vorstellen, einstweilen bewenden lassen», ergriff nun Straton wieder das Wort, in der Absicht, die Diskussion in eine andere Richtung zu lenken, «und zu dem wichtigen Aspekt der Bewegung kommen. Nach Aristoteles, das hat uns Demeas bereits erzählt, besitzen die vier Elemente natürliche Bewegungen: Feuer und Luft nach oben, Wasser und Erde nach unten. Wie steht es nun mit den Atomen? Wenn es deren unendlich viele mit unfassbar vielen Formen gibt, welche Bewegungsarten gibt es dann?»

«Alle Atome befinden sich in Bewegung. Einen Anfang der Bewegung gibt es nicht, weil das Universum seit unendlichen Zeiten besteht. Ihre Ursache liegt aber in der Schwere der Teilchen und darin, dass der Raum leer ist und somit den Teilchen keine Stütze sein kann. Weiterhin gibt es für alle Atome nur eine natürliche Bewegung, und zwar nach unten, also der Erde zu. Dass einige Körper trotzdem nach oben steigen können, wie wir es in der Natur beobachten, hat seine Ursache darin, dass die Großen, wenn sie nach unten sinken, die Kleinen verdrängen. Ihnen bleibt somit keine andere Möglichkeit, als aufzusteigen.»

«Bevor ich zu meinem schwerwiegendsten Einwand komme», mischte sich Demeas ein, «noch zwei Fragen: Aristoteles hat mehrfach nachgewiesen, dass der Kosmos endlich ist und die kugelförmige Erde konzentrisch umgibt. Damit ist die Richtung nach oben ganz eindeutig definiert, nämlich von der Mitte weg zur Himmelssphäre. Da das Universum nach deiner Aussage unendlich ausgedehnt ist, gibt es aber keinen Mittelpunkt, denn im unendlichen Raum lässt sich kein Mittelpunkt denken. Folglich gibt es bei euch auch kein absolutes Oben und Unten, und ein Partikel, das unendlich weit von der Erde entfernt ist, wird sich nicht orientieren können. Ferner behauptet ihr doch, dass es wegen der Unendlichkeit des Raumes und der Anzahl der Atome unendlich viele Welten gäbe, ähnlich der unseren. Wenn dies richtig wäre, wäre die Verwirrung für die Atome noch größer. Zu welcher *Erde*», Demeas sprach das Wort ironisch aus, «sollen sie denn fallen?»

Nikeratos ließ sich davon jedoch keineswegs beeindrucken: «Unten und oben bedeutet einfach: zur Erde hin und von der Erde weg.

Diese beiden Richtungen sind auch in einem unendlichen Universum klar. Ob es tatsächlich unendlich viele Welten gibt, wissen wir nicht. Wir sagen aber, dass sie möglich sind. In der Tat müssen für den Fall weiterer Erden dann wohl die Teilchen sich in Richtung zu derjenigen Erde begeben, der sie am nächsten sind.»

«Ich finde deine Ausführungen sehr gelungen, Nikeratos, aber es bleibt doch eine Grundfrage für mich bestehen», wagte Aristarch einen Einwurf. «Du sagst, dass nichts aus dem Nichts entstehen könne. Das scheint mir sehr logisch. Wie verhält es sich aber mit der Bewegung. Ist sie aus dem Nichts entstanden? Du sagtest, es gebe für sie keine Ursache, aber woher stammt sie dann?»

«Sehr richtig!» schloss sich ihm Demeas an. «Wie und aus welchem Grund bewegt sich etwas? Der Stoff an sich kann sich doch nicht selbst in Bewegung setzen. Hierzu bedarf es einer Ursache.»

«Es gibt keine andere Ursache als die Schwere der Körper. Da das Leere, in dem die Körper sich befinden, der Schwere nichts entgegenzusetzen hat, müssen sie sich bewegen», antwortete Nikeratos gleichmütig.

Demeas wusste, dass Nikeratos bei dieser Frage in Schwierigkeiten geraten würde. Gerade in diesem Punkt prallten die Grundideen der beiden Naturphilosophien hart aufeinander. Deswegen ließ er nicht locker, blieb plötzlich stehen und entgegnete mit fester, schneidender Stimme: «Hier zeigt sich die ganze Unzulänglichkeit und Undurchdachtheit eurer Philosophie. Ihr macht euch keine Gedanken darüber, warum es Bewegung gibt, warum sich das eine hierhin und das andere dorthin bewegt. Es ist aber nicht so, dass sich die Materie gerade so bewegt, wie es sich zufällig trifft. Allem liegt etwas zugrunde. Die Natur besitzt den Ursprung und den Grund hierfür in sich, und die Gesamtheit der Natur ist Gott. Ohne Bewegung gäbe es keine Veränderung, und jede natürliche Bewegung ist auf ein Ziel ausgerichtet, denn nichts, was Gott macht, ist zwecklos. Der Bewegung liegt also immer ein formendes Prinzip zum Nützlichen zugrunde. Wie letztendlich die Bewegung in die Welt kommt, will ich dir auch erklären. Jeder weiß, dass die Bewegung durch einen Anstoß ausgelöst wird. Aber auch dieses Anstoßende muss bereits bewegt, also angestoßen worden sein. So ließe sich die Reihe ohne Ende oder, besser gesagt, ohne Anfang weiter fortsetzen. Es gibt jedoch einen Ersten Beweger, der selbst nicht bewegt wird und göttlich über der Natur waltet.»

Dabei schaute er nach oben, als könne er diesen Ersten Beweger dort erblicken.

«Er bringt die erste Bewegung in die Welt: den ewigen Sphärenumschwung der göttlichen Gestirne. Und dieser wiederum bewegt die Elemente. Die kreisförmige Bewegung der göttlichen Sphäre ist vollkommen und ewig, denn nur die Kreisbewegung besitzt weder Anfang noch Ende. Wir haben damit neben den vier natürlichen Bewegungen der Elemente eine fünfte. Sie nimmt wegen ihrer Vollkommenheit in der Rangfolge der Bewegungen die erste Stelle ein. Auch ihr müssen wir ein Element zuordnen. Wir nennen es Äther, das beständig Laufende in unendlicher Zeit. Dieser Erste Beweger ist Gott, das ewige, beste Wesen, das der sinnlichen Welt enthoben, ewig und unteilbar existiert. Er ist das formende Prinzip über der Natur; denn die Welt ist nicht ein bloßes Aggregat aus zufällig zusammentretenden Teilchen, sondern die Verwirklichung eines göttlichen Prinzips.»

Schweigend ging die kleine Gruppe eine Zeitlang weiter. Offenbar mussten alle Disputanten das Gehörte erst einmal verdauen. Es war mittlerweile heiß geworden, die Sonne stand hoch am Himmel und ließ die Schatten schrumpfen. Man zog sich in die Säulengänge zurück, genoss die Kühle zwischen den Statuen und Wandmalereien. Dann wandte sich Straton an seinen Schüler Demeas: «Du meinst also, dass sich alles in der Natur nach einer Notwendigkeit vollzieht?»

«Ja, das glaube ich», antwortete Demeas. «Keine Veränderung geschieht zufällig. Nikeratos hat vorhin den Vergleich mit den Worten herangezogen. Jetzt will auch ich ihn verwenden. Ein Wort wie Brot besteht aus den Buchstaben B, R, O und T. Jeder Buchstabe hat für sich genommen keine Bedeutung. Erst in ihrer Zusammenfügung bekommen sie einen Sinn. Das Ganze ist also mehr als die Summe der Einzelteile. Ebenso ist das Brot mehr als nur Feuer, Wasser, Luft und Erde. Das, was dieses Mehr ausmacht, nennen wir das Wesen. Es muss also neben dem Stoff, das heißt den Elementen, noch etwas anderes sein, was den Dingen ihren Sinn verleiht. Platon nannte dieses Wesen die Ideen, für manche waren es die Prinzipien der Mathematik. Ihr hingegen», dabei schaute er Nikeratos an, «habt euch keinerlei Gedanken über diese Dinge gemacht und lasst die Atome gerade so zusammentreten, wie es der Zufall will.»

Nikeratos setzte bereits zu einer Antwort an, als ihn Straton mit einem Griff an dessen Arm zu verstehen gab, er solle Demeas weiter erzählen lassen. «Wenn etwas entsteht oder sich verändert, so geschieht dies nicht beliebig. Jedes Ding besitzt seine eigenen, ihm von Gott und der Natur beigegebenen Möglichkeiten der Veränderung, und jede Änderung, die gemäß dieser Möglichkeiten geschieht, dient einem bestimmten Zweck. Wir nennen dies Entelechie. Es ist eben kein Zufall, dass unsere vorderen Zähne scharf und somit geeignet zum Beißen sind, während die Backenzähne breit und daher gut zum Zermahlen der Nahrung sind. Ebenso wenig ist es Zufall, dass es im Sommer warm ist. So kann nämlich das Getreide wachsen und im Herbst goldene Ähren zur Reife bringen. Viele Beispiele belegen, dass Vorgänge im Hinblick auf ein nützliches Ziel ablaufen. So dienen die Blätter einer Blume dazu, die Frucht zu beschützen, Wurzeln wachsen in den Boden und nicht in die Luft und so weiter. Die Natur erhält sich selbst und strebt dem Ziel des Guten und Schönen zu. Den Plan hierzu hat jedoch der eine Gott, der alles Bewegende, erdacht.»

Demeas hielt inne und schaute in den Hof, ganz versunken in diese Vorstellung einer gottgelenkten Welt. Nikeratos, der sich die ganze Zeit über zurückgehalten hatte, musste jetzt kontern.

«Ich finde nicht, dass wir in der Welt nur Entwicklungen zum Guten hin sehen. Selbst die Alten, wie Empedokles, berichten ja bereits von Missgeburten mit zusammengewachsenen Gliedern, Rinderleibern mit Menschenköpfen und anderen Kreaturen. Ist es nicht so, dass diese Verirrungen der Natur zufällig entstanden, jedoch wegen ihrer Verunstaltung untergingen und deswegen heute nicht mehr existieren? Und ist es nicht so, dass das Getreide im Sommer wächst, weil es dann warm ist? Ebenso hat es früher vermutlich Pflanzen gegeben, deren Wurzeln in die Luft ragten, aber sie waren ebenso wenig lebensfähig wie die Missgeburten des Empedokles.»

Demeas schüttelte unwillig und verständnislos den Kopf: «Schau dich doch nur einmal hier um! Welche Schönheit sich uns hier bietet: Dies soll alles zufällig entstanden sein? Das kannst du doch nicht im Ernst meinen. Von der Wohlgestalt dieser Blume hier über die Schönheit des Menschen bis hin zur Erhabenheit und Vollkommenheit des Himmels: alles ein Werk der Willkür?»

Demeas ging weiter und wandte sich dann an Straton: «Ich glaube, die Gegensätze zwischen Nikeratos und mir sind unüberbrückbar. Straton, wie denkst du darüber?»

Straton hatte sich die ganze Zeit über bewusst zurückgehalten. Seine Schüler sollten lernen, selbstständig zu reden und ihre Ansichten mit eigenen Argumenten zu verteidigen. Nicht selten kam es vor, dass er selbst dabei von ihnen lernen konnte. Schon die Darstellung eines bekannten Problems aus einer für ihn neuen Sichtweise konnte ihn der Lösung näher bringen.

«Habt erst einmal Dank für diesen anregenden und zeitweise auch aufregenden Disput. Ich will euch gern einige meiner Ideen vortragen, doch vielleicht sollten wir uns dazu in den Pavillon begeben.»

❁

Im Schatten des Pavillons nahm Straton das Gespräch wieder auf.

«Ihr habt selbst bemerkt, dass die Untersuchung der Elemente untrennbar mit der Frage nach der Existenz des Vakuums sowie mit der Ursache für Veränderungen und Bewegungen verwoben ist. Da die Zeit jedoch schon weit fortgeschritten ist und ich in Kürze zum König muss, will ich euch meine Vorstellungen über diese Dinge lediglich in Grundzügen erklären. Dass es leeren Raum, fein verteilt in den Körpern, geben muss, das zeigt uns doch wohl Nikeratos Versuch mit dem Wasserbecher, in den ein Teil der Sonnenstrahlen ungehindert einzudringen vermag. Diese kleinen Vakua mögen kleiner sein als die Teilchen selbst, so dass es keinen zusammenhängenden leeren Raum gibt, sondern die Dinge von feinen Poren durchsetzt sind.»

Während dieser Erklärungen hielt Straton den Wasserbecher in der Hand und unterstützte gestenreich seine Worte. Offenbar war es für ihn völlig selbstverständlich, alltägliche Gegenstände sowohl als Mittel zur Erkenntnis als auch zur Erläuterung seiner Naturphilosophie heranzuziehen.

Für Aristarch war dies völlig neu. Seine Lehrer hatten ihm, wenn überhaupt einmal von der Natur die Rede war, rein ideelle Vorstellungen beigebracht. In ihren Ausführungen richtete sich die Natur nach pythagoreischer Zahlenmystik oder einer göttlichen geometrischen Symmetrie. Jede Prüfung der Natur auf solche Vorstellungen hin war verpönt, auf jeden Fall aber unmöglich, da nur Gott allein die Macht hatte, die Schönheit seines Werkes im Ganzen zu schauen.

Und hier saß ihm nun dieser hagere Mann gegenüber, der so banale Dinge wie Tonbecher, Steine und Holz benutzte, um in den göttlichen Plan der Natur hineinzublinzeln. Für einen kurzen Moment konnte sich Aristarch nicht des Gefühls erwehren, einem Scharlatan aufzusitzen. Dann musste er jedoch wieder über sich selbst den Kopf schütteln. Straton war ein von allen Philosophen angesehener und geachteter Mann. Nein, was er hier miterlebte, war der Einzug einer neuen Wissenschaft. Einer Wissenschaft, die auf streng logischen Gesetzen aufbaute, aber ihre Annahmen immer wieder an der Natur selbst überprüfte. Und zu der Natur gehörte ein mit Wasser gefüllter Becher genauso gut wie die Erdkugel, der Mond und alle anderen Himmelskörper.

«Ein anderes Mal», fuhr Straton fort, «kann ich euch anhand eines Experiments beweisen, dass Luft ebenfalls ein Stoff wie jeder andere ist, jedoch sind in ihm die Teilchen feiner verteilt. Nehme ich ein luftgefülltes Gefäß, das bis auf eine kleine Öffnung gänzlich verschlossen ist, so kann ich noch etliche Luft zusätzlich hineinblasen, ohne dass das Gefäß auseinanderbricht. Ich kann die Öffnung mit dem Finger verschließen, so dass die Luft darinnen bleibt. Nehme ich den Finger von der Öffnung, so entströmt die zusätzliche Luft wieder, was der Beweis dafür ist, dass sie tatsächlich in dem Gefäß geblieben war. Hieraus müssen wir schließen, dass wir die Luft in dem Gefäß zusammengepresst haben, und wie sollte das anders geschehen, als dass Luftteilchen in die vorhandenen Poren schlüpften. Nur so scheint es mir erklärlich, dass ein schon mit Luft gefülltes Gefäß zusätzliche Luft aufnehmen kann. Auch die Bewegung lässt sich so verstehen, wie es Demeas erklärt hat. Die Poren, zum Beispiel in der Luft oder im Wasser, schaffen Raum für einen Körper, der sich darin bewegt.»

Straton widersprach damit ausdrücklich Aristoteles, wenngleich er ihm in einem Punkt recht gab: «Ich bin davon überzeugt, dass die Natur alles so einfach wie möglich einrichtet. Hiervon war ja auch schon Aristoteles überzeugt. Ich schließe aber daraus, dass es nicht genauso viele natürliche Bewegungsrichtungen wie Elemente geben muss. Dies scheint mir eine ebenso unnötige Doktrin zu sein wie die Behauptung, dass die Kreisbewegung ideal sei. Meiner Meinung nach kommt die Natur mit einer einzigen natürlichen Bewegung aus, und das ist diejenige nach unten. Jeder Körper bewegt sich von Natur aus nach unten, also zur Erde hin. Aufwärtsbewegungen kommen nur dadurch zustande, dass die unteren Körper von den nach unten sinkenden verdrängt werden und deswegen nach oben ausweichen müssen, so wie es Demeas bereits angesprochen hat.»

Wieder nahm Straton den Becher und den Stein, um seine nun folgenden Gedanken im Experiment zu unterstützen. «Nehmt diesen Wasserbecher, und lasst in ihn einen Stein fallen, so sinkt er auf den Boden. Decke ich die Öffnung zu und drehe den Becher um, so sinkt der Stein, der ja jetzt oben ist, nach unten. Dabei verdrängt er das Wasser, welches vorher unten war, und es muss nach oben ausweichen. Es ist ganz einfach: Die schwereren Körper verdrängen die leichteren.»

Er stellte den Becher wieder beiseite und kam auf den entscheidenden Punkt des Ewigen Bewegers zu sprechen: «Wenn es lediglich eine natürliche Bewegung gibt und diese ihre Ursache in der Schwere der Körper besitzt, so ist kein unbewegter Beweger nötig, der alles in Gang bringt und am Laufen hält. Und ebenso steht es mit jeder Veränderung. Sie ist in der Natur selbst und beruht auf dem Kampf der Gegensätze.»

«Das ähnelt doch teilweise sehr stark der Lehre von Demokrit», warf Aristarch ein. «Nur eine Bewegung aufgrund der Schwere der Körper, Leerräume zwischen den Elementen. Ist denn auch deiner Meinung nach unsere Welt ein Produkt des Zufalls, ein ohne göttliche Vorsehung wirr zusammengewürfelter Mischmasch?»

Straton blickte Aristarch eine Weile tief in die Augen, bevor er langsam, nach Worten suchend antwortete: «In der Tat sehe ich keinen Grund, ein göttliches Wesen außerhalb des Universums anzunehmen. Ebenso wenig glaube ich, dass jeder Stern selbst ein göttliches Wesen ist, wie Aristoteles meinte. Ich kann auch die Meinung des Epikur nicht teilen, der glaubt, dass die Menschen ihren Begriff von Gott während des Schlafes gewinnen und dieser deshalb Menschengestalt besitzen müsse. Das scheint mir zu naiv. Aber es muss, und darin stimme ich Demeas zu, eine treibende Kraft geben, die Bewegung und Veränderung der Materie lenkt. Der anfängliche, vielleicht zufällige Zustand der Welt war vermutlich unvollkommen und näherte sich damals wie noch heute durch die Wirksamkeit einer inneren Kraft einem vollkommenen Zustand an. Diese Spontaneität, so nenne ich diese Kraft, ist in der Natur. Die Natur selbst hat in sich den Ursprung des Entstehens und Vergehens, des Wachstums und der Abnahme. Diese Spontaneität hat keine Ursache mehr und ist auch nicht weiter begründbar. Die Natur ist sich selbst genug.»

«Und Gott?» entfuhr es Aristarch spontan.

«Die Alten lebten noch in einer Welt, die so voller Unbegreiflichkeiten war, dass sie hinter jeder Naturerscheinung Götter sahen. Ob Blitze krachend einen Baum spalteten oder der Donner grollend durch den Himmel rollte, ob die Erde bebte oder Stürme die See peitschten und Hunderte von Männern auf ihren Schiffen von den brausenden Wellen verschlungen wurden, immer waren Götter hierfür verantwortlich. Auch der Zug der Sterne, des Mondes und der Sonne blieben ihnen unerklärlich und die Finsternisse ein schlimmes Zeichen. Doch wir haben heute für alles eine natürliche Erklärung und fürchten nicht mehr hinter jedem Baum einen Gott. Wenn ich sage, die Welt sei auf natürliche Weise entstanden und die Natur habe seitdem den Lauf der Welt selbst bestimmt, so tue ich dies, weil mir auch hier ein Gott nicht weiterhilft. Ich sehe tagtäglich nur die Natur wirken und verlege deswegen die erzeugende Spontaneität in sie selbst. Das bedeutet allerdings nicht, dass es Gott nicht gibt!» beeilte sich Straton anzufügen. «Aber ich glaube nicht an einen Gott außerhalb der Natur oder neben ihr, sondern an einen, der in ihr und mit ihr eins ist.»

Nach Stratons gewichtigen Worten blieben die drei Schüler neben ihrem Lehrer schweigend in dem Pavillon sitzen. Langsam lösten sich Aristarchs Gedanken von den behandelten philosophischen Problemen. Er dachte an sich selbst, inmitten einer Welt, die für ihn völlig neu war. Mit neuen Freunden, in einem sonnenbeschienenen Pavillon, im grünen Hof des Museions, in der brausenden Stadt Alexandria, in dem großen Reich Ägypten, am Rande des Meeres, das ihn von seiner Heimat trennte.

«Ich glaube, für heute lassen wir es bei diesem Stand der Diskussion bewenden», ergriff Straton wieder das Wort. «Unser junger Freund», hierbei blickte er Aristarch an, «scheint auch schon recht erschöpft zu sein. Außerdem ist die Mittagszeit bereits lange überschritten, und ich bin beim König zum Essen und anschließenden Unterrichten seines Sohnes angemeldet. Ich werde euch also bald verlassen müssen. Es war ein sehr anregender Disput, denke ich und glaube, dass ihr einiges dabei gelernt habt. Ihr solltet nun auch etwas essen und anschließend Aristarch ein wenig die Stadt zeigen.»

Daraufhin verabschiedete er sich und verabredete mit Aristarch, ihn kurz vor Sonnenuntergang in seinem Zimmer abzuholen. Kräftig ausschreitend verließ der Physiker den Hof.

✿

Die drei Schüler beschlossen, den Speisesaal aufzusuchen. Die Philosophie war vergessen, und man unterhielt sich über die alltäglichen Dinge des Lebens, die Schule, die Familie zu Hause. Demeas erzählte, dass er Historiker werden wolle und bei Hekataios studiere. Nikeratos war nach Alexandria gekommen, um bei Herophilos das Handwerk des Arztes zu lernen. Aristarch berichtete umgehend, dass er diese beiden Gelehrten bereits kennengelernt und eine kleine Probe ihres Wissens habe kosten können. Mit dem Wunsch bleibender Freundschaft verabschiedeten sie sich voneinander.

Auf der Treppe zu seinem Zimmer begegnete Aristarch unerwartet Dolios. Freudig begrüßte ihn der Museionsdiener und erkundigte sich nach seinem Befinden und ob er ihm etwas bringen dürfe. Auch Aristarch war erfreut, einen ihm bereits vertrauten Menschen zu sehen, und bat ihn um eine Karaffe Wasser. Während Dolios davoneilte, ging Aristarch in sein Zimmer, erfrischte sich etwas und legte sich auf die Kline. Ab und zu nahm er einen Schluck Wasser und schaute durch das Fenster auf den Himmel, dessen Blau langsam in ein opakes Weiß überging.

Er mochte eine ganze Weile vor sich hingedämmert haben, als es an seiner Tür klopfte und Straton eintrat. Dieser forderte ihn auf, mit ihm einen kleinen Ausflug zu unternehmen. «An einen Platz, den ich in den letzten Jahren sehr lieb gewonnen habe», fügte er geheimnisvoll hinzu und schaute Aristarch dabei lächelnd an. «Ich denke, es wird dir dort gefallen.»

Plaudernd verließen sie das Museion. Als sie den Festungswall passiert hatten, winkte Straton eine Kutsche heran. Langsam setzte sich der kleine Karren in Bewegung. Sie zuckelten am Theater vorbei und bogen schließlich nach rechts auf die große Prachtstraße ein. Endlos lang schien sie zu sein, doch an ihrem Ende erkannte Aristarch das Tor zum Meer. Da der Kutscher in dem geschäftigen Treiben kaum über Schrittgeschwindigkeit hinauskam, benötigten sie für die Strecke fast eine halbe Stunde.

Am Westtor ließen sie sich absetzen. Gut zehn Ellen mochte die mit drei schweren Holztoren gegen feindliche Einfälle geschützte Stadtmauer mächtig sein. Als sie das Bollwerk durchschritten hatten, öffnete sich vor ihnen das weite Panorama einer Küstenlandschaft. Vereinzelt schwankten schlanke Palmen am Strand, kräftige Sykomoren ließen ihre runden Blätter im Winde tanzen, zwischen staksigem

Dünengras buckelten Tamariskenbüsche und winkten mit ihren rosafarbenen Blüten.

Die Sonne stand bereits sehr tief und schien den beiden Männern ins Gesicht. Unwillkürlich fühlte sich Aristarch an den Strand seiner Kindheit erinnert. Doch dieses Mal empfand er kein Heimweh. Sie folgten einer Straße, die in einem Bogen parallel zur Küste verlief und schließlich an einer niedrigen Mauer entlangführte.

«Die Nekropole», antwortete Straton auf Aristarchs unausgesprochene Frage. «Vielleicht findest du es etwas seltsam, dass ich dich ausgerechnet auf einen Friedhof führe, aber oft ist dies der einzige Ort für mich gewesen, an dem ich Ruhe finden konnte.»

Durch eine kleine Pforte betraten sie die Totenstadt und schlenderten gemächlich zwischen den Gräbern in Richtung Küste. Die armen Leute wurden unter einfachen Erdhügeln bestattet, während sich die etwas wohlhabenderen eine Grabstele leisten konnten. Einige von ihnen waren farbig bemalt, in andere war ein kleines Relief gemeißelt. Szenen, in denen der Verstorbene von seinen Angehörigen Abschied nahm, wechselten mit Episoden aus dem Leben ab. Inschriften erinnerten an die guten Taten des Toten. Besonders einflussreiche und wohlhabende Menschen oder Familien wurden in großen unterirdischen Grüften beigesetzt, die bis zu drei Stockwerke tief in den Boden hinabreichten.

Ein gutes Stück vor dem Strand endete die Nekropole. Langsam gingen sie weiter Richtung Meer. Der immer noch hörbare Lärm der Stadt vermischte sich mit dem Geräusch der Meeresbrandung. Der Wind trieb salzige Luft vor sich her, und die Sonne entfachte am Horizont ihr abendliches Feuerfarbenspiel. Sie setzten sich auf einen großen Felsen, der seicht ins Meer abfiel, so dass die Wellen rhythmisch an ihm hochleckten.

«Ein Sonnenuntergang ist für mich immer wieder faszinierend», begann Straton das Gespräch. «Er lässt mich spüren, dass wieder ein Tag beendet, wieder ein Kapitel in der ewigen Geschichte der Welt abgeschlossen ist. Ruhe kehrt ein. Die Menschen beenden ihre Arbeit und legen sich schlafen, das Gelärme der Stadt erstirbt nach und nach, die peinigende Hitze des Tages weicht einer wohligen Wärme. Schließlich wird es dunkel. Nacht umfängt die Erde.»

Beide schwiegen, gebannt von der Ruhe des abendlichen Naturschauspiels. Dann sagte Aristarch: «Du hast recht, es sind zwei verschiedene Dinge, ob man die Bahnen der Planeten und der Sonne mathematisch untersucht oder ob man sich ihrer Schönheit einfach hingibt. Ich habe heute noch lange über das nachgedacht, was du von Gott gesagt hast. Ich muss zugeben, dass mir diese Vorstellung sehr fremd ist. Du weißt, ich bin in dem Glauben erzogen worden, die Götter seien richtende und allmächtige Wesen – ein Volksglaube, mit dem ich nie viel anfangen konnte. Das ist mir heute endgültig klar geworden. Für dich ist Gott die Natur. Damit nimmst du aber von Gott jede Verantwortung für die Menschen und überlässt ihm nur noch den Lauf der Welt.»

Aristarch schaute in die glitzernden Wellen, als Straton antwortete: «Gott *ist* der Lauf der Welt. Wir Menschen sind für unser Tun voll und ganz selbst verantwortlich. Andernfalls müsste Gott doch ein armer Wicht sein, findest du nicht auch?»

Aristarch blickte seinen Freund überrascht an, der sogleich fortfuhr: «Wie sähe es denn sonst mit seiner Allmacht oder gar seiner Moral aus? Will er die Übel in der Welt abschaffen und ist dazu, wie man deutlich sehen kann, nicht in der Lage? Dann ist er schwach. Oder will er die Übel nicht abschaffen? Dann ist er schlecht. Warum gibt es immer noch das Schlechte in der Welt? Und warum beseitigt er es nicht?»

Aristarch war verwirrt. Nach einiger Zeit fragte er schüchtern: «Aber alle Völker glauben an Götter, wenn auch in verschiedener Form. Gestern hat uns doch erst Hekataios von den Jenseitsvorstellungen der Ägypter erzählt. Haben denn alle Menschen unrecht?»

«Niemand weiß, ob es Gott gibt oder nicht. Es muss jeder selbst entscheiden, ob er einen Gott braucht, um sich im Leben zurechtzufinden. Ich denke, wir sind auf dem Wege, die Natur immer besser zu verstehen, wie ich es heute Mittag bereits gesagt habe. Mögen die meisten Menschen zu einem Gott beten. Ich tue dies nicht. Ich möchte dich aber bitten», fuhr Straton nach einer kurzen Pause fort, «diese Worte für dich zu behalten. Du weißt, wie leicht jemand sie zum Vorwurf der Gotteslästerung vorbringen kann. Ich wäre nicht der erste Mann in Griechenland, der auf diese Weise beiseitegeschafft wird.»

Danach schwiegen die beiden wieder und überließen das Gespräch Wind und Wellen. Die Sonne war schon längst untergegangen, Rosenfinger streckten sich in den violettfarbenen Himmel, als sie aufbrachen. Die Grabstelen glommen in einem eigentümlich fahlen Licht, Sträucher und Bäume staken dunkel zwischen ihnen. Langsam schlenderten sie den Weg zur Stadt zurück, über der sich ein gelber Dunst wölbte – Fackelschein, der sich im Qualm verfing.

Am Tor angekommen, nahmen sie wieder eine Kutsche. Die Plateia war in der Nacht noch eindrucksvoller als am Tag. Unzählige Fackeln beleuchteten das Gedränge der Menschen, das kaum abgenommen hatte. Straßenhändler hatten ihre kleinen Stände unter den Säulenreihen aufgebaut, viele Menschen nutzten die erträglicheren Temperaturen für ein Gespräch mit Freunden.

Gemächlich holperte der Karren durch die Prachtstraße. Diese Stadt strahlte selbst in der Nacht noch einen Glanz aus, als wolle sie einen Schönheitswettkampf gegen den gestirnten Himmel ausfechten. Nach einiger Zeit bogen sie in die Seitenstraßen ab, langsam verebbte das Stimmengewirr. Die Gassen wurden immer enger und dunkler, bis sie schließlich vor Stratons Haus anlangten.

Triumph in der Mathematik

5 Pachon im Jahre 16 des Königs Ptolemaios I. Soter

Straton und sein junger Schüler hatten sich beim Frühstück Zeit gelassen, und so stand die Sonne schon recht hoch am Himmel, als sie das Haus in Richtung Museion verließen. Heute sollte Aristarch den Hofastronomen Timocharis kennenlernen.

«Wird Timocharis nicht schon auf uns warten?» fragte Aristarch.

«Nein, ich denke nicht», antwortete Straton. «Manche Nächte verbringt er in seinem Observatorium, um Messungen an den Sternen und Planeten vorzunehmen. Am nächsten Tag schläft er dann etwas länger. Seine Frau sorgt peinlichst dafür, dass er am Morgen nicht gestört wird», fügte er lächelnd hinzu.

«Er kam schon einige Jahre vor mir von der Insel Kos hierher und gehört zu den ersten Gelehrten im Museion. Er ist ein sehr penibler Mann, und es ist nicht immer ganz einfach, mit ihm auszukommen. Sollte er dir gegenüber etwas, na, ich will nicht sagen abweisend, aber doch zurückhaltend sein, sei nicht erschrocken. Er ist ein treuer Anhänger der aristotelischen Lehre. Meiner Meinung nach etwas zu treu. Aber auf seinem Gebiet leistet er sehr viel, und alle astronomischen Messinstrumente, die du in Alexandria findest, sind auf sein Geheiß hin gebaut worden.»

Im Versammlungssaal des Museions steuerten die beiden auf die Tür des Astronomen zu, an deren Seite die Statue der Urania stand. Versonnen schaute die Muse auf den Himmelsglobus in ihrer rechten Hand. Die Kugel war aus Holz gearbeitet und mit tiefblauer Farbe bemalt. Die Sterne hoben sich, entsprechend ihrer Helligkeit am Himmel, als unterschiedlich große, weiße Flecken vom Untergrund ab. Aristarch versuchte, die einzelnen Gestirne und die von ihnen gebildeten Sternbilder zu identifizieren, als Straton bereits die Tür zum Studierzimmer des Astronomen geöffnet hatte und Aristarch am Ärmel zog.

Timocharis hatte sich gerade mit einem Mann unterhalten, der offensichtlich dem Dienstpersonal des Museions angehörte. Als Straton und Aristarch eintraten, schickte der Astronom den Diener fort, der daraufhin wie ein Windhauch aus dem Zimmer huschte.

»Wieder ein eiliger Auftrag an den Instrumentenbauer, Timocharis?» fragte Straton gleich, indem er einen bemüht freundschaftlichen Ton anschlug.

«Nein. Das war mein privater Diener. Eine Botschaft für den Sekretär Damokrates», antwortete Timocharis knapp. «Du kommst mit deinem neuen Schüler, den du so hoch gelobt hast? Sei gegrüßt.»

Timocharis erkundigte sich nach Aristarchs Befinden, nach seinen ersten Eindrücken von der Stadt und privaten Angelegenheiten. Er blieb dabei korrekt, aber distanziert. Es war Aristarch unmöglich, diesen Mann einzuschätzen, der eine undurchdringliche Maske zu besitzen schien. Sein langes, kantiges Gesicht war wie eingerahmt von kurzem lockigem Haar und einem ebenso langen Vollbart. Auf der Nasenwurzel hatten sich zwei tiefe Falten eingegraben, die ihn ständig verärgert oder erzürnt aussehen ließen. Seine Sätze waren sachlich und präzise, er vermied jedes überflüssige Wort, Emotionen schienen ihm fremd zu sein.

«Du wirst ihn sicher, zumindest zu Anfang, selbst unterrichten, vermute ich?» fragte Timocharis.

Straton bejahte, schloss aber gleich an, dass er ihn hauptsächlich in der Mathematik und der Physik unterrichten wolle. In der praktischen Astronomie müsse er auf jeden Fall zu ihm, Timocharis, kommen, denn kein anderer habe so viel Erfahrung auf diesem Gebiet wie er.

«Gut, ich werde ihn gern nehmen, wenn du ihn mir empfiehlst. Und ihn behalten, falls er sich bewähren sollte. Er kann bei mir viel lernen, wenn er nur guten Willens ist.»

«Daran habe ich keinen Zweifel», entgegnete Straton. «Ich muss euch jetzt aber alleine lassen, der Königssohn wartet auf den Unterricht.»

Nachdem sich Straton von den beiden verabschiedet hatte, wandte sich Timocharis an Aristarch.

«Wie du sicher weißt, haben wir Astronomen ein vielfältiges Aufgabengebiet, das von einfachen praktischen Bedürfnissen bis zu den philosophischen Problemen der Kosmologie reicht.»

Aristarch beeilte sich, zustimmend zu nicken, als Timocharis schon fortfuhr: «Die Menschen brauchen einen Kalender, sei es, damit der Bauer weiß, wann er seinen Weizen auszusäen hat oder wann bestimmte kultische Feste gefeiert werden müssen. Gleichzeitig benötigen Historiker wie Herodot oder unser verehrter Hekataios eine feste Zeiteinteilung für ihre Chroniken.»

Aristarch wollte einwerfen, dass er Hekataios bereits kennengelernt habe, verkniff sich dann aber die Bemerkung, weil der Astronom ungerührt in seinem Vortrag fortfuhr:

«Von geistig höherstehendem Wert ist die Frage nach dem Aufbau des Universums. Seit Jahrhunderten streiten die Gelehrten darüber, nach welchem Plan Gott die Welt geschaffen hat. Wir verfolgen die Bahnen, auf denen sich die Himmelskörper um die Erde drehen. Je genauer unsere Beobachtungen der Positionen von Sternen und Planeten werden, desto zuverlässiger können wir das göttliche Räderwerk erkennen und mathematisch beschreiben.»

Ehrfurcht gebietend hob der Astronom den Zeigefinger und fuhr dann fort: «Eudoxos von Knidos ließ alle Himmelskörper auf insgesamt siebenundzwanzig Sphären kreisen, um ihre Bewegung am Himmel mit seinen Berechnungen in Einklang zu bringen. Kalippos brauchte deren bereits sechsunddreißig, und Aristoteles bewies in seiner Schrift *Vom Himmel*, dass sogar neunundvierzig Sphären nötig sind. Wir werden unsere Messinstrumente immer weiter verfeinern, bis wir das endgültige System gefunden haben, in dem sich der göttliche Schöpfungsplan offenbart.»

Der Funke der Begeisterung war auf Aristarch übergesprungen. Am liebsten hätte er sich sofort auf seine Studien geworfen, um dazu beizutragen, diesen göttlichen Bauplan zu entziffern. Doch dann konfrontierte ihn Timocharis mit einer überraschenden Frage:

«Warum möchtest du die Wissenschaft der Astronomie überhaupt erlernen?»

Nervös schaute Aristarch seinen zukünftigen Lehrer aus großen Augen an, seine Hände umklammerten den Sitz seines Stuhls. Was sollte er darauf antworten? Dass ihn die Frage nach den göttlichen Regeln des Universums fasziniere und er von dem Wunsch beseelt sei, diese Regeln zu entdecken? Oder dass er sich eine geistige Vervollkommnung von der Astronomie erhoffe?

«Ich, äh, liebe es, wenn in einer klaren Nacht die Sterne am Himmel funkeln und, mh …», holperte es aus ihm heraus, und schon im gleichen Moment wurde ihm das Kindische seiner Antwort bewusst.

Schnell versuchte er, noch einige kluge Sätze hinzuzufügen, aber Timocharis hob schon abwehrend seine Hand und dozierte:

«Zugegeben, es ist ein erhabener Anblick, der Lauf der Gestirne, die Phasen des Mondes. Es aber bei diesem sinnlichen Eindruck bewenden zu lassen ist die Art des gemeinen Menschen. Wir Astronomen gehen wesentlich weiter. Die Himmelskunde zählt zu den mathematischen Wissenschaften wie Arithmetik und Geometrie, doch steht sie noch über ihnen. Während sich nämlich die Mathematik ausschließlich mit Zahlen und Formen befasst, beschäftigt sich die Astronomie darüber hinaus mit der Betrachtung der sinnlichen und doch ewigen Wesen, der Götter.»

Aristarch befleißigte sich schnell eines anerkennenden Nickens, als der Astronom bereits fortfuhr:

«Schon Platon war der Meinung, dass jeder Mensch zumindest die Grundlagen der Wissenschaften erlernen solle und sie unerlässlich für jeden Herrscher seien. Die Astronomie sah er als Vorstufe zur wahren Erkenntnis an. Wie du sicher weißt, war er bestrebt, ganz nach der Tradition der Pythagoreer alles aus den Zahlen und der Geometrie herzuleiten.» Aristarch nickte. «Für sie sind die Zahlen das Erste in der Natur, der ganze Himmel ist Harmonie und Zahl: Die Prinzipien der Zahlen sind auch die Prinzipien der Dinge. Dabei gingen sie mitunter sogar so weit, die Natur der Zahlenharmonie anzupassen, auch wenn dies dem Sinneseindruck und der Erfahrung ganz offensichtlich widersprach. Du kennst sicher ein Beispiel hierfür?»

Wieder eine Prüfungsfrage, schoss es Aristarch durch den Kopf. Aber er war bereits etwas ruhiger geworden und erinnerte sich an die seltsame Hypothese:

«Du meinst vermutlich die Annahme einer Gegenerde?»

«Richtig», antwortete Timocharis, und Aristarch glaubte, so etwas wie einen Ausdruck von Anerkennung auf dem Gesicht des Gelehrten zu bemerken. Vielleicht täuschte ihn aber auch das kurzzeitige Verschwinden der beiden Falten auf der Nasenwurzel, als Timocharis die Stirn hochzog.

«Da sie die Zahl Zehn für vollkommen hielten, sollte es auch zehn bewegte Himmelskörper geben. Es sind aber nur neun sichtbar. Also mussten sie einen zehnten hinzudichten. Ebenjene Gegenerde. Da wir diesen Himmelskörper nie zu Gesicht bekommen, mussten sie zudem ein abstruses Universum konstruieren. Danach befand sich im Zentrum das Zentralfeuer, der Herd des Universums, die Wache des

Zeus oder wie sie es sonst noch nannten. Darum kreisen Gegenerde und Erde, Mond, Sonne, die fünf Planeten und die Fixsternsphäre. Und weil wir weder das Zentralfeuer noch die Gegenerde jemals zu Gesicht bekommen haben, muss die Erdhälfte, auf der wir wohnen, immer vom Zentralfeuer abgewandt sein. Das heißt, die Erde müsste sich bei einem Umlauf um das Feuer zudem einmal um sich selbst drehen. Welch absurde Vorstellung!»

«Ganz gewiss», pflichtete Aristarch bei.

«Aristoteles hat es mit wenigen Worten, die dir sicher geläufig sind, treffend zum Ausdruck gebracht: ‹Wir halten keine der Sinneswahrnehmungen für Weisheit, und doch machen sie die entscheidenden Kenntnisse der Einzeldinge aus.› Das ist auch unsere heutige Ansicht in der Erforschung des Universums. Du musst, wenn etwas aus dir werden soll, die Schriften des großen Aristoteles ein-ge-hend studieren!» dozierte Timocharis, die Silben betonend.

Er fuhr noch eine ganze Weile mit seinen Erklärungen fort, wobei Aristarch zunehmend ruhiger, aufgeschlossener und selbstbewusster wurde. Immer häufiger konnte er die eine oder andere Bemerkung einwerfen, so dass sich schließlich fast ein Gespräch entwickelte.

«Du siehst also, dass wir unsere Fertigkeiten auf zwei Gebieten ständig weiterentwickeln müssen: dem Instrumentenbau, um die Positionen der Sterne und Planeten zu vermessen, und der Mathematik, um aus den Messungen den Aufbau des Universums abzuleiten. Bei der Mathematik will ich dir, so gut ich kann, beistehen, aber hier werden dir dein Gönner Straton sowie der weise Euklid weitaus tiefer gehende Erkenntnisse vermitteln können, sofern dir der Letztere nicht seine Gunst versagt. Die praktische Astronomie will ich dich lehren, vorausgesetzt, du erfüllst die von Straton in mir geweckten Erwartungen.»

Bei den letzten Worten verspürte Aristarch wieder ein beklemmendes Gefühl, aber er wollte es dem Astronomen schon beweisen, dass Straton ihn nicht zu Unrecht nach Alexandria geholt hatte.

«Ich werde dir nun mein Observatorium zeigen, in dem du mir anfänglich assistieren wirst», erklärte Timocharis bestimmt und erhob sich bei diesen Worten bereits.

Das Observatorium! Noch nie in seinem Leben hatte Aristarch ein astronomisches Beobachtungsinstrument gesehen, geschweige denn ein ganzes Observatorium, und er hatte auch nicht geglaubt, gleich am ersten Tag diesen Ort betreten zu dürfen. Außerdem war er ganz froh, dass das Gespräch vorerst beendet sein sollte.

Timocharis nahm einen dreizinkigen Holzschlüssel von seinem Tisch, dann verließen sie das Uraniazimmer. Vom Versammlungsraum aus führte eine kleine Tür zum Innenhof des Museions. Sie überquerten den Hof, der bereits in der Mittagssonne lag, und traten in das Westportal ein. Dort stiegen sie eine Treppe hoch und kamen nur wenige Meter neben Aristarchs Zimmer im ersten Stock raus. Timocharis öffnete eine Tür, durch die sie in einen dunklen Treppenaufgang gelangten. Eine schmale Stiege führte steil nach oben und endete vor einer weiteren Tür. Der Astronom nahm den Schlüssel, steckte ihn seitlich in das kästchenförmige Schloss und entriegelte es.

Sie betraten ein geräumiges, schlicht eingerichtetes, helles Turmzimmer, das an drei Seiten von einer hüfthohen Mauer umschlossen war, so dass man einen freien Blick über die Stadt hatte. Lediglich die Nordwand reichte bis zur Decke. Zwei Stühle und ein großer Tisch durchbrachen die Kargheit des Raumes, einige Pergamentrollen stapelten sich in einem niedrigen Wandregal. Auf kleineren Tischen standen diverse Instrumente, und an den drei niederen Außenmauern erhob sich in der Mitte jeweils eine Steinsäule, auf der in Kopfhöhe ein Messgerät angebracht war. In einer Ecke führte eine Leiter zu einer in der Decke eingelassenen Falltür.

«Das also ist das Observatorium», erklärte Timocharis. «Es dient mir gleichzeitig als Werkstätte und Arbeitszimmer. Du siehst hier die Instrumente. Mit einigen vermesse ich bei Nacht die Positionen der Sterne, mit anderen am Tage die der Sonne. Einige von ihnen muss ich erst noch ausgiebig auf ihre Tauglichkeit und die Genauigkeit, mit der sie angefertigt wurden, überprüfen.»

Staunend stand Aristarch zwischen den Instrumenten, von denen er bis dahin nur gehört hatte. Timocharis führte ihn von einem Gerät zum anderen und erklärte ihm dessen Funktion. Eines bestand lediglich aus einem rechteckigen, dicken Holzbrett, auf dessen einer Seite ein Viertelkreis mit Gradeinteilung aufgezeichnet war. In der linken oberen Ecke steckte ein Nagel, von dem ein Lot herabfiel. Es diente zur senkrechten Aufstellung des Messgerätes. Timocharis drehte das Brett so lange, bis der Schatten des Nagels auf die Gradskala fiel.

«So kann ich die Höhe der Sonne über dem Horizont ablesen», sagte Timocharis.

Vor der Nordwand fiel Aristarch ein Apparat auf, der sich von allen anderen deutlich unterschied, auf den er sich jedoch keinen Reim machen konnte. Er bestand aus drei nebeneinanderstehenden zylinderförmigen Behältern. Sie ruhten jeweils auf einer Säule, von denen die beiden äußeren gleich hoch und die mittlere etwas niedriger war. Der linke Behälter war am größten. Ein kleines Rohr stand unten aus ihm heraus und verband ihn mit dem kleineren, mittleren Gefäß. Aus dessen Deckel ragte ein Kolben hervor, auf dem ein kleines Bronzemännchen thronte. In der rechten Hand hielt es einen dünnen Stab, mit dem es auf den neben ihm befindlichen dritten Zylinder wies. Alle Teile waren aus poliertem Metall gefertigt und glänzten im hellen Tageslicht.

Beim Herantreten bemerkte Aristarch, dass am oberen Rand der rechten Trommel, auf die die Figur deutete, die Zeichen des Tierkreises eingraviert waren. Außerdem erkannte er ein den ganzen Zylinder umspannendes Netz von Linien. Während die senkrechten parallel zueinander verliefen, waren die waagerechten leicht zueinander geneigt. Aristarch schaute den Astronomen fragend an, der ihm vorschlug, sein Ohr an den mittleren Behälter zu halten.

«Ich höre ein tropfendes Geräusch», sagte Aristarch überrascht. Plötzlich war es ihm klar: «Das ist eine Wasseruhr!» rief er aus.

«Ja, du hast recht. Aus dem großen Tank hier links fließt durch das kleine Rohr tröpfchenweise Wasser in den mittleren Behälter. Der Kolben mit dem kleinen Männchen ruht auf einer Korkplatte, die wiederum auf dem Wasser schwimmt. Je mehr Wasser in den mittleren Behälter hineinfließt, desto höher steigt der Wasserspiegel, und der Kolben hebt sich. Die Ringe auf der rechten Trommel sind also eine Stundenskala, auf der das Männchen nun am Tag und, was wesentlich wichtiger ist, auch in der Nacht die Zeit anzeigt. Mein Uhrenwächter sorgt jeden Morgen für frisches Wasser im Tank und lässt das alte aus dem mittleren Behälter ab.»

«Aber warum sind die Ringe zueinander geneigt, und wozu dienen die senkrechten Striche?» fragte Aristarch. Doch in dem Moment, da er die Frage aussprach, kam er auch schon selbst auf die Antwort.

«Natürlich», erklärte er gleich weiter, «du drehst die Trommel jeden Tag ein kleines Stück weiter und berücksichtigst so die unterschiedliche Tages- und Nachtlänge.»

«Sehr gut», kommentierte Timocharis anerkennend, wobei wieder seine Falten für einen Augenblick verschwanden. «Man könnte diese Trommel die Uhr der bürgerlichen Zeit nennen, in der der Tag und die Nacht immer jeweils zwölf Stunden lang sind. Im Sommer sind die Tage aber länger als die Nächte, deshalb sind die Ringe auf der Trommel tagsüber weiter voneinander entfernt als im Winter, wo die Verhältnisse genau umgekehrt sind. Anders gesagt: Im Sommer dauert eine Stunde länger als im Winter.»

Aristarch nickte wissend mit dem Kopf.

«Diese Zeiteinteilung ist eher für die Belange des alltäglichen Lebens geeignet», fuhr Timocharis fort. «Ich habe aber festgestellt, dass sie bei astronomischen Beobachtungen eher verwirrt. Es ist viel günstiger, den gesamten Tag in vierundzwanzig gleich lange Stunden einzuteilen. Damit lassen sich zum Beispiel Beobachtungen aus verschiedenen Jahreszeiten viel einfacher vergleichen. Ich habe deswegen in letzter Zeit häufig die Trommel gegen eine einfache Leiste ausgetauscht, auf der vierundzwanzig Striche mit demselben Abstand angezeichnet sind. Wir nennen diese Stunden Äquinoktialstunden.»

Aristarch war sichtlich beeindruckt von der Wasseruhr. «Das scheint mir eine sehr schwierige Arbeit zu sein, die sehr viel Präzision erfordert.»

«Ja, sie ist ein Meisterwerk. Die kleine Ausflussröhre im Innern des mittleren Behälters ist aus purem Gold gefertigt, damit sie nicht verschmutzt und immer gleich viel Wasser durchlässt. Außerdem siehst du, dass der Tank mit dem Behälter nicht nur über die dünne Röhre verbunden ist, sondern das Wasser zuvor in dieses Kästchen fließt.» Dabei zeigte er auf einen kleinen Ansatz am mittleren Behälter, in den das Verbindungsröhrchen mündete.

«Hierin ist ein komplizierter Mechanismus eingebaut. Er sorgt dafür, dass das Wasser immer mit derselben Geschwindigkeit durch den Goldausfluss tropft, obwohl das Gewicht des Wassers mit fortschreitender Zeit abnimmt. Dadurch ist ein gleichmäßiges Tropfen des Wassers und somit ein Gleichmaß des Uhrenlaufes gewährleistet.»

Aristarch ließ seinen Blick durch den Raum schweifen. Ebenso wie die Wasseruhr waren auch die astronomischen Instrumente technische Meisterleistungen. Jedem Gerät meinte er eine außergewöhnliche Feinheit und einen ungekannten Erfindungsreichtum ansehen zu können. Das waren nicht die Arbeiten eines einfachen Handwerkers, sondern Schöpfungen eines Künstlers.

«Wer kann in dieser Stadt solche Instrumente bauen?» fragte Aristarch voller Bewunderung.

«Ein sehr guter Mechaniker mit Namen Ktesibios», antwortete Timocharis. Schlagartig erinnerte sich Aristarch daran, dass Straton diesen Namen bereits erwähnt hatte. Dieser Mann schien ein Phänomen zu sein. Aristarch hatte jedoch keine Zeit mehr, weitere Einzelheiten zu erfahren, denn Timocharis forderte ihn bereits auf, die Leiter zur Falltür hochzusteigen, durch die sie auf das Dach gelangten. Von dort aus hatten sie einen herrlichen Ausblick über die Stadt und das Meer, das in der Sonne glitzerte. Timocharis hatte hier mit zwei Sonnenuhren ein Heliotropion eingerichtet. Diese Uhren bestanden aus einem senkrecht stehenden Stab, dessen Schatten auf eine in den Boden eingelassene Metallplatte fiel. Auf ihr war ein Netz gebogener Linien eingeritzt. Einige von ihnen waren mit Buchstaben gekennzeichnet und dienten dazu, die Tageszeit abzulesen. Die dazu quer verlaufenden Kurven trugen die Sternzeichen. Sie berücksichtigten die mit den Jahreszeiten variierende Länge des Schattens.

«Die Uhren dienen nicht nur dazu, die Tageszeit zu bestimmen. Wir können mit ihnen auch die Länge des Jahres messen», erklärte Timocharis. «Wie ich dir bereits sagte, ist die Bestimmung der Jahreslänge eine der vornehmlichen Aufgaben der Astronomie.»

Während Timocharis ihm die Schwierigkeiten bei der Konstruktion einer genauen Sonnenuhr erklärte, stiegen sie ins Observatorium hinunter und machten sich schließlich auf den Weg zu Timocharis' Arbeitszimmer.

Mittlerweile war es bereits Mittag geworden, als Timocharis plötzlich völlig übergangslos ankündigte, zum Essen gehen zu müssen. Danach wollten sie sich wieder zusammenfinden und gemeinsam Euklid aufsuchen. Timocharis verabschiedete sich knapp und ließ Aristarch allein zurück.

Aristarch spazierte die Museionsterrasse entlang und betrachtete die Wandmosaiken, als ihn plötzlich jemand von hinten anrief. Es waren seine beiden Streiter vom Vortag, Nikeratos und Demeas. Freudig begrüßten sie sich und gingen gemeinsam in den Esssaal.

«Timocharis meint ja, dass jeder zumindest die Grundzüge der Astronomie verstanden haben muss», spottete Demeas. Sie beneideten Aristarch keineswegs darum, ausgerechnet bei ihm den größten Teil seiner Studienzeit zubringen zu müssen. Auf der anderen Seite waren sie sich doch einig, dass er einer der fähigsten, wenn nicht der fähigste Astronom seiner Zeit sei. Er habe es schon daran gemerkt, meinte Nikeratos lachend, dass er die Hälfte des Lehrstoffes nicht verstanden habe. Es sei ihm nie klar geworden, warum das Universum mit dieser Unzahl von Ringen und Sphären vollgestopft sein solle. Für ihn sei das der beste Beweis, dass es keinen Gott geben könne, denn der hätte sich gewiss eine elegantere Lösung einfallen lassen.

So spaßten sie weiter und erzählten Aristarch von ihren Arbeiten, der Historik und der Medizin, aber auch davon, dass man in Alexandria nicht nur gut arbeiten, sondern sich auch prächtig amüsieren könne. Als Erstes könne man ja einmal ins öffentliche Bad gehen. Aristarch war sofort Feuer und Flamme, und man verabredete sich für den Abend.

✪

Aristarch musste eine ganze Weile vor Timocharis' Tür warten, bis dieser schließlich kam. Sie verließen das Museion und gingen zur Bibliothek. Arbeiter waren damit beschäftigt, Steine, Holzbretter und Papyrusrollen in das Gebäude zu bringen; Handwerker kümmerten sich um den Innenausbau. Man spürte, dass das Bauwerk mit großer Eile fertiggestellt werden sollte.

Im Westflügel, in den Timocharis seinen Schüler führte, waren bereits einige Räume fertiggestellt. Schließlich gelangten sie in einen großen holzvertäfelten Salon, der an einer Seite in kleine Zellen unterteilt war, die jeweils Tisch und Stuhl enthielten. Aus der hintersten Klause ragte, so schien es Aristarch, ein Ellenbogen heraus. Als sie näher kamen, sah er einen Mann am Tisch sitzen, der auf einer Papyrusrolle schrieb und so sehr in seine Arbeit vertieft war, dass er nichts um sich herum wahrnahm. Erst als ihn Timocharis ansprach, schreckte der Mann hoch und blickte die beiden verwirrt an.

Er mochte etwa vierzig Jahre alt sein, hatte kurze, auf der Stirn bereits etwas zurückweichende lockige Haare und einen kurz geschnittenen Vollbart. Zwei tiefe Falten, die sich von den Nasenflügeln zu den Mundwinkeln zogen, sowie ausgeprägte Stirnfalten zerfurchten sein Gesicht, und eine leichte Blässe verlieh ihm ein kränkliches Aussehen. Seine Augen, an denen kleine Fältchen wie Federn sprießten, ließen jedoch einen ruhigen, freundlichen Menschen vermuten.

«Ich grüße dich, Euklid. Wir haben uns lange nicht gesehen. Wie mir scheint, hast du dich die letzte Zeit über nur noch in diesem dunklen Loch aufgehalten», begrüßte ihn Timocharis.

«Nein, du übertreibst», warf Euklid lächelnd ein. «Aber siehst du, ich bin bei einer schwierigen Stelle meines Buches angelangt, und das kurz vor dessen Vollendung. Es geht um die Konstruktion der fünf Platonischen Körper. Doch zunächst solltest du mir deinen jungen Begleiter vorstellen, den ich noch nicht kenne.»

«So, so, du bist also der Schützling von Straton», wandte er sich nach den kurzen Worten des Astronomen an Aristarch. «Er hat mir natürlich schon von dir erzählt. Weißt du, Straton und ich, wir sind gute Freunde. Wir kamen fast gleichzeitig vor etwa zehn Jahren in Alexandria an. Damals existierte von der Bibliothek nicht einmal ein Stein, jetzt ist sie fast fertig.»

Nach diesen Worten verstummte der Mathematiker und schien kurze Zeit wie geistesabwesend, fuhr dann jedoch mit klarer und energischer Stimme fort: «Wenn die Bibliothek eingeweiht wird, soll auch dieses Buch hier fertig sein. Es heißt *Die Elemente* und wird die wesentlichen Grundlagen der heutigen Mathematik enthalten. Ich widme es dem König und will es ihm bei der Einweihungsfeier überreichen.»

Danach wendete sich das Gespräch privaten Dingen zu. Euklids wohlwollende Art ermunterte Aristarch, von seinen Eindrücken der Stadt, den ersten Bekanntschaften und dann wieder von seiner Heimat zu erzählen. Schließlich musste er ihn aber doch nach den *Elementen* fragen. Euklid erklärte ihm ruhig und sehr konzentriert den Inhalt der zwölf Bücher, die er bis dahin geschrieben hatte.

«Das dreizehnte Buch will mir allerdings nur schwer von der Hand gehen, vielleicht gönne ich mir wirklich zu wenig Ruhe», meinte er schließlich. Da Aristarch ständig auf die aufgeschlagene Papyrusrolle starrte, die vor ihnen auf dem Tisch lag, erläuterte ihm Euklid das problematische Detail, an dem er gerade arbeitete.

»Es geht darum, die Platonischen Körper jeweils mit einer Kugel zu umschließen und dann zu berechnen, in welchem Verhältnis der Kugeldurchmesser zu einer Seite des eingeschlossenen Körpers steht. Verstehst du, was ich meine?» fragte er Aristarch, der sogleich nickte. «Gut», fuhr er langsam fort. «Im einfachsten Fall heißt die Aufgabe: Errichte eine Pyramide, und umschließe sie mit einer Kugel. Die Frage ist dann: Wie verhalten sich die Längen des Kugeldurchmessers und der Pyramidenkante zueinander?»

Aristarch und Euklid schauten beide gedankenversunken auf den Papyrus, so als wären sie schon seit alters Kollegen. Für Aristarch war das Problem nicht ganz neu. Sein Lehrer auf Samos hatte ihn einmal außerhalb des normalen Unterrichts darauf aufmerksam gemacht. Damals hatten sie sich mit den Lösungsansätzen des Platonschülers Theaitetos beschäftigt, dessen Versuche allerdings an der Oberfläche blieben. Euklid hatte bereits mit einer geometrischen Konstruktion begonnen, in der Aristarch sofort die Originalität dieses Mannes erkannte.

«Wir wollen dich nicht länger bei deiner Arbeit stören», unterbrach Timocharis ihre Gedanken. «Es ist Zeit, dass wir wieder gehen.»

Obwohl Euklid beteuerte, dass sie ihn keineswegs stören würden, drängte der Astronom zum Aufbruch. Man könne ja ein anderes Mal miteinander diskutieren, wenn der junge Mann besser in die Grundlagen der Mathematik und der anderen Wissenschaften eingeweiht sei.

Zurück in Timocharis' Arbeitszimmer, setzte sich der Astronom hinter seinen Schreibtisch und erklärte: «Du hast nun einige Eindrücke von unserem Leben hier gewonnen. Nach diesen ersten ungezwungenen Besuchen wird für dich ab morgen das geregelte Studium beginnen. Stelle dich auf eine harte Zeit ein, die du nur mit viel Fleiß und Disziplin überstehen kannst. Ich sagte dir ja bereits, dass es unerlässlich ist, die Schriften des Aristoteles durchzuarbeiten. Ich gebe dir hier eine Abschrift des ersten Teils seiner Arbeit *Über den Himmel*. Sie handelt von den Thesen über die Bewegung und die Zahl der Elemente.»

Dabei nahm er eine Papyrusrolle aus dem Regal und übergab sie Aristarch mit den mahnenden Worten: «Ich hoffe, du weißt die Größe dieses Werkes zu schätzen und studierst es bis ins kleinste Detail. Wenn du meinst, es geistig durchdrungen zu haben, kommst du wieder zu mir, dann werden wir darüber diskutieren.

Damit verabschiedete er sich knapp von seinem jungen Schüler, der etwas unschlüssig das Arbeitszimmer verließ, die Papyrusrolle fest im Griff. Auf dem Gang begegnete ihm Dolios, der ihn sofort aufgeregt begrüßte. Wie es ihm gehe, was er bereits alles gesehen und erlebt habe und ob er ihm etwas bringen dürfe, wollte er wissen. Aus irgendeinem Grunde schien der Diener einen Narren an ihm gefressen zu haben. Aristarch bat ihn um etwas Wasser. Das habe er alles schon besorgt und auf seinen Tisch gestellt, ebenso wie etwas Obst.

In seinem Zimmer legte er sich auf die Kline und ließ seine Gedanken schweifen. Von Timocharis zu Euklid, von Euklid zu Straton und von Straton nach Hause zu seiner Familie. Ob sie auch in diesem Moment an ihn denken würden? Unsinn! Natürlich nicht. Warum sollten sie auch, und er sollte jetzt auch an etwas anderes denken.

Er griff zu der Papyrusrolle, die ihm Timocharis gegeben hatte, und begann zu lesen. Doch schon nach kurzer Zeit ließ seine Konzentration nach. Immer wieder erwischte er sich dabei, wie seine Augen zwar über den Text huschten, seine Gedanken jedoch ganz woanders waren.

Plötzlich sprang er auf, lief zur Tür und schaute sich nach Dolios um. Tatsächlich fand er ihn auch auf dem nächsten Seitengang, wo er es sich offenbar gerade auf einem Stuhl bequem machen wollte. Als er Aristarch gewahrte, kam er sofort auf ihn zugelaufen und fragte ihn nach seinen Wünschen.

«Kannst du mir eine Schale mit heißem Wasser bringen?»

Zuerst schaute Dolios etwas überrascht, machte sich dann aber sofort auf den Weg. Es dauerte eine Weile, bis er zurückkam. In der Zwischenzeit hatte Aristarch eine Wachstafel aus einer der Truhen hervorgekramt. Es handelte sich um eine Diptycha, zwei Holztafeln, die innen leicht vertieft und von einem schmalen Rand umgeben waren. In diesem Rahmen war eine dünne Schicht aus schwarz gefärbtem Wachs eingelassen, das noch einige eingeritzte Notizen enthielt. Zwei Lederriemen hielten die beiden Schreibtafeln zusammen, die sich nach dem Gebrauch zusammenklappen ließen.

Aristarch legte die aufgeklappten Bretter auf das heiße Wasser, bis das Wachs weich wurde, und strich die Oberfläche mit dem verbreiterten Ende eines Metallgriffels glatt. Dann setzte er sich an den Tisch und ritzte eine Zeichnung in die bereits wieder gehärtete Oberfläche. Es war das Problem der Platonischen Körper, das Euklid ihm erklärt hatte. Die Aufgabe musste sich doch lösen lassen. Sofort war er tief in Gedanken versunken und vergaß die Zeit um sich herum.

○

Erst als es im Zimmer langsam immer dunkler wurde und die gekritzelten Buchstaben und Zahlen vor seinen Augen zu flimmern begannen, fiel ihm plötzlich ein, dass er sich mit Demeas und Nikeratos verabredet hatte.

Er ärgerte sich, mit der Rechnung keinen Schritt weitergekommen zu sein, und beschloss, das Problem zu vertagen. Jetzt wollte er sich mit den Freunden treffen. Als er Dolios nach dem Weg fragte, sprang der von seiner Liege auf und sagte, er wisse wohl, wo die öffentlichen Bäder seien, aber welches er denn meine? Es gebe das Iasis-Bad, das Hippos-Bad und das Hygeia-Bad, berichtete er stolz und zählte dabei eifrig mit den Fingern mit.

Soweit Aristarch sich erinnerte, hatten sie kein bestimmtes Bad ausgemacht. Dann solle er doch das schönste, das Iasis-Bad besuchen, meinte Dolios. Mit vielen Worten erklärte er ihm umständlich den Weg dorthin, er könne es gar nicht verfehlen. Er würde ihn liebend gern hinführen, aber zu seinem allergrößten Bedauern habe er hier noch einige Arbeiten zu erledigen und sei im Moment nicht entbehrlich. So machte sich Aristarch allein auf den Weg.

Er verließ das Palastviertel und begab sich schnellen Schrittes zur Plateia, auf die die Sonne bereits lange Schatten warf. Am Abend zuvor war er hier mit Straton in die Nekropole gefahren. Jetzt lief er die Allee in der anderen Richtung entlang.

In einiger Entfernung glühte im roten Abendlicht ein großes Tor. Nach und nach tauchte es deutlicher vor ihm auf. Auf vier mächtigen Säulen, die oben in reich verzierten Kapitellen endeten, ruhte ein wuchtiges, mit einem Relief versehenes Tympanon. Kurz dahinter stand ein zweites, gleich aussehendes Tor, durch das man die Stadt von der anderen Seite betrat.

Als er die beiden Tore schließlich erreichte, sah er, dass die Plateia hier eine andere, ebenfalls sehr breite Straße kreuzte. Auch sie lief unter zwei Toren der gleichen Art hindurch. Die insgesamt vier Durchgänge waren durch ein gemeinsames Dach verbunden und bildeten auf diese Weise die Portale eines quadratischen Platzes. An den vier Ecksäulen des Tetrapylons hatten fliegende Händler ihre Stände aufgebaut und boten den Leuten, von denen die meisten um diese Zeit die Stadt verließen, ihre letzten Waren an.

Direkt hinter dem Tor fiel Aristarchs Blick auf ein großes Gebäude. Mit großen Schritten hastete er die Stufen zu der von Säulen gesäumten Terrasse hoch. Wenn Dolios ihm den Weg richtig beschrieben hatte, so musste dies das Bad sein. Er gelangte von der Terrasse in einen kleineren Raum, wo ihn ein geschäftiger Mann empfing. Ein Diener führte ihn durch kühle Gänge in ein kleines, schmuckloses Zimmer. In einer Ecke war eine viertelkreisförmige Wanne in den Boden eingelassen. Aristarch entkleidete sich, stieg in das lauwarme

Wasser, und der Diener wusch ihn mit Seife, die wohlig nach Rosen duftete. Er genoss es, sich zu entspannen, in dem körperwarmen Nass zu schweben und den zart-süßen Duft in sich einzusaugen. Fast hätte er darüber seine beiden Freunde vergessen. Der Diener bot sich an, Aristarch in den großen allgemeinen Badesaal zu führen. Irgendwann würden die beiden jungen Herren dort schon auftauchen. Er übergoss ihn mit warmem Wasser und reichte ihm ein großes Tuch, das sich Aristarch lose um den Körper wand. Wieder wurde er durch labyrinthische Gänge geführt, die vor einer schweren Holztür endeten. Als der Diener sie öffnete, glaubte Aristarch seinen Augen nicht trauen zu können.

Vor ihm weitete sich ein riesiger runder Saal. Sein Blick ging durch eine Säulenreihe hindurch, die den Raum arkadenartig umringte und in großer Höhe eine mit feinen Stuckarbeiten und Goldbemalungen überreich verzierte Holzkassettendecke stützte. Inmitten dieses Saales senkte sich ein Wasserbecken in den Boden hinab, umrahmt von einem mit bunten Mosaiken belegten Rundgang, auf dem weich gepolsterte Klinen standen. Die Wände waren aus weiß-grau gebändertem Marmor, Nischen enthielten Statuen und Büsten. Rechts von ihm erhob sich, alles überragend, eine überlebensgroße Skulptur der Nymphe Iasis. Mit weit geöffneten Armen huldigte sie einer Statue des Königs, die ihr direkt gegenüberstand. Unter ihren Augen tummelten sich die Badegäste. Einige schwammen im Becken, andere lagen auf den Klinen und ließen sich von Dienern bewirten.

Die gesamte Szenerie lag in einem merkwürdigen Zwielicht. Durch die Fensteröffnungen schien noch ein Rest des Tageslichts herein, an den Wänden aber waren bereits Fackeln entzündet, deren Rauch durch die Öffnungen abzog.

Aristarch legte sich auf eine Kline, ließ sich Wein und Wasser bringen und schaute sich im Bad um. Seine beiden Freunde konnte er allerdings nicht entdecken, und so hing er wieder seinen Gedanken nach, fragte sich, ob er nicht besser seinen Aristoteles studieren sollte, anstatt hier zu faulenzen oder an mathematischen Problemen herumzudilettieren.

Er war fast schon so weit, wieder zu gehen, als ihn plötzlich ein kräftiger Schlag auf die Schulter aufschreckte. Es waren Demeas und Nikeratos. «Was liegst du hier so träge herum, lass uns ins Wasser gehen und schwimmen! Nach einem heißen Tag wie heute gibt es doch nichts Schöneres.»

Obwohl die beiden Freunde grundverschiedene philosophische Meinungen vertraten, kamen sie ihm fast wie Zwillinge vor. Sie stammten beide aus reichen attischen Adelshäusern und waren gemeinsam aufgewachsen. Das schien sich nicht nur auf ihre Sprache und Verhaltensweise, sondern sogar auf ihr Aussehen ausgewirkt zu haben. Sie waren etwa gleich groß und hatten, durch ihre Vorliebe für den Sport, kräftige, wohlproportionierte Körper, wie sie selbst Praxiteles nicht schöner hätte erschaffen können. Aus ihren Augen blitzten ihm grenzenlose Unternehmungslust und Lebensfreude entgegen.

Bei verdünntem Wein und getrockneten Datteln und Feigen erzählte Aristarch von seinem Besuch bei Euklid und gestand sein schlechtes Gewissen, weil er den mathematischen Beweis den auferlegten Studien vorgezogen habe.

«Schlechtes Gewissen, schlechtes Gewissen!» eiferte sich Nikeratos, «Du machst es genau richtig. Natürlich ist es wichtig, die Grundlagen zu studieren, vor allem natürlich die weisen Worte unseres großen Aristoteles. Nicht wahr, Demeas? Aber im Ernst. Ich habe für mich einen Leitsatz gefunden», erklärte er Aristarch weiter. «Versuche dich an Problemen, an die sich kein anderer heranwagt. Nur so kannst du zu den ganz Großen aufsteigen. Also lieber Freund, nur Mut!»

Wie Glocken klangen diese Worte in Aristarch noch den ganzen Abend nach. Nikeratos hatte recht! Hatte man ihn nicht gerade wegen seiner ausgezeichneten mathematischen Begabung nach Alexandria geholt? Nun, dann wollte er sie auch einsetzen. Er beschloss, neben den notwendigen Studien weiter an Euklids Problem zu arbeiten. Innerlich befreit, plauderte er mit den beiden Freunden, die ihm allerlei über das Leben in Alexandria zu erzählen hatten.

Es war schon spät, als sie beschlossen aufzubrechen. In einem Nebenraum ließen sie sich noch mit orientalischen Ölen einreiben, bezahlten und verließen das Bad. Auf der Straße hielten sie eine Kutsche an. Nikeratos und Demeas bewohnten gemeinsam ein Haus in einer Seitenstraße der Plateia, das ihnen ihre Väter gemietet hatten. Dort ließen sie sich absetzen, Aristarch fuhr weiter bis zum Eingang des Königsviertels. Das Bad hatte ihn ermattet. Müde sank er ins Bett.

Nach vier Tagen Eingewöhnungszeit begann für Aristarch der Alltag. Seine physikalischen und mathematischen Lehrstunden bei Straton wechselten mit astronomischen Studien bei Timocharis ab, die sich vorderhand auf die aristotelische Theorie beschränkten. Messungen und Beobachtungen im Observatorium blieben ihm zunächst noch verwehrt. Immerhin hatte er seinen Aristoteles studiert und konnte seinem Lehrer zu dessen Zufriedenheit darüber referieren.

Da Aristarch den Stoff sehr schnell aufnahm, blieb nebenher noch genügend Zeit für Vergnügungen aller Art, für die er in Demeas und Nikeratos zwei eifrige Mitstreiter fand. In den freien Momenten setzte er sich an das Euklidische Problem. Tatsächlich glaubte er schon nach zwei Tagen eine Lösung gefunden zu haben, aber bei einer genauen Kontrolle entdeckte er einen Fehler in seiner Beweisführung. Da hieß es dann erneut: Tafel glätten, neu beginnen.

Aber er spürte, dass er Fortschritte machte. Mathematische Probleme ließen sich nicht allein stur logisch lösen, es gehörte auch Gefühl dazu, Intuition. Bei der Konstruktion einer Pyramide in einer Kugel kam es darauf an, die passenden Schnitte durch die Kugel zu wählen: Einer der Kreise musste die Grundfläche der Pyramide umschließen, ein anderer die Höhe. Der Rest bestand dann nur noch im Vergleichen der Seitenlängen. Aber auch hierzu bedurfte es einiger Geschicklichkeit.

Zeitweise vertiefte sich Aristarch so sehr in diese geometrischen Verwirrspiele, dass er schon seine Umgebung in Kreise und Pyramiden, Dreiecke und Winkel aufgeteilt sah: Ob der Mond im Geviert seines Fensters stand oder die Sonne im Dreieck eines Tympanons als Relief eingemeißelt war, alles war Geometrie.

✿

Eines Abends, es war spät geworden, aus der Stadt klangen schon lange keine Laute mehr in sein Zimmer, saß er wieder über seiner von zwei Öllampen nur spärlich beleuchteten Wachstafel und grübelte. Er konnte von dem Problem nicht lassen, zumal er am Tag zuvor große Fortschritte gemacht hatte und sich der Lösung ganz nah wähnte. Plötzlich hatte er den entscheidenden Einfall. Er musste noch einen Hilfssatz hinzuziehen, der die Quadrate bestimmter Seiten der Pyramide zu dem Radius der Kreise in Beziehung setzte. Das musste es sein!

Jetzt war er wieder hellwach. Bis spät in die Nacht hinein rechnete er weiter, bis er endlich alle Teile des Beweises beisammenhatte. Er konnte es kaum glauben, aber er fand in seinem Rechenweg keinen Fehler mehr.

Am nächsten Morgen schickte er Dolios ganz früh zu dem Sekretär Damokrates, der vermutlich bereits schwer schwitzend in seinem Stuhl hing. Er benötigte Papyrus. Dolios rannte sofort los und kam kurze Zeit darauf mit einer Rolle zurück.

«Ich habe leider nicht mehr bekommen können», entschuldigte er sich, «Damokrates wartet im Moment auf eine größere Lieferung und ...»

«Ist schon gut, Dolios. Das wird genügen, hab vielen Dank», unterbrach ihn Aristarch lächelnd. Dann verschwand er in seinem Zimmer, um vor der ersten Lektion des Tages zumindest einen Teil der Rechnung ins Reine zu schreiben.

Erst am Abend hatte er den Beweis komplett niedergeschrieben. Doch was nun? Sollte er zu Straton gehen? Er war sein engster Freund und auch in der Lage, die Arbeit angemessen zu beurteilen. Allerdings hätte er dann noch warten müssen, weil sein Lehrer für einige Tage verreist war. Die andere Möglichkeit bestand darin, Timocharis einzuschalten und zu bitten, mit ihm zusammen Euklid aufzusuchen. Das aber kam nicht in Frage. Er wollte Timocharis nicht einweihen. Noch nicht. Er gestand sich ein, dass er diese Arbeit für sich nutzen wollte. Sie war seine große Chance.

Nein, er musste allein zu Euklid gehen. Dessen Ruhm umgab ihn zwar mit einer Aura der Unnahbarkeit, aber bei ihrem ersten Treffen hatte sich der Mathematiker als sehr freundlicher und aufgeschlossener Mann erwiesen, der es offenbar durchaus nicht unschicklich fand, sich mit einem unscheinbaren Studenten zu unterhalten. Gleich am nächsten Nachmittag wollte es Aristarch bei ihm versuchen.

Am Tag darauf machte sich Aristarch auf den Weg, als der Schatten des Museions sich bereits über den Innenhof gelegt hatte. Sicher würde Timocharis ihn jetzt für einen gefallsüchtigen Wichtigtuer und Ehrgeizling halten, der nichts weiter als seinen Aufstieg im Sinn hat. Na, sollte er doch, versuchte Aristarch sich selbst zu überzeugen und schritt kräftig aus. Vielleicht hatte Euklid den Beweis auch bereits selbst gefunden. Oder war seine Rechnung etwa doch falsch? Aristarchs Mut kam wieder ins Wanken. Er hätte sie noch einmal durchsehen müssen, zum zehnten und elften Mal. Sollte er nicht besser anhalten und noch einmal nachschauen? Er stockte. Doch da stand er bereits vor dem dunklen Eingang zur Bibliothek. Nein, es würde schon alles stimmen. Es musste alles stimmen!

Er trat ein und fand nach einigem Suchen den großen Salon. Zögerlich näherte er sich der Kabine, in der Euklid gearbeitet hatte. Auf dem Tisch lagen unzählige Papyri, aber der Mathematiker war nicht da. Enttäuscht wollte Aristarch schon den Saal verlassen, als ihn jemand von hinten anrief. Es war Euklid, unter dem Arm eine neue Ladung Papyrusrollen; er musste soeben aus einem Nebenraum gekommen sein.

Er begrüßte den jungen Studenten freundlich, der ihm die Papyrusrolle entgegenhielt. Aristarch kam es vor, als würde er in Euklids Gesicht einen Ausdruck ungläubigen Staunens erkennen. Der Mathematiker bot dem jungen Mann einen Platz an und besah sich dessen Arbeit.

Lange Zeit saßen sie sich so gegenüber, ohne dass Aristarch auch nur die geringste Gefühlsregung bei Euklid bemerkte. Immer wieder kehrte der Mathematiker zu bestimmten Stellen des Manuskripts zurück, markierte sie mit dem Finger und studierte sie wie Dichter einen Vers von Homer.

Schließlich blickte er auf, schaute Aristarch wie aus einer anderen Welt kommend in die Augen und sagte nur: «Brillant!»

Aristarch wurde rot. Heiße Wellen durchströmten alle Teile seines Körpers und schienen sich in der Magengegend zu einem Feuerball zu vereinen. Eine Mischung aus Überraschung, Freude und Stolz wogte durch seinen Kopf und schenkte ihm ein Glücksgefühl, wie er es lange nicht mehr erlebt hatte.

Nun gingen sie seine Rechnung noch einmal gemeinsam durch und diskutierten die prekären Stellen. Alles stimmte, das Ergebnis war richtig. Aristarch hatte ein wenn auch kleines Mosaiksteinchen in das große Werk eingefügt. Euklid wollte jetzt mehr über diesen jungen Mathematiker erfahren, und so kamen sie ins Plaudern.

«Möchtest du nicht mein Schüler werden?» fragte er ihn plötzlich. Was für eine Frage, natürlich wollte Aristarch das. Allerdings müsse er erst mit Straton reden, bei dem er zurzeit die Mathematik lerne.

«Selbstverständlich fragen wir ihn, denn sicher hat auch er jemanden wie dich gern zum Schüler», griff Euklid seine Bedenken auf. «Aber Straton ist ein alter Freund von mir. Ich denke, er wird nichts gegen diesen Wechsel einzuwenden haben. Bei mir hättest du Gelegenheit, in der Bibliothek zu arbeiten. Wie man von außen deutlich sieht, ist sie noch nicht fertig, aber in diesem Teil des Gebäudes», dabei zeigte er auf eine Tür, durch die er vorhin unbemerkt hereingekommen war, «sind bereits sehr viele Schriftstücke aus allen Teilen der Erde eingelagert. Einige Männer sind damit beschäftigt, sie zu ordnen und zu katalogisieren. Wie du dir leicht vorstellen kannst, herrscht zum Teil noch ein großes Durcheinander. Aber ich habe die Erlaubnis, die Manuskripte zu nutzen, und finde mich schon recht gut in den Magazinen zurecht. Ich könnte dir einige interessante Arbeiten, zum Beispiel aus Babylonien, zeigen, die vor allem für dich als Astronom interessant sein dürften. Auf der anderen Seite könntest du mir behilflich sein. Wie ich dir schon sagte, soll mein Buch, *Die Elemente*, zur Einweihung der Bibliothek dem König übergeben werden. Mit deinem Beweis hast du dich bereits bestens empfohlen, ich könnte wirklich jemanden wie dich dafür gebrauchen.»

Aristarch war überglücklich. Sie vereinbarten, dass Euklid mit Straton sprechen würde, sobald dieser von seiner Reise zurückgekehrt sei. Auch Timocharis würde er Bescheid sagen.

Straton, wieder zurück in Alexandria, war außer sich vor Freude. Er hatte sich also nicht in seinem Zögling getäuscht, seine Berufung ans Museion war vollauf berechtigt gewesen. Timocharis indes nahm die Nachricht eher kühl auf.

«Das freut mich für dich», sagte er distanziert. «Bei Euklid bist du in den besten Händen. Ich hoffe allerdings, du findest noch genügend Zeit für deine anderen Studien.»

Einige Tage später aber zeigte sich der Astronom von einer ganz ungewohnt schmeichlerischen Seite. «Du hast in den wenigen Wochen, in denen du hier bist, bei meinen Freunden großen Eindruck machen können. Straton lobt dich in den höchsten Tönen, und Euklid lässt dich an seinem Buch mitarbeiten. Auch bei mir hast du ganz leidliche Fortschritte gemacht. Ich denke, es ist jetzt an der Zeit, dass du selbstständig eine Arbeit anfertigst. Ich habe dir die Sonnenuhren im Observatorium gezeigt. Wenn wir die Länge des Jahres genauer als bisher messen wollen, brauchen wir eine neue. Sie muss zum einen größer sein, weil die Zeit sich dann genauer ablesen lässt. Zum anderen benötigen wir ein exakteres Stundennetz. Die bisherigen Sonnenuhren erhalten es durch langwieriges Beobachten der Schattenwanderung und Ausprobieren. Du aber solltest in der Lage sein, die Stundenlinien präzise zu berechnen. Willst du diese Arbeit übernehmen?»

Aristarch war wie vor den Kopf gestoßen. Bislang hatte Timocharis es nicht einmal für nötig gehalten, ihn im Observatorium Beobachtungen anstellen zu lassen, und jetzt sollte er plötzlich ein Messgerät selbst entwerfen und in Auftrag geben. Dann wurde ihm klar: Es war eine Probe. Natürlich, Timocharis wollte ihn prüfen und, falls er versagen würde, bloßstellen. Ablehnen aber konnte er nicht, denn damit würde er sich selbst herabsetzen. «Sehr gern», antwortete er deshalb selbstbewusst, wohl ahnend, worauf er sich da einließ.

«Gut, ich werde Damokrates anweisen, dass er Geld für dich bereitstellt. Dreihundert Drachmen sollten genügen. Kommen wir jetzt zu deinen Studien.»

Er trug also auch noch die Verantwortung für einen hübschen Geldbetrag. Für dreihundert Drachmen hätte man leicht ein Haus wie das von Straton ein halbes Jahr lang mieten können. Keine kleine Summe also. Damit schien für Timocharis die Sache zunächst einmal erledigt zu sein. Er ging zur Tagesordnung über.

Straton und Euklid waren ebenfalls sehr erstaunt über diesen Einfall des Astronomen, meinten aber, dass es für Aristarch eine weitere gute Möglichkeit sei, sich auszuzeichnen. Als Erstes benötigte er einen Handwerker, der ihm die Sonnenuhr nach seinen Plänen anfertigte.

«Zwar gibt es für diese Arbeit verschiedene Männer in der Stadt, du solltest aber gleich zu dem besten gehen: Ktesibios», schlug ihm Nikeratos vor. «Ich kenne ihn gut, er hat für Herophilos eine Wasseruhr gebaut, die es ihm erlaubt, bei seinen Patienten den Pulsschlag zu messen. Abgesehen davon ist er der kauzigste Bursche, den ich je kennengelernt habe.»

«Sehr gut, ich danke dir, Nikeratos. Timocharis hat seine Instrumente auch bei ihm bauen lassen. Er scheint wirklich ein Meister auf seinem Gebiet zu sein. Bevor ich zu ihm gehe, muss ich jedoch erst einmal herausfinden, wie man das Stundennetz berechnet. Dann kann ich mit ihm über Größe, Material und andere Details des Instruments sprechen.»

❂

Es folgten arbeitsreiche Wochen, in denen Aristarch nur wenig Zeit für die Freunde fand. Euklid hatte ihm einige Zimmer in der Bibliothek gezeigt, in denen mathematische und astronomische Schriften aufbewahrt wurden, die Aristarch für die Konstruktion der Sonnenuhr studieren sollte. Mehrere Assistenten waren ausschließlich damit beschäftigt, diese Arbeiten zu katalogisieren und zu archivieren. Titel, Autor und Registriernummer schrieben sie auf einen länglichen Papyrusstreifen, einen Sillybos, den sie sorgsam auf die Stirnseite der Rolle klebten.

Ein Katalog listete alle Werke mit ihrer Nummer auf, nach der sie in den Regalen einsortiert waren, so dass sich die in mehreren Schichten gestapelten Werke mit etwas Erfahrung verhältnismäßig leicht finden ließen. Die meisten Rollen lagen jedoch noch genauso ungeordnet in den Kisten, wie sie in ihrer Heimat verpackt worden waren. Aber es war weniger die Unordnung der Schriften, die Aristarch die Arbeit erschwerte. Vor allem die theoretische Problemstellung widersetzte sich hartnäckig einer Lösung.

Er machte nur langsam Fortschritte und verbrachte immer mehr Zeit zwischen den Regalen und Kisten in den abgelegensten Zimmern der Bibliothek. Neben Euklids Nische hatte er sich einen eigenen Arbeitsplatz einrichten dürfen, in den er eine Schriftrolle nach der anderen schleppte. Auch den Mathematikunterricht hielten die beiden in dem halbdunklen Raum ab. Wären nicht die erfrischenden Lektionen mit Straton im sonnenbeschienenen Hof des Museions gewesen, Aristarch hätte vermutlich bald ebenso fahl ausgesehen wie seine Papyrusblätter.

✿

Es war ein Festtag. Einer von vielen, an denen die Stadt den Geburtstag des Ptolemaios oder seiner Gemahlin Eurydike feierte, den erfolgreichen Heiratsbund mit Thrakien ein ums andere Mal bejubelte, Dionysos, Adonis oder einem der anderen unzähligen Götter huldigte. Festzelte reihten sich aneinander, amtlich bestellte und bezahlte Rhetoren schwangen Reden, Mimen und Musiker belustigten und unterhielten das Volk, das in den Gassen wogte wie das Meer vor dem ägyptischen Gestade.

Aristarch und seine beiden Freunde wühlten sich durch die Menge, alle hellenischen Mundarten tönten durcheinander. Zwei Frauen vor ihnen kamen ebenfalls kaum voran: «Nur gut, dass ich meinen Sohn zu Hause gelassen habe, glatt totgedrückt hätten sie ihn hier.» – «Nur Mut, Praxinoa, gleich sind wir da! Die Menge ist aber auch völlig verkeilt, sie stoßen sich wie die Schweine. He, pass doch auf, du Nichtsnutz, zerreißt mir noch mein neues Kleid!» herrschte sie plötzlich Nikeratos an, der sich, selbst von hinten bedrängt, an ihrer Schulter festhalten musste, um nicht zu stürzen.

«Reg dich nicht so auf, Alte, von dir will ich wirklich nichts!» gab er lachend zurück.

«Ach du Großmaul, hast wohl auch ein mächtig Gesäß, aber ein mäßig Gemächt, wie hahaha», pöbelte sie ihn beleidigt an, schoss noch einige Schimpfwörter auf ihn ab und verschwand dann im Getümmel.

«Ich hab genug von diesem Rummel», meinte Aristarch schließlich und schlug vor, ins Bad zu gehen. Die beiden waren einverstanden, und so kämpften sie sich durch die Plateia bis zum Tetrapylon vor, hinter dem es etwas ruhiger wurde. Sie entspannten sich in einem kühlen Bad, genossen die Stille, ließen sich massieren, einölen und tranken verdünnten Wein. Aristarch kaute versonnen auf Sesamkernen, die er sich auf dem Markt besorgt hatte.

«Wir haben schon lange nicht mehr so viel Zeit miteinander verbracht», sagte Nikeratos und spielte dabei auf Aristarchs zunehmende Arbeitsbelastung an. Als sie auf seine Sonnenuhr zu sprechen kamen, versuchte er ihnen die komplizierte Materie zu erklären:

«Die grundlegende mathematische Fragestellung ist einfach zu verstehen: Die Sonne läuft auf einem Kreis um die Erde. Der Schatten der Sonnenuhr jedoch wandert auf einer Ebene, was zu folgendem Problem führt: Wenn die Sonne mittags doppelt so hoch steht wie am Abend, so ist der Schatten abends doch nicht einfach doppelt so lang wie mittags, sondern etwas länger. Aber um wie viel länger? Dieselbe Schwierigkeit ergibt sich für die Länge des Mittagsschattens im Laufe eines Jahres. Auch sie lässt sich nur schwer berechnen.»

Die beiden Freunde nickten, konnten aber nichts weiter dazu anmerken. Schweigend lagen die drei auf ihren Klinen. Gedankenverloren ließ Aristarch seinen Blick durch den großen Badesaal schweifen. Es war später Nachmittag, die Sonne schien durch die Fensteröffnungen, große diffuse Lichtbalken hingen über ihnen in der dampfigen Luft und warfen helle Flecken auf die gegenüberliegende Wand.

Einer der Strahlen beleuchtete in einer muschelförmigen Nische die kleine Statue von Eirene mit dem jungen Plutos auf dem linken Arm. Zärtlich neigte die Friedensgöttin ihren Kopf dem Knaben zu, der seine kleine Hand emporhob, um sie zu streicheln. In der rechten Hand hielt sie einen langen Stab, der, nach oben von ihr weggeneigt, der ganzen Gruppe Harmonie und Ausgewogenheit verlieh. Das

Licht fiel schräg auf ihr Gesicht, so dass sich die ebenmäßigen Züge plastisch hervorhoben, ebenso wie die Stränge ihres um die Stirn gewundenen Zopfes, der schwer auf ihrer Schulter lag. Der Schatten der Figur fiel auf die Rückwand. Ebenso der des Stabes, der durch die Rundung der Wand leicht gekrümmt war.

Hübsch ist sie, dachte Aristarch. Steht hier wie eine Sonnenuhr, eine hübsche Sonnenuhr, anders als die von Timocharis, sponn er seine Gedanken weiter und musste lächeln, als er bemerkte, wie er unwillkürlich wieder seine Umgebung unter dem Aspekt seiner Arbeitsprobleme sah. Immer tiefer versank er in den Anblick dieser Gestalt, verfolgte, wie das Sonnenlicht in ihrem Antlitz ständig neue Details hervorhob und die Schatten andere verschluckten. Beharrlich wanderte der Schatten des Stabes weiter.

Wie kompliziert müsste es erst sein, das Liniennetz einer Sonnenuhr auf dieser Wand auszurechnen, dachte er. Was für eine Form hatte sie eigentlich, die Nischenwand? Sie ähnelte einer Kugelinnenfläche, war etwas verzerrt, in der Horizontalen gedehnt, aber sonst einer Kugel doch ähnlich. Das Liniennetz auf einer inneren Kugelfläche also.

«Das ist es!» rief er plötzlich. «Warum habe ich daran nicht eher gedacht?» Aber nein, wenn die Idee richtig war, so hätte doch schon vor ihm jemand darauf kommen müssen.

«Was ist denn mit dir los?» fragte Demeas erstaunt.

«Ich glaube, ich habe die Lösung des Problems, das ich euch vorhin erklärt habe, nämlich wie sich die kreisrunde Sonnenbahn auf eine ebene Fläche übertragen lässt. Du erinnerst dich doch. Warum muss es überhaupt eine Ebene sein? Warum nicht den Schatten einer Sonnenuhr auf die Innenseite einer Kugel fallen lassen? Dann würde man einen Kreis auf eine Kugel übertragen, so …» – Aristarch suchte nach einem Vergleich – «so, als würde man einen Armreif in eine ausgehöhlte Orangenschale stecken.»

«Und es ist einfacher, den Himmel in eine Orangenschale zu propfen, als auf den Boden zu legen?» fragte Nikeratos ironisch.

«Aber nein, Nikeratos. Ich sehe schon, du hast überhaupt nichts von dem begriffen, was ich dir erklärt habe», antwortete Aristarch resigniert und begann mit seiner Erläuterung von vorn.

Die Idee war gut. Er erzählte sie am nächsten Tag Euklid, der sofort den Vorteil dieser kugelförmigen Sonnenuhr erkannte und ihn ermunterte, daran weiterzuarbeiten. Die Konstruktion des Liniennetzes war jetzt relativ einfach: Man übertrug nur die Bahn, die die Sonne am Himmel zog, auf die Innenwandung einer Schale. Was er dazu noch brauchte, waren natürlich die genauen astronomischen Daten. Die konnte er den Aufzeichnungen von Timocharis entnehmen. Sie waren zwar nicht so exakt, wie er es sich wünschte, aber etwas Besseres gab es eben nicht. Noch nicht.

✻

Nach drei Wochen war er endlich so weit. Er konnte den Bau der Sonnenuhr bei Ktesibios in Auftrag geben. «Er ist der Sohn eines Barbiers, aber ich sage dir, er ist alles andere als ein dummer Kerl», erzählte ihm Nikeratos, während sie mit großen Schritten die Straße hinunterliefen.

«Es ist schon erstaunlich, wie schnell er den Aufstieg zu einem der besten Handwerker der Stadt geschafft hat, und das fast ausschließlich aus eigener Kraft. Seinem Lehrmeister war er bald um Längen voraus, und als junger Bursche hat er sein eigenes Atelier aufgemacht. Nennt sich übrigens Pneumatiker. Da vorne ist schon sein Haus. Aber die Tür ist verschlossen. Normalerweise steht sie offen.»

Nikeratos klopfte und rief einige Male, aber von innen war kein Laut zu hören. Missmutig machten sie sich wieder auf den Heimweg. Aristarch war enttäuscht, hatte er doch gehofft, seine frisch konstruierte Sonnenuhr endlich bauen lassen zu können. Schweigend trotteten sie durch die Gassen.

«Ich glaube, da vorne geht er», rief Nikeratos plötzlich. «Er kommt direkt auf uns zu, siehst du ihn? Der Kleine mit den schwarzen Locken, dort, mitten auf der Straße.»

Zwar sah Aristarch jemanden, auf den die knappe Beschreibung passte, aber das konnte doch unmöglich der begabteste Handwerker der Stadt sein. Sein Alter schien, zumal aus dieser Entfernung, nicht einschätzbar. Er war klein, rundlich, und seinen Körper hielt er beim Gehen leicht vorgeneigt, so dass man bei jedem Schritt den Eindruck hatte, er würde vornüberfallen. Sein Blick war stur auf den Boden gerichtet, offenbar nahm er seine Umgebung überhaupt nicht wahr. Eine komische Erscheinung, fand Aristarch. Ihm sollte er seine Entdeckung und, noch schlimmer, das Geld des Museions anvertrauen?

Als der Bursche bis auf wenige Schritte an sie herangekommen war, sprach Nikeratos ihn an: «Sei gegrüßt, Ktesibios!»

Der kleine Kerl blickte erschrocken auf, grinste aber sofort über das ganze Gesicht, als er Nikeratos erkannte. Seine Augen, über denen sich dichte Brauen buschten, verengten sich zu Sehschlitzen, und zwischen zwei kugelrunden Backen steckte eine rote Stupsnase. Das dicht gelockte schwarze Haar saß ihm wie eine Kappe auf dem Kopf. Kurz, sein Gesicht hatte das Aussehen einer gut gelungenen Komödiantenmaske.

«Ich soll bei dir anfragen, ob die Wasseruhr für Herophilos schon fertig ist», fragte ihn Nikeratos, nachdem er ihm Aristarch vorgestellt hatte.

«Oh ja, ich weiß, sie sollte schon längst bei ihm sein, aber es gibt noch ein kleines Problem. Der Goldschmied liefert mir einfach nicht den einen der beiden Ausflüsse. Ich komme gerade von ihm. Du weißt, die Tülle ist aus Gold. Er will sie mir morgen bringen, und in zwei oder besser in drei Tagen kannst du die Wasseruhr abholen. Bitte sag Herophilos, dass es mir leid tut, aber es geht nicht schneller.»

Mittlerweile waren sie vor Ktesibios' Haus angekommen. Umständlich kramte er einen Holzschlüssel aus der Tasche und öffnete die Tür. Selten hatte Aristarch ein solches Durcheinander gesehen. Überall lagen Steine, Holz und Metallteile herum, an einigen Stellen schienen sie wie in einem Lager geordnet zu sein, anderswo waren sie kreuz und quer übereinandergeworfen. Erst bei genauerem Hinsehen fiel Aristarch auf, dass zwei oder drei dieser Haufen bereits halb fertige Geräte zu sein schienen. Sicher war er sich allerdings erst, als er die offenbar dazugehörenden Konstruktionspläne an der Wand hängen sah. In der Werkstatt sah es kaum anders aus, nur dass hier eine große Arbeitsplatte stand, die unter der Last einer Unzahl von Werkzeugen jeden Moment zusammenzubrechen drohte.

«Keine Angst», ermunterte Ktesibios Aristarch, als er bemerkte, dass der sich alle Mühe gab, nicht irgendwo draufzutreten. «Hier bewahre ich nur die Probearbeiten auf. Die guten Stücke sind im Haus.»

Probearbeiten nennt er dieses Gerümpel, dachte Aristarch und lächelte Ktesibios gezwungen höflich an. Tatsächlich sah es im Haus weitaus aufgeräumter aus. Hier zeigte Ktesibios ihnen die Wasseruhr für Herophilos, die Aristarch an diejenige im Observatorium erinnerte. Nachdem sie sich kurz darüber unterhalten hatten, erklärte Nikeratos dem Mechaniker den Grund ihres Besuches.

«Eine Sonnenuhr soll ich für dich bauen. Hat Timocharis noch nicht genug davon?» fragte er Aristarch mit seinem Komödiantenlächeln. «Aber lasst uns doch nach draußen gehen und etwas trinken. Ich hole uns Wasser und Wein. Setzt euch schon einmal», schlug er vor.

Als Ktesibios zurückkam, erklärte ihm Aristarch seine momentane Arbeit und sein Vorhaben, eine Sonnenuhr zu bauen. Aus irgendeinem Grunde meinte er, ihm das Prinzip einer Sonnenuhr noch einmal genau erläutern zu müssen, und illustrierte seine Worte wie sein Lehrer Straton mit einer Zeichnung im Sand.

«Nun stellt man den Zirkel in den Mittelpunkt des Kreises, öffnet ihn bis zur Linie in der ebenen Fläche und nimmt die gleiche Entfernung von derselben, bezeichnet sie durch die Punkte Epsilon und Eta zur Rechten auf diesem Kreis und zieht dann von diesen beiden durch den Mittelpunkt eine Linie, so dass dadurch der Kreis in zwei gleich große Hälften geteilt wird. Diese Linie nennt der Mathematiker ...»

«Horizont!» unterbrach ihn Ktesibios. «Mein lieber Aristonikos ...»

«Aristarchos», verbesserte dieser ihn.

«Nun gut, also, mein lieber Aristarchos, ich habe wahrscheinlich schon mehr Sonnenuhren gebaut, als du in deinem ganzen Leben gesehen hast. Erspar mir also bitte deine langwierigen Ausführungen, und komm gleich zum Kern der Sache.»

Aristarch entschuldigte sich und erklärte ihm nun seine Idee von einer runden Sonnenuhr. Auf einmal hörte der Mechaniker aufmerksam zu und konnte seine Verwunderung nicht verbergen.

«Das wird nicht ganz einfach sein. Ich müsste sie wahrscheinlich aus Stein oder Marmor hauen und dabei genau die Form einer Halbkugel modellieren ... Ein Halb*kegel*, ja das ginge, aber eine Kugel ...» Er sprach den Satz nicht aus, sondern blies heftig die Luft aus seinen runden Backen hervor und schaute dem jungen Astronomen zweifelnd in die Augen. Aristarch wurde bleich. Er sah schon seine Idee scheitern und Timocharis triumphieren.

«Aber versuchen kann ich es. Du kannst mich doch hoffentlich auch bezahlen?» fragte Ktesibios zweifelnd.

«Oh ja, sicher, es ist schließlich eine Arbeit für das Museion», antwortete Aristarch schnell und strahlte ihn an. Nun erklärte er ihm genau, wie das Instrument auszusehen habe. Sie legten die Größe fest, sprachen über mögliche Materialien und andere Details. Als sie die wesentlichen Dinge geklärt hatten, schlug Ktesibios vor: «Was haltet ihr davon, wenn wir den neuen Auftrag in einer Schenke begießen?» Sie hatten viel geredet und waren in guter Stimmung, so dass die beiden Studenten nichts dagegen einzuwenden wussten.

Das Wirtshaus war nicht weit von Ktesibios' Haus entfernt. Offenbar war er hier öfter zu Gast, denn sowohl der Wirt als auch die meisten Gäste begrüßten ihn vertraut. Sie nahmen zuerst ein einfaches Essen zu sich und machten es sich dann bei verdünntem Wein gemütlich, wobei Ktesibios auf die Verdünnung wenig Wert legte. Er war ein kauziger Bursche, lachte gern und herzhaft und hatte ständig einen Scherz auf den Lippen. Aristarch fühlte sich bald mit ihm vertraut und wagte deshalb auch die etwas indiskrete Frage:

«Ich habe gehört, dein Vater sei Barbier gewesen. Wie bist du dazu gekommen, Mechaniker zu werden?»

«Pneumatiker, mein Lieber, ich bin Pneumatiker, und das kam so: Äh, Nikeratos, möglicherweise kennst du die Geschichte schon. Wenn es dich langweilen sollte, solltest du die Gelegenheit nutzen, um einstweilen dein Wasser abzuschlagen.»

Nikeratos verdrehte die Augen und meinte, er könne das Märchen unter Umständen noch einmal vertragen, schließlich sei es schon mindestens einen Monat her, dass er es genau an diesem Tisch das letzte Mal gehört habe.

«Also gut, Aristarch, dann will ich dir die Geschichte, die selbst Menander nicht besser hätte ersinnen können, berichten. Mein Vater, der schon den großen Alexander auf seinen Feldzügen begleitet hat ...»

«War es nicht eher so, dass er in einer Nachschubtruppe nicht weit von hier ...», warf Nikeratos ein.

«Also bitte, Nikeratos, vielleicht vergnügst du dich doch besser mit den Freunden am Nachbartisch. Lass mich bitte in Ruhe erzählen! Ich sagte also, dass mein Vater schon in Alexanders Heer als Barbier sein Brot verdiente. Nach der Gründung Alexandrias machte er, als hier noch nicht mehr als einige verlumpte Hütten standen, einen Laden auf, und schnell hatte er das erste Geschäft im Ort.»

«Kein Wunder, es gab ja auch nicht mehr», brummte Nikeratos. Doch diesmal ließ sich Ktesibios nicht stören.

«Ich half ihm öfter in der Barbierstube, vor allem wenn es darum ging, sie möglichst zweckmäßig einzurichten. Nun lebt seit eh und je in dieser Stadt eine bunte Mischung aus Makedonen, Ioniern, Phrygern, Kappadoken, Samiern, Ägyptern und was weiß ich nicht noch alles. Einige sind sehr klein, andere sehr groß. Was Wunder also, dass der kleine Metallspiegel vor dem Barbierstuhl mal zu hoch und mal zu niedrig hing. Also machte ich mich daran, einen in der Höhe verstellbaren Spiegel zu konstruieren. Zu diesem Behufe hängte ich ihn an einem Seil auf, das ich über einige unter der Decke angebrachte Rollen in eine Ecke des Zimmers verlegte. Am Ende des Seiles, dort, wo es an der Wand herunterhing, befestigte ich ein Bleigewicht. So konnte mein Vater den Spiegel in eine beliebige Höhe schieben, wo er wegen des Gegengewichts von allein stehen blieb.»

Ktesibios unterstrich seine Schilderung gestenreich, nahm einen Schluck Wein und fuhr fort:

«Damit der Kunde diese zugegebenermaßen simple, aber wirkungsvolle Konstruktion nicht sehen konnte, verbarg ich Schnur und Gewicht in langen hölzernen Kästen. Manchmal machte sich mein Vater einen Spaß daraus, den Spiegel mit Schwung nach oben sausen zu lassen. Dann zischte am anderen Ende natürlich das Gewicht herunter. Spaßig war daran vor allem, dass dabei ein lautes Pfeifen zu vernehmen war, das deutlich aus dem Kasten kam, in dem sich das Blei bewegte. Als ich dieser Sache weiter nachging, bemerkte ich, dass jedes Mal, wenn das Gewicht nach unten fiel, durch eine schmale Ritze Luft aus dem Kasten herausströmte. Hielt ich die Ritze zu, so spürte ich förmlich die Kraft der nach außen drängenden Luft. Das Gewicht fiel trotzdem, aber es schien durch die Luft gebremst zu werden. Nun, was würdet ihr daraus schließen? Nikeratos, du weißt doch sonst auch immer alles ganz genau. Also bitte, wie würdest du diese Sache deuten?»

Der zuckte nur mit den Schultern, nicht etwa, weil er die Antwort nicht gewusst hätte, dafür kannte er die Geschichte viel zu genau. Nein, er wollte dem Freund die Freude nicht nehmen, seine Gedanken hierzu selbst vorzutragen.

«Natürlich, was frage ich dich überhaupt. Und du, mein neuer Freund, was hältst du davon? Du, ein Schüler Stratons, müsstest es eigentlich wissen.»

Auch Aristarch blieb stumm und schaute den verrückten Barbierssohn mit großen Augen an.

«Bah, was lernt ihr überhaupt in euren Studierstuben? Unnützes Zeug, mit dem kein Mensch etwas Praktisches anfangen kann. Aber ich will euch aufklären. Also: Luft kann zusammengepresst werden und sich ausdehnen. Man kann sie deswegen wie einen Körper benutzen. Natürlich nicht wie ein Rad oder einen Stein zum Hausbau, aber doch wie einen Stab, einen Stößel oder etwas Ähnliches. Denkt nur einmal an luftgetriebene Musikinstrumente, Löschwasserspritzen. Oder vielleicht wird unsere Armee später einmal mit Luftkraftwaffen kämpfen.»

Aristarch bemerkte, wie Ktesibios im Lauf seiner Erzählung immer ernster wurde. Die anfängliche Anekdote seines Vaters war in Kürze in eine wissenschaftliche Abhandlung umgeschlagen. Aristarch spürte eine innere Verbundenheit mit ihm. Auch Ktesibios war auf der Suche nach Neuem.

Sie zechten bis spät in die Nacht hinein. Trotzdem fiel Aristarch am nächsten Morgen das Aufstehen nicht schwer, denn er wusste, dass aufregende Tage und Wochen auf ihn warteten. Sein Leben hatte Fahrt aufgenommen.

Aufstieg und Sturz

1 Hathyr im Jahre 17 des Königs Ptolemaios I. Soter

Ein halbes Jahr war seit seiner Ankunft in Alexandria vergangen. Eine kurze Zeitspanne in Aristarchs Leben, ihm aber kam sie sehr lang vor. Wie war das mit der Zeit überhaupt? «Zeit ist ein gewisses Maß für die Dauer von Tätigkeiten oder Ereignissen», hatte Straton in einer seiner Lehrstunden gesagt. «Wir haben keinen Sinn für die Zeit. Farben können wir sehen, Formen ertasten, Klänge hören, die Zeit jedoch bleibt unerkannt. Aber messen lässt sie sich, zum Beispiel mit einer Wasseruhr. Lediglich unser Gefühl scheint die Zeit zu empfinden. Aber: Es täuscht uns. Manchmal sagen wir, die Zeit würde schnell vergehen, wenn in einer Zeitspanne viel passiert ist, langsam hingegen, wenn wenig geschehen ist. Es gibt aber keine schnelle oder langsame Zeit, sondern nur kurze oder lange Zeitspannen.»

Aristarch verstand sehr wohl den Unterschied zwischen der gemessenen und der empfundenen Zeit. Nur verhielt es sich bei seinem Zeitgefühl genau umgekehrt zu Stratons Erklärung. Aristarch deutete dies damit, dass er in diesem halben Jahr so viel erlebt hatte wie zuvor auf Samos in vielleicht zwei oder drei Jahren. Sein Gefühl hatte sich eben dem neuen Lebensrhythmus noch nicht angepasst. Das erschien ihm einleuchtend.

Doch Straton hatte diese Vorstellung nach kurzem Überlegen mit seiner messerscharfen Logik widerlegt: «Das würde bedeuten, je mehr du in einem halben Jahr erlebst, desto länger kommt dir die Zeitspanne vor?» Aristarch nickte. «Was aber, wenn sich immer weniger ereignet? Müsste die Zeit dann nicht scheinbar immer schneller vergehen?» fuhr Straton fort. «Und wenn schließlich gar nichts mehr passierte, wenn du nur noch untätig auf dem Bett liegen würdest, kein Freund dich besuchte, du sämtliche Mahlzeiten auslißest, ja nicht einmal mehr die Geräusche von der Straße an dein Ohr drängten – müsste dann nicht ein halbes Jahr verfliegen wie der Moment eines Wimpernschlages?» Ganz sicher nicht, das musste Aristarch zugestehen. Straton hatte recht. Aber unverständlich blieb es trotzdem.

«Darf ich dir Kallimachos vorstellen?»

Aristarch schreckte aus seinen Gedanken auf und drehte sich zu der Stimme um. Er hatte sich in einer der Arbeitszellen der Bibliothek eingenistet und war über der Arbeit ins Sinnieren geraten. Im Halbdunkel erkannte er Euklid, der auf einen jungen Mann neben sich deutete. Dieser, so schätzte Aristarch, war nur wenige Jahre älter als er selbst. Er gehörte zu jenen Menschen, deren Gesicht den gesamten übrigen Körper verrät. Der Kopf war kugelrund und besaß außer Mund, Nase und Augen keinerlei Konturen. Kurzes, lockiges Haar bedeckte diesen blassen Ball, aus dem winzige Ohren herausschauten. Ohne hinsehen zu müssen, wusste Aristarch, wie seine Hände beschaffen waren: klein und wurstig. Am meisten befremdete Aristarch jedoch ein fast unmerkliches Lächeln, das dem Ballongesicht ständig um den Mund spielte. Die gesamte Erscheinung erinnerte ihn an eine Darstellung des Eros in einem Aphrodite-Tempel auf Samos.

«Der König selbst hat ihn aus Eleusis holen lassen und für die Arbeit in der Bibliothek empfohlen. Bitte zeig du ihm die Abteilung mit den mathematischen und naturkundlichen Schriften, ich habe noch viel zu tun.»

Damit vertraute Euklid ihm den Neuling an und verließ die beiden. In der Tat fand sich Aristarch mittlerweile fast genauso gut in den Stapeln der unzähligen Papyrusrollen zurecht wie sein Lehrer.

«Bist du auch Mathematiker?» nahm Aristarch das Gespräch auf.

«Nein, zwar hege ich ein nicht unwesentliches Interesse an eurer Wissenschaft, aber meine Fähigkeiten liegen auf dem Gebiet der Literatur», antwortete Kallimachos gestelzt. «Der König Ptolemaios ließ mich, Euklid sagte es ja bereits, aus Eleusis holen, wo ich kurze Zeit als Lehrer gearbeitet habe. Allerdings stamme ich keineswegs aus Eleusis, sondern aus Kyrene. Du kennst Kyrene?»

Aristarch musste verneinen, schämte sich deswegen aber keineswegs. Mit sichtlichem Genuss erzählte Kallimachos von seinem Großvater, Battus, der einst ein großer Feldherr gewesen sein musste und in direkter Linie von dem Gründer seiner Heimatstadt abstammte. Desgleichen von seinem Vater, ebenfalls Battus, einem der angesehensten und einflussreichsten Adligen der schönen Stadt. Und nun also er, Kallimachos. Ein, wenn er so sagen dürfe, nicht zu schlechter Schüler, der hin und wieder auch einmal ein leidliches Gedicht auf den Papyrus warf.

Eigentlich habe er in Athen bei den großen Dichtern der Zeit lernen wollen, aber nun hatte der Herrscher sein Kommen gewünscht, und dem müsse er doch folgen, oder? fragte er rhetorisch, wobei sich sein Grinsen noch etwas zu verbreitern schien.

Warum allerdings der Spross eines solch angesehenen Geschlechts zunächst als schlecht bezahlter Lehrer in Eleusis, dem unscheinbaren Vorort Alexandrias, gelandet war, blieb Aristarch unklar.

«Demnächst wird die Bibliothek eröffnet, dann soll ich einen Katalog erarbeiten», fuhr Kallimachos fort. «Keine einfache Auflistung aller Werke, wie es bereits durchgeführt wird, sondern eine kommentierte Zusammenstellung aller Texte, geordnet nach Gebieten und Autoren, mit eingehenden Biographien und Anmerkungen zu Inhalt, Alter und Herkunft der Arbeiten.»

Bei Theaterstücken wollte er ihre bisherigen Aufführungen, die Namen der Schauspieler und anderes aufnehmen, so wie es Aristoteles in Athen eingeführt hatte.

«Das ist natürlich eine enorm verantwortungsvolle Aufgabe, wie du dir sicher denken kannst.» Aristarch konnte.

Sie gingen durch die Magazine der naturkundlichen Schriften, von denen einige bereits in die Regale einsortiert waren, andere noch in Kisten lagen. Aristarch erklärte das Ordnungsprinzip und zeigte Kallimachos einige der wichtigsten Arbeiten. In manchen Schriften hatte er beim genauen Durcharbeiten bereits Fehler der Kopisten gefunden und angemerkt. Vielleicht, so meinte er, solle man auch solche Details in den Katalog mit aufnehmen. Kallimachos dankte ihm für diesen wertvollen Hinweis und notierte ihn sich sogleich geschäftig auf einer Wachstafel.

«Interessierst du dich nicht für Literatur?» fragte er.

«Doch, sicher, früher habe ich gern Homer gelesen und mir Theaterstücke angesehen. Seit ich in Alexandria bin, musste diese Neigung aber hinter anderen Interessen zurückstehen.»

«Dann begleite mich doch einmal zu unserem literarischen Zirkel. Unser geistiger Führer, Asklepiades, schreibt wirklich ganz entzückende Gedichte und wirkt trotz seiner fünfzig Jahre noch erstaunlich jung. Übrigens ist er wohl ein Landsmann von dir. Euklid sagte mir, du stammst aus Samos? Leider werden unsere Versammlungen mitunter zu ausschweifend, es wird viel getrunken und gelärmt, und Frauen haben einen unangenehm störenden Einfluss. Aber vielleicht möchtest du trotzdem mitkommen?»

Obwohl Aristarch sich nicht gerade zu dem grienenden Eros hingezogen fühlte, hatte er doch Lust, diese Literatengruppe kennenzulernen.

❂

Am folgenden Abend holte ihn Kallimachos ab und machte sich mit ihm auf den Weg zu Asklepiades' Haus, das unweit vom Königsviertel gleich neben dem Theater lag. Winterliche Kühle hatte sich über die Stadt gelegt, ein feiner Sprühregen wischte durch die Straßen. Aristarch hüllte sich in seinen dichten Umhang und zog den Kopf ein. Wortlos gingen sie mit weiten Schritten nebeneinander her, bis sie ihr Ziel erreicht hatten. Ein Diener nahm ihnen die nassen Sachen ab, trocknete ihnen Haare und Füße und geleitete sie in den Gesellschaftsraum.

Schon vor der Tür hörte Aristarch Gelächter; als sie eintraten, wurden sie lautstark empfangen. Es mochten an die zehn Männer sein, die es sich auf Klinen, Decken oder Kissen bequem gemacht hatten. Die meisten von ihnen waren zwischen zwanzig und dreißig Jahre alt, und auch der Hausherr, dem Kallimachos den neuen Gast vorstellte, unterschied sich trotz seines höheren Alters in seinem Äußeren kaum von den anderen. Aristarch wurde freudig von allen Seiten begrüßt, man bot ihm zu essen und zu trinken an und fragte ihn lebhaft aus. Vor allem Asklepiades wollte vieles über Samos wissen, seine Heimat, die er seit zwanzig Jahren nicht mehr gesehen hatte. Auch ein junger Mann namens Hedylos war Samier. Erstaunt stellten Aristarch und er fest, dass sie gemeinsame Bekannte dort hatten. Die übrigen Gäste waren aus allen möglichen Städten hierhergekommen, aus Pella, Maroneia, Kos oder Rhodos.

«Bevor ihr kamt», griff Asklepiades nach einiger Zeit in das Geplauder ein, «rezitierte unser Freund Hedylos seine neuesten Gedichte. Lasst uns noch ein weiteres hören, das er mit spitzer Feder, wie wir es von ihm gewohnt sind, gegen Sikelides schrieb. Bitte, Hedylos!»

Der Angesprochene griff zu einem Blatt und begann:

«Von der Dämmerung bis in die Nacht
und erneut so lang, bis hin zum Morgen
trinkt Sokles aus Krügen vollgegossen bis zum Rand.
Dann plötzlich steht er auf und geht.
Gleichwohl erklingen aus dem Becher noch die Verse,
spielerisch und süßer noch als die von Sikelides
(der mit seinem fauligen Charakter).
Weit leuchtet Soklesens Lieblichkeit.
Drum, Freunde, erhebet eure Becher,
trinket und wetzet eure Feder!»

Hatte die Gesellschaft schon bei der Schmähung des Sikelides laut
Beifall geklatscht, so jubelte sie nun stürmisch und folgte gern der
Aufforderung zum Trinken. Man diskutierte eifrig über das Gedicht,
fand es allgemein gelungen und überaus humorvoll. Die Männer
tranken weiter, trugen Gedichte vor, bewerteten sie, schweiften ab
zu anderen Themen. Nun waren sie bei Homer angelangt und wurden nicht müde, die Frage zu diskutieren, ob der blinde Sänger ein
Geograph war, der seine Odyssee realistisch in die Ägäis verlegt hat,
oder ob er als rein künstlerischer Dichter seine Handlung dort ansie-
delte, wo es ihm gefiel, sprich in seiner Phantasie.

«Der Dichter soll unterhalten, nicht belehren!» war von der einen
Seite zu hören.

«Nein, nein, Homer ist unsere älteste, zuverlässige geographische
Quelle!» erscholl es aus der anderen.

Ein Dritter meldete sich mit einem versöhnlichen Zitat des Aristoteles: «Der Dichter soll nicht berichten, was geschehen ist, sondern
vielmehr, was geschehen könnte und was möglich wäre nach Angemessenheit oder Notwendigkeit.»

Kallimachos blieb bei diesem Wortgefecht stets distinguiert, ohne
allerdings sein gefrorenes Lächeln abzulegen. Es war schon spät, die
Stimmung ungebrochen ausgelassen, als Asklepiades um Ruhe bat.

«Liebe Freunde, es freut mich, dass ihr euch so gut unterhaltet. Als
Höhepunkt des heutigen Abends habe ich eine besondere Überraschung für euch. Wer von euch kennt nicht die tragische Geschichte
der schönen Glauke, die Jason betörte. Sie musste dafür sterben, indem Medea, Jasons Weib, ihr ein Gewand schickte, das sie, sobald sie
es übergeworfen hatte, qualvoll verbrannte. Nun, es gibt eine zweite
Glauke. Sie steht der ersten an Schönheit in nichts nach und singt

bezaubernde Lieder zu silbernen Harfenklängen. Ich bin mir sicher, ihr werdet meinem Urteil zustimmen. Lasst euch nun von ihr betören. Doch werft ihr abschließend nicht das Feuergewand über. Dort kommt Glauke!» Mit diesen Worten deutete Asklepiades auf eine Tür zum Nachbarraum, aus der die Sängerin heraustrat. Langsam, fast schwebend kam sie auf Asklepiades zu. Sie trug ein schneeweißes Gewand aus feinstem Leinen, das jede Bewegung, jeden Schritt durch ein luftiges Aufwallen betonte. Auf den Schultern zusammengesteckt, zeigte es in einem runden Ausschnitt ihren schlanken Hals, legte sich von dort in bogenförmig geschwungenen Falten über ihren Oberkörper und schmiegte sich an ihre festen Brüste. Das schwarze Haar hatte sie hinten geknotet, ein rosenfarbenes Band wand sich um die Stirn. Zwei zierliche Locken fielen ihr auf die Schultern herab und umspielten das ebenmäßige Gesicht.

Während sie vor dem Kamin vorbeiging, meinte Aristarch schemenhaft die Umrisse ihres Körpers durch das Kleid hindurch erkennen zu können. Noch nie hatte er eine solch aufreizende Frau gesehen. Vielleicht trug sein durch den Wein erhitztes Gemüt ein Übriges zu der Vision bei, wirklich die mythische Königstochter vor sich zu haben. Doch in dem Moment, als sie bei Asklepiades ankam, sich leicht auf die Lehne der Kline setzte und er wie selbstverständlich seinen Arm um ihre Hüfte legte, verschwand das Trugbild, und was er sah, war eine Hetäre.

Sie war wohl kaum zwanzig Jahre alt. Der Eindruck, den sie auf die Schriftsteller machte, war nicht zu übersehen, alle waren von ihr gebannt, ausgenommen vielleicht Kallimachos, dessen Gesicht keinerlei Erregung verriet. Die Männer drängten sich um sie und forderten sie auf, doch endlich ein Lied anzustimmen.

Schließlich wand sie sich aus Asklepiades' Umarmung, ging zu einem Stuhl und begann zu den Klängen ihrer Harfe zu singen. Schon die ersten Worte dieser klaren Stimme holten vergessen geglaubte Bilder aus der Tiefe seines Gedächtnisses hervor. Plötzlich sah Aristarch wieder den im Sonnenlicht flirrenden Horizont der ägyptischen Küste vor sich, glitzernde Fische vor der spritzenden Gischt des Schiffskiels. Getragen von den Klängen zog er sich zunehmend in sich zurück. Bald war auch Glauke nur noch ein Schemen, dessen Lieder sich in einen Strom von auf- und abwogenden Tönen verwandelten, auf denen er durch ein buntes Bildermeer schwamm.

Er kam erst wieder zu sich, als Kallimachos ihn wachrüttelte. Verstört sah er sich um, die meisten Gäste waren bereits gegangen oder brachen gerade auf. Selbst der Gastgeber und Glauke waren nicht mehr im Zimmer. Aristarch wusste nicht, ob er geschlafen oder im Wachen geträumt hatte. Als er aufstehen wollte, spürte er die verheerende Wirkung des Weines, dem er offenbar ein wenig zu reichlich zugesprochen hatte. Der Immerlächelnde aber stützte ihn und brachte ihn schließlich mit nicht geringen Mühen nach Hause.

❂

Der nächste Morgen war dann nicht nur wegen der Folgen des Gelages wenig erbaulich für Aristarch. Ein Bote klopfte bei ihm an die Tür, mit der Nachricht, er solle zu Ktesibios kommen, es gehe um die Sonnenuhr. Umgehend machte er sich auf den Weg und stand schon kurze Zeit später bei dem Mechaniker im Hof. Nachdem er sich einen Weg durch das Gerümpel gebahnt hatte, fand er Ktesibios in der Hütte, die jener Werkstatt nannte. Die Luft war angefüllt mit Staubteilchen, die in zwei Lichtstrahlen tanzten und Ktesibios etwas Unwirkliches verliehen.

«Ah, mein Freund!» rief der aus. «Du bist gut zu Fuß, ich hatte nicht so schnell mit dir gerechnet. Wie geht es dir?» Abgesehen davon, dass es Aristarch nicht besonders ging, war ihm auch nicht nach langen Plaudereien zumute. Sofort fragte er nach der Sonnenuhr.

«Ja, weißt du», begann Ktesibios zögerlich und blickte dabei verlegen auf das Chaos seiner Werkbank. «Ich sagte dir ja, dass es keine ganz leichte Aufgabe ist, eine exakte Rundung in einen Stein zu treiben.»

Er wollte offenbar noch weitere Erklärungen liefern, aber Aristarch unterbrach ihn und wollte wissen, was passiert sei.

«Nun, wenn ich ganz ehrlich sein soll: Die Form ist gesprungen.»

Das war ein harter Schlag. Seine Idee nicht realisierbar, das Geld verschwendet, und weitere Mittel würde ihm Timocharis sicher nicht bewilligen. An die Schadenfreude des Astronomen mochte er gar nicht denken. Wie hatte er auch nur glauben können, dieser verworrene Kerl in seiner wüsten Klause hätte dieser Aufgabe gewachsen sein können?

«Nimm's nicht so schwer, noch ist nicht aller Tage Abend», versuchte ihn Ktesibios zu trösten. «Lass uns ins Haus gehen und ein Gläschen Wein trinken.»

Zwar stand Aristarch überhaupt nicht der Sinn danach, aber er folgte ihm doch und erzählte ihm vom vergangenen Abend. «Ich lasse dir ein sehr wirkungsvolles Mittel gegen deine Magenverstimmung bringen.»

Ktesibios rief nach seinem Diener, trug ihm etwas auf und erklärte Aristarch das Problem der Herstellung seiner Sonnenuhr. In der Zwischenzeit kam der Diener mit einem Gebräu wieder, das entsetzlich bitter roch. Aristarch sah seinen Gastgeber fragend an, der dazu nur meinte:

«Trink ruhig, das ist ein altes Mittel, Wegerich. Die Blätter werden gekocht und der Sud mit ein wenig Wein vermischt.»

Aristarch vermochte sich kaum vorzustellen, dass es helfen könnte, nahm aber trotzdem einen kräftigen Schluck. «Eigentlich ist es bei Geschwüren in der Niere oder der Blase gedacht, aber es hilft auch bei deinem Leiden», ergänzte Ktesibios grinsend. «Nun aber wieder zu deinem Liebling», fuhr er fort. «Ich habe mir in der Zwischenzeit ein anderes Verfahren ausgedacht, mit dem wir eventuell Erfolg haben könnten. Über die genaue Methode kann ich dir allerdings nichts verraten, die bleibt mein Geheimnis», ergänzte er sogleich, als er Aristarchs fragenden Blick sah.

«Aber ich habe kein Geld mehr», gab Aristarch unsicher zu.

«Das macht nichts», sagte Ktesibios und klopfte ihm freundschaftlich auf die Schulter. «Ich habe dir die Uhr zugesagt, und du sollst sie auch bekommen. Ein Pneumatiker hat seinen Stolz.»

Aristarch hätte zu gern mehr über das andere Verfahren gehört, aber Ktesibios blieb hart. Als er wieder ins Museion zurückging, fühlte er sich bereits viel besser. Ob dies an dem scheußlichen Gebräu oder den aufmunternden Worten Ktesibios' lag, wagte er nicht zu beurteilen.

Das Leben lief wie gewohnt weiter, war aber durch die Literatentreffen, an denen er häufiger teilnahm, farbiger geworden. Die schöne Glauke hatte einen nicht unerheblichen Anteil daran.

Es war ein trüber Tag, an dem Aristarch in der Bibliothek arbeitete, als Euklid ihn freundlich lächelnd ansprach: «Es ist vollbracht!»

Aristarch wusste sofort, was der Mathematiker meinte: *Die Elemente*, das umfangreichste Kompendium mathematischer Sätze und Beweise, Aufgaben und Lösungen, das jemals erarbeitet worden war.

Es würde das Fundament jeder weiteren mathematischen Untersuchung sein. Dreizehn Bücher, vierhundertvierundsechzig Postulate, Axiome, Propositionen und Beweise – davon einer von Aristarch.

Gemeinsam gingen sie in ein Nachbarzimmer, wo die Papyrusrollen in einem Regal aufgereiht lagen.

«Wie du weißt, wird in zwei Wochen die Bibliothek feierlich eröffnet, dann werde ich dem König diese Arbeit hier überreichen. Es wird aber noch jemand dabei sein: du.»

Aristarch traute seine Ohren nicht. Er sollte an der königlichen Audienz teilnehmen? Er, ein einundzwanzigjähriger Student, weder von adeliger noch politisch bedeutender Herkunft. Er sollte gemeinsam mit einem der mächtigsten Herrscher der Welt, einflussreichen Familien der Stadt, gefeierten Gelehrten und Künstlern an derselben Tafel sitzen?

An Arbeit war nach dieser Nachricht nicht mehr zu denken. Er musste sofort Straton davon erzählen. Kaum hatte er die Bibliothek verlassen, als ihn jemand anhielt. Es war wieder ein Bote von Ktesibios, der ihm meldete, er solle umgehend die Werkstatt des Mechanikers aufsuchen. Sollte die Sonnenuhr wieder zerbrochen sein? Mittlerweile kannte er den Weg durch den unaufgeräumten Hof in die Werkstatt, doch Ktesibios war nicht da. Hinter jedem Holz- und Steinstapel schaute Aristarch nach, aber von dem Krauskopf keine Spur.

«Warum kommst du nicht herein?» vernahm er plötzlich eine Stimme. Als er aus der Werkstatt trat, bemerkte er, dass Ktesibios sich aus einem Fenster des Hauses lehnte. Der Mechaniker grinste über beide Kugelbacken, die die Augen fast gänzlich verschwinden ließen. Schnell ging Aristarch hinein und fragte, was denn passiert sei.

«Sieh dich doch richtig um, oder bist du blind geworden?» fragte Ktesibios.

Verwirrt musterte Aristarch alle Geräte, die ausnahmsweise geordnet dastanden. Plötzlich sah er sie, seine Sonnenuhr. Eine sorgfältig in weißen Stein gehauene Halbkugel mit einem Durchmesser von vielleicht zwei Fuß. Ihre Wand war nach seinem Konstruktionsplan mit einem feinen Netz schwarzer Linien überzogen, und im Zentrum steckte ein dünner, langer Metallstab.

«Ich habe sie Skaphe genannt, weil sie wie ein kleines Schiff mit eingezogenem Segel aussieht», sagte Ktesibios.

«Das ist eine gute Idee», erwiderte dieser geistesabwesend. «Skaphe, ja, das klingt schön.»

Aristarch schaute sich das Liniennetz genau an, verglich es mit den Berechnungen, die Ktesibios an die Wand darüber gehängt hatte, und prüfte die Glätte der Oberfläche. Alles schien bestens gelungen zu sein, wenngleich sich die wahre Qualität erst bei den Messungen im Laufe eines oder mehrerer Jahre zeigen würde.

Aristarch dankte Ktesibios überschwänglich, verabschiedete sich dann aber rasch, um Dolios mit dem Transport des guten Stückes zu beauftragen. Als er wieder auf der Straße war, fiel ihm plötzlich ein, dass er ganz vergessen hatte, Ktesibios von seiner Einladung beim König zu erzählen. Bei den Göttern, es war wirklich ein Glückstag für ihn.

Im Museion angekommen, rief er nach Dolios und beschwor ihn etliche Male, die Sonnenuhr mit der allergrößten Vorsicht zu behandeln. Der Diener versprach, selbst mit Hand anzulegen, dann könne ja wirklich nichts schiefgehen. Da habe er, Dolios, schließlich schon ganz andere Aufgaben gemeistert.

Voll innerer Unruhe machte sich Aristarch endlich auf den Weg zu Straton, um ihm die beiden Glücksbotschaften zu überbringen. Umso enttäuschter war er, als ihm Stratons Diener mitteilte, sein Herr sei spazieren gegangen, wohin, wisse er nicht.

Plötzlich fiel Aristarch ein, dass sich Straton gern in die Einsamkeit der Nekropolis am Meer zurückzog. Er verließ das Königsviertel und fuhr mit einem Eselskarren an die Stadtgrenze. Als er durch das Stadttor ging, schlug ihm ein kühler, nasser Wind vom Meer entgegen. Normalerweise hätte sich Aristarch bei einem solchen Wetter in sein Zimmer oder die Bibliothek zurückgezogen, jetzt aber genoss er es richtiggehend, sich der ungestümen Natur entgegenzustemmen.

Er war noch keine fünf Minuten gegangen, da gewahrte er am Ufer den dunklen Umriss einer Person. Er kämpfte sich weiter vor und erreichte endlich den Friedhof. Unbeirrt schlug er den Weg zum Strand ein, ohne auf die grauen Grabsteine zu achten. Er rief die zum Meer gewandte Gestalt einige Male an, aber sie reagierte nicht. Erst als er nur noch wenige Schritte von ihr entfernt war, erkannte er in ihr Straton. Ohne Vorrede sprudelte es aus Aristarch hervor. Atemlos berichtete er von den Ereignissen dieses Tages. Straton freute sich sichtlich für seinen Schützling und schloss ihn in die Arme.

Aristarch schmiedete Pläne, als könne es in seinem Leben nun keine Hindernisse mehr geben. Je länger sie sprachen, desto stärker fiel ihm aber eine leichte Reserviertheit bei seinem Lehrer auf. Als er ihn danach fragte, stockte Straton erst kurz, sagte dann aber voller Ernst:

«Ich habe heute eine Nachricht aus Athen bekommen, von Freunden des Theophrast, meines Lehrers. Vielleicht liest du besser selbst.» Damit kramte er aus seinem Mantel einen Brief hervor. Sie duckten sich in den Windschatten eines großen Grabmals, und Aristarch entfaltete sorgfältig das Blatt:

Wir entbieten unseren Gruß Straton, dem verehrten Physiker und lieben Freund!

Vor drei Wochen verschied im Alter von 85 Jahren Theophrast, unser Freund, Lehrer und Leiter des Peripathos. Bis zum Schluss bemühte er sich mit Eifer um seine Aufgaben und starb schließlich ohne Schrecken und Mühen im Schlafe. Seine letzten Worte waren: Ich wünsche euch alles Gute auf euren Wegen und rate euch: Entweder entsaget der Wissenschaft, denn die Mühe ist groß, oder machet sie zu eurem Leben, denn der Ruhm ist groß.

Nachdem wir ihn beerdigt hatten, war es nun an uns, ein neues Oberhaupt für unsere Schule zu finden, die einst der große Aristoteles gründete. Es war keine leichte Wahl, denn die Zahl der Kandidaten war groß. Schließlich entschieden wir uns für Dich, Straton. Deine Schriften weisen Dich als einen vortrefflichen Philosophen aus, und Dein Ruf als Mathematiker und Physiker erklingt in der ganzen Welt. Wir sind einer Meinung, dass Du unsere Schule sicher auf dem Pfad des Stageiriten weiterführen und sie gleichzeitig mit neuen Erkenntnissen bereichern wirst.

Deswegen bitten wir Dich, unsere Wahl anzunehmen.

Es grüßen Dich Hipparch, Neleus, Kallinos, Demotimos, Kallisthenes und Ktesarchos.

Aristarch blickte auf und fragte mit leiser Stimme: «Wirst du gehen?»
«Ja.»
Eine Windböe zischelte um den Stein und hätte Aristarch den Brief fast aus der Hand gerissen. Straton nahm ihn wieder an sich, fasste seinen Schüler an der Schulter und ging mit ihm durch die Totenstätte. Ein Gefühl der Verlassenheit befiel Aristarch. Zwar hatte er mittlerweile Freunde in der neuen Heimat gewonnen, aber Straton blieb für ihn doch immer der Vertraute, zu dem er jederzeit und mit allen Problemen kommen konnte. So wie jetzt mit ihm war Aristarch als

Kind mit seinem Vater häufig am Meer spazieren gegangen. Stets hatte dieser etwas zu erzählen gewusst. Hatte ihm erklärt, woher der Wind kommt und wohin er die Schiffe trägt auf dem Rücken des Meeres. Das Meer, Schweiß der Erde, Born der Wolken und des Regens. Wie herrlich klar und weit war ihm der Ozean damals erschienen, eine glitzernde Unendlichkeit, ständig im Wandel und doch auf ewig dasselbe. Heute dagegen war er grau, wild brodelnd, bedrohlich aufgepeitscht wie von der wütenden Charybdis.

«Wann wirst du fahren?» fragte Aristarch nach einiger Zeit.

«Gleich nach den Festlichkeiten der Bibliothekseröffnung. Ich werde also beim Empfang des Königs noch dabei sein.»

Aristarch lächelte unmerklich. So würde sein Lehrer also zumindest noch diesen Erfolg gemeinsam mit ihm erleben können. Schweigend gingen sie zur Stadt zurück.

✿

In den folgenden Wochen rüstete sich Alexandria für die große Einweihungsfeier. Aus der ganzen Welt strömten Philosophen und Mathematiker, Dichter und Musiker, Schauspieler und Tänzer, Athleten und Wagenlenker in die Stadt, der Hof lud Könige und Fürsten zu Audienzen. Alle Tempel wurden mit Blumen geschmückt, die Straßen gereinigt und die Märkte mit Früchten und Gemüse reich gefüllt. Fünf Tage lang sollte die ganze Stadt in ausgelassenem Trubel versinken.

Am Tage vor der offiziellen Eröffnung empfing Ptolemaios die angesehensten Gelehrten des Museions und der Bibliothek. Aristarch ging zusammen mit Euklid in den Königspalast. Er war auf einer Landzunge erbaut, die die Hafeneinfahrt im Osten begrenzte. Von den obersten Stufen des Palastes aus hatten sie einen herrlichen Blick über die Uferpromenade, den Hafen und die gegenüberliegende Halbinsel mit dem Pharos an ihrer Spitze. Sklaven trugen mehrere Holzkisten mit den dreizehn Büchern der *Elemente* in den Palast. In einem Vorzimmer wuschen und salbten Diener Euklids und Aristarchs Hände und Füße, dann geleiteten zwei Hofbeamte sie in den Empfangssaal.

Aristarch hatte in Alexandria schon viele prunkvolle Säle gesehen, aber dieser übertraf alle. In riesige Wandteppiche waren die Heldentaten des Königs eingewebt. Seite an Seite mit dem großen Alexander metzelte er die Perser und Inder nieder. Mosaiken mit trinkenden Bacchen und springenden Delphinen zierten den gesamten Fußboden, darüber spannte sich eine mit bunten Ornamenten verzierte Holzkassettendecke. Schwerer Weihrauchduft schwebte in der Luft. Um niedrige Tische gruppierten sich Stühle, Bänke und Klinen, von denen viele bereits besetzt waren.

Am Kopfende des Saales, direkt gegenüber dem Eingang, thronte die Herrscherfamilie, Ptolemaios und Eurydike mit den zwei noch nicht verheirateten Kindern. Nichts an diesem fast achtzig Jahre alten Ptolemaios erinnerte mehr an seine Zeit als Feldherr in Alexanders Heer. Altersflecken entstellten das faltige Gesicht, aus dem eine Adlernase hervorstieß. Dicke Wülste umgaben die Augen, und der Siegeskranz fand kaum mehr Halt im dünnen Haar. Auch die Königin vermochte ihre ehemalige Schönheit nicht durch noch so geschicktes Schminken zurückzuzaubern. Hinter der Königsfamilie prangte ein riesiger Reichsadler, einen Blitz in den Klauen, eingerahmt von den Worten «Ptolemaios Basileos».

Aristarch schlug das Herz bis zum Hals, als er dem Monarchenpaar vorgestellt wurde. Ptolemaios schien freundlich zu nicken, vielleicht bildete es sich Aristarch aber auch bloß ein. Dann setzten sich Aristarch und Euklid zu Straton an einen Tisch und warteten, bis alle Gäste erschienen waren und die Prozedur des Festessens beginnen konnte. Zunächst opferten Priester auf blumenbekränzten Altären den Göttern und Heroen, allen voran dem gottgleichen Alexander. Dann trugen Diener die Speisen auf, alles, was die Küchen Siziliens, Thessaliens, Korinths und Persiens zu bieten hatten: gegrillte Schweine auf silbernen Tabletts, gesottenes, mit feinsten Gewürzen garniertes Gemüse, frisches, braun gebackenes Brot, bunt gemischtes Obst, Wasser und Wein. Man schwelgte nahezu grenzenlos.

Während des Essens hatte Aristarch Gelegenheit, die Königsfamilie unauffällig zu beobachten. Tatsächlich schienen ihm Vater und Sohn zwei völlig verschiedene Persönlichkeiten zu sein. Während der Vater eine innere Ruhe, Gelassenheit und Würde ausstrahlte, war in den Augen des Sohnes eine merkwürdige Nervosität zu spüren, eine Art Gier, Angriffslust, Ungeduld, Herrscherdrang. Plötzlich erinnerte sich Aristarch an ein Gespräch mit Straton kurz nach seiner Ankunft. Damals hatte dieser eine verhaltene Skepsis gegenüber dem kommenden Potentaten gezeigt.

Nach dem Mahl gab es lyrische und tänzerische Darbietungen. In einem Vortrag würdigte der Grammatiker Zenodotos das Bemühen des Königs um den kulturellen Aufbau Alexandrias, in dem die Eröffnung der Bibliothek ein weiterer Höhepunkt sei. Als Zenodotos geendet hatte, bedankte sich Ptolemaios für die herzlichen Worte und hob nun seinerseits die Leistungen des Vortragenden hervor. Besonders erwähnte er die erste textkritische, auf Vergleich verschiedener Handschriften basierende Ausgabe der Homerischen Schriften. Keinem anderen als Zenodotos solle die Ehre gebühren, der erste Leiter der Alexandrinischen Bibliothek zu sein.

Endlich forderte man Euklid auf, dem Königspaar seine *Elemente* zu überreichen. Der Mathematiker erhob sich und bedeutete den Sklaven, eine der Kisten vor den Thron zu tragen und sie zu öffnen. Stolz holte er eine Papyrusrolle heraus und zeigte sie dem Herrscherpaar. Umständlich versuchte er, die Bedeutung des Werkes zu erklären. Geduldig hörte ihm Ptolemaios zu und sagte schließlich:

«Lieber Euklid. Ich freue mich und bin stolz darauf, einen so berühmten Mathematiker an meinem Hof zu haben. Dein Name wird mit diesem Werk unsterblich. Aristoteles, der Lehrer des mächtigen Alexander, hat über die Mathematik gesagt, sie sei Teil der Weisheit. Wir alle streben wohl nach Weisheit, zumal im fortgeschrittenen Alter, auch wenn man ein Feldherr gewesen ist. Diese Papyri hier gänzlich durchzuarbeiten scheint mir aber schlechterdings unmöglich. Deswegen sag: Gibt es keinen kürzeren Weg durch die Geometrie und die Zahlenlehre als diesen?», wobei er auf die Kisten zeigte.

Euklid schien von dieser Frage etwas überrascht, schwieg eine Weile und antwortete:

«Eure Majestät! Sicher hatte Aristoteles recht in dieser Meinung, und Platon betont ja die Wichtigkeit der Mathematik gerade auch für den Feldherrn. Aber, Eure Majestät, einen Königsweg zur Mathematik gibt es leider nicht.»

Ptolemaios schmunzelte, und auch bei den Gästen war ein verhaltenes Lachen zu vernehmen.

Die anderen Künstler und Gelehrten traten vor das Herrscherpaar. Asklepiades trug einige Gedichte vor, Hekataios berichtete über die Geschichte Ägyptens, und Timocharis erklärte den Lauf der Gestirne. (Natürlich erwähnte er Aristarch dabei nicht, ebenso wenig wie die Skaphe, bei deren Vorstellung er einige Wochen zuvor lediglich gemeint hatte, man müsse erst einmal sehen, ob sie überhaupt funktioniere.) Der Empfang dauerte bis spät in die Nacht. Am Schluss erklärte Ptolemaios, ganz Ägypten solle in den folgenden fünf Tagen feiern und den Göttern huldigen.

Und Aristarch feierte. Zusammen mit Demeas, Nikeratos und Ktesibios besuchte er so viele Veranstaltungen wie möglich. Sie lachten mit den Komödianten Menanders, weinten um die Toten des Euripides, setzten auf die Reiter und Wagenlenker im Hippodrom und die Athleten im Stadion, tranken Wein aus Kos und Lesbos und erholten sich in warmen Bädern. Ganz Alexandria war ein einziges Vergnügungsviertel.

❀

Wochen später war die Stadt wieder ruhig geworden, hatte sich erholt von dem Spektakel. Erstmals nach dem Winter wehte wieder laue Luft durch die Gassen und verdrängte die feuchten Schwaden. Aufs Neue verlagerte sich das alltägliche Leben mehr und mehr nach draußen.

Allein Aristarchs Unruhe wuchs, denn der Tag, an dem Straton Alexandria verlassen würde, war gekommen. Schon in den Tagen zuvor waren Vorbereitungen getroffen worden. Am Hof hatte man ihn mit vielen Ehren verabschiedet; Ptolemaios hatte ihm achtzig Talente für den Ausbau des Peripathos überreicht. Seine Sachen wurden nach und nach verpackt und aus dem Haus geschafft, aber erst jetzt, am letzten Tag, fühlte Aristarch den schmerzlichen Verlust.

Obwohl die Freunde Straton gedrängt hatten, mit Rücksicht auf seine Gesundheit eine Kutsche zum Hafen zu nehmen, bestand er darauf, zu Fuß zu gehen. Eine Traube von etwa zwanzig Männern schob sich über die Plateia, jeder wollte noch einmal mit dem Gelehrten sprechen, der in Athen den Peripathos übernehmen würde. Sie bahnten sich ihren Weg durch die immer dichter werdende Menge und gelangten schließlich zum Schiffsanlegeplatz.

Hier wurden sie nun schweigsamer. Einer nach dem anderen verabschiedete sich von Straton, der ihnen Lehrer, Kollege oder Freund gewesen war. Als Letzter trat Aristarch zu ihm. Er reichte ihm die Hand und dankte ihm. Ohne seine Fürsprache wäre er nie nach Alexandria gekommen.

«Ich habe dir lediglich die Starthilfe verschafft, ob du hier erfolgreich sein wirst, hängt ganz allein von dir selbst ab», sagte Straton bescheiden. «Ich bin aber überzeugt davon, dass du deinen Weg gehen wirst, mein Junge», fügte er lächelnd hinzu. «Übrigens habe ich den König gebeten, dass er dir mein Haus und die Diener überlässt. Leider hat er abgelehnt, mit der Begründung, du seist noch zu jung und müsstest zuerst deine eigenen Schüler haben, bevor es so weit sei. Also, streng dich an!»

Verlegen blickte Aristarch zu Boden. In diesem Moment kam ein Junge vom Schiff gelaufen und mahnte Straton, an Bord zu gehen. Ein letztes Mal verabschiedete er sich von allen Freunden und ging bedächtig über den Holzsteg an Bord. Wenig später stießen Hafenarbeiter das Schiff mit langen Stangen vom Kai ab, die Ruder klatschten ins Wasser, langsam glitt die Triere davon und nahm Kurs, am Pharos vorbei, hinaus aufs offene Meer.

Schweigend löste sich die Gruppe auf. Aristarch wollte nicht sogleich ins Museion zurück, sondern noch ein wenig in der Stadt umherschlendern. Demeas und Nikeratos schlossen sich ihm an und schlugen vor, die Richtung zum Markt einzuschlagen. Demeas wollte zum Barbier, außerdem würde es dort reichlich Abwechslung geben.

Der große Markt war nah am Hafen, wo das Heptastadion, der große Damm, zur Pharos-Insel hinüberführte. Es gab weitere, kleinere Märkte in den einzelnen Stadtteilen, doch nur hier konnte man wirklich alles kaufen. An dieser Stelle befand sich zudem der Sklavenmarkt, den man gern besuchte, auch wenn man gar nicht die Absicht hatte, einen Sklaven zu kaufen. Hier traf man Freunde, plauderte über Geschäfte oder ließ sich vom Barbier die neuesten Gerüchte ins Ohr flüstern.

Als die drei Freunde dort ankamen, war es fast Mittag. Der größte Ansturm war vorüber, einige Händler packten ihre Sachen bereits zusammen. Während Demeas zum Barbier ging, bummelten Aristarch und Nikeratos ziellos weiter.

An einem Gewürzstand hielten sie an, weil Aristarch Sesam kaufen wollte. Umständlich kramte er sein Geld hervor, als sein Blick plötzlich von einem jungen Mädchen gefesselt wurde. Es stand, mit dem Gesicht ihm zugewandt, an einem gegenüberliegenden Karren und deutete auf verschiedene Blumensträuße. Eine ältere Frau, offenbar ihre Begleiterin, sollte diese kaufen, doch schien sie sich mit der Marktfrau nicht auf den Preis einigen zu können. Während die beiden Weiber heftig feilschten, schaute sich das Mädchen, an dem Handel völlig uninteressiert, auf dem Markt um.

Es waren vor allem ihre Augen, von denen sich Aristarch nicht mehr losreißen konnte. Sie waren außergewöhnlich hell, strahlten in klarem Blau, als würde sich der Himmel in ihnen spiegeln. Aber traurig sahen sie aus. Vielleicht hatte Aristarch auch nur deswegen diesen Eindruck, weil das Mädchen den Kopf leicht zur Seite geneigt hatte, wie ein junges Hündchen.

Er wusste nicht, wie lange er die Schöne so angestarrt hatte. Jedenfalls zupfte die Marktfrau ihn schon ungeduldig am Ärmel, um das Wechselgeld loszuwerden, und Nikeratos musste ihn wohl auch bereits etliche Male angesprochen haben.

«Nun, mein Freund, kommst du endlich wieder zu dir?» drang es schließlich an sein Ohr. Verwirrt blickte er Nikeratos an und fragte: «Wer ist sie, kennst du das Mädchen?»

«Jeder kennt sie hier, sie heißt Simaitha. Sie ist hübsch, nicht? Gefällt sie dir? Na, was ist, sie gefällt dir, nicht?»

Aristarch wurde rot und brachte kein Wort heraus. Er hatte nur Angst, das Mädchen könne die Szene bemerken. Er wäre vor Scham im Boden versunken.

«Vergiss sie. Sie ist die Tochter eines reichen Händlers mit Namen Philippos von Naxos. Er macht alles zu Geld, was du dir nur vorstellen kannst. Er exportiert Papyrus, mareotischen Wein und führt Leinen, Öl, Honig, Weizen, Silphion, Schweine, Pferde und was weiß ich nicht noch alles ein. Allein von seinen Steuern könnte sich der König einen neuen Palast bauen. Bevor dieser Pfeffersack einem Habenichts wie dir seine Tochter gibt, vermacht er sie lieber einem Krokodil im Nil. Die Alte ist ihre Bedienstete, die sie seit dem Tod ihrer Mutter erzieht. Und die auf sie aufpasst! Also vergiss sie. Komm, wir holen Demeas vom Barbier ab.»

Simaithas Kammerfrau war mit der Händlerin einig geworden, und so zogen auch die beiden Frauen weiter. Aristarch sah nur noch, wie das Mädchen einen Arm gehoben hatte, um sich eine rote Blume in ihr schwarzes lockiges Haar zu stecken, dann verschwand sie hinter den bunten, flatternden Stofffahnen eines Tuchhändlers.

«Demeas, nun stell dir mal vor, was passiert ist», platzte Nikeratos heraus, «Königs Liebling» (so nannten sie Aristarch manchmal witzelnd seit dem Empfang bei Ptolemaios) «hat sich verliebt!»

Aristarch knuffte ihn kräftig mit dem Ellenbogen in die Seite und fuhr sofort dazwischen: «Nikeratos, bitte, was für einen Unsinn du wieder redest! Und nenn mich nicht immer Königs Liebling. Ich habe dir schon hundertmal gesagt, dass Euklid eingeladen war und ich ihn lediglich begleitet habe.»

«Ist ja schon gut», versuchte Demeas zu beschwichtigen, «war nicht bös gemeint. Lasst uns noch ein wenig über den Markt bummeln.»

Die folgenden Tage verbrachte Aristarch fast ausschließlich mit astronomischen Beobachtungen. Am Tage zeichnete er den Schattenlauf des Stabes in seiner Skaphe auf, machte Notizen über die Tageslänge, den Stand der Sonne über dem Horizont und verglich die Messungen sorgfältig mit dem Gradnetz, das er für die Sonnenuhr berechnet hatte. Nachts durfte er hin und wieder Timocharis bei Vermessungen des Sternhimmels assistieren. Gemeinsam verfolgten sie den Lauf des Mondes und der Planeten.

Nach diesen Nächten wachte er erst gegen Mittag auf. Dann lag sein karg eingerichtetes Zimmer in einem fahlen Schimmer, und die Luft war so stickig, dass er die Fensterläden öffnen musste. Gleißende Helle, ein Schwall aufgeheizter Luft und die Stimmen der Gelehrten aus dem Innenhof des Museions strömten herein. Anstatt sich frisch zu machen und zum Essen zu gehen, legte er sich jedoch noch einmal aufs Bett, und nun kreisten seine Gedanken nur noch um eines: das Bild des Mädchens mit den traurigen blauen Augen.

Er musste sie wiedersehen, ganz gleich, ob ihr Vater ein Krokodil ihm vorziehen würde. Er wollte sie nur sehen. Natürlich hätte er Demeas oder Nikeratos nach ihrer Adresse fragen können, fürchtete aber deren Neugier. Also musste er es auf gut Glück erneut auf dem Markt versuchen.

So oft wie möglich ging er dorthin, schlenderte ziellos umher. Er fand sie nicht. Schließlich änderte er seine Taktik und platzierte sich in der Nähe des Blumenstandes, an dem er sie entdeckt hatte. An einem dieser Tage, als er gerade seinen Platz enttäuscht wieder verlassen wollte, ging sie plötzlich direkt an ihm vorbei. Tatsächlich blieb sie mit ihrer Bediensteten am gewohnten Stand stehen und wählte einige Blumen aus. Wie schön sie war. Wie beim ersten Mal steckte sie sich eine Blüte ins Haar und verschwand in der Menge.

Von diesem Tag an kam Aristarch nur noch mittags auf den Markt, und bald fand er heraus, dass sie regelmäßig an jedem dritten Tag zur festen Stunde hierherkam.

Wochenlang trieb er dieses Spiel. Manchmal meinte er, die Marktfrauen müssten seine Beobachtungsaktion bemerken, aber tatsächlich kümmerten sie sich überhaupt nicht um ihn. Oder Simaitha, müsste sie ihn nicht längst entdeckt haben? Manchmal wünschte er es sich sogar.

Hin und wieder schienen sich ihre Blicke für einen kurzen Moment zu begegnen, doch dann wanderte der ihre weiter über das bunte Treiben, das sie, ebenso wie ihn, gar nicht zu registrieren schien. Wenn ihn seine Arbeit oder Lehrstunden einmal von seinem Marktgang abhielten, war er den ganzen Tag über betrübt und fieberte dem folgenden mit umso größerer Ungeduld entgegen. Sie gehörte mittlerweile zu seinem Leben, ohne dass sie etwas davon ahnte.

Eines Abends lag er auf seinem Bett, der Vollmond war über das Dach des Museions gestiegen und erhellte das Zimmer mit kühlem Licht. Seine Gedanken waren wieder bei ihr. Sein Verlangen wurde immer größer. Er musste sie sprechen, doch wie dies anfangen?

Er könnte ihr einen Zettel zukommen lassen, einen kleinen Brief, in dem er ihr seine Liebe gestehen und ihr ein Treffen vorschlagen würde. Per Bote direkt ins Haus konnte er ihn nicht schicken, zu groß war die Gefahr, dass die Alte oder gar ihr Vater ihn in die Hände bekäme. Er müsste ihn ihr schon selbst zustecken. Auf dem Markt müsste es irgendwie möglich sein, wenn die Alte wieder mit dem Marktweib streiten würde.

Am folgenden Abend war er mit Kallimachos beim Literatentreff. Wie üblich ging es künstlerisch derb zu, Glauke reizte die jungen Männer wieder mit allen ihr zur Verfügung stehenden Waffen, auch sehr gefühlvolle Liebesgedichte wurden vorgetragen. Eines erinnerte Aristarch sofort an Simaitha, so dass er beschloss, es in seinen Brief mit aufzunehmen. Noch in der Nacht notierte er sich den Vers und schrieb ihn auf ein Papyrusröllchen.

Liebe Simaitha!

An dem Tag, als ein lieber Freund Abschied von mir nahm, kamst Du zu mir und erobertest, ohne Dein Wissen, mein Herz. Seitdem suche ich Dich in der Stadt, Du gehst mir nicht mehr aus dem Sinn, Dein Bild brennt in meiner Brust wie die ewige Flamme im Tempel des Zeus und verzehrt mich.

Zu Dir käm ich geeilt
und deckte mit Küssen Deine Hände,
wenn Du den Mund mir weigertest.

Bald leuchtende Lilien brächt' ich Dir,
bald den zarten Mohn
mit blutigroten Blüten für Dein Haar.
Doch es blüht im Sommer ja der Mohn
und die Lilie im Winter.
Schwerlich könnt' ich beid' zur selben Zeit
Dir heut' verehren.

Liebe Freundin, wir müssen uns sehen, drum bitt ich Dich, komm heute Abend kurz nach Sonnenuntergang zum großen Serapis-Tempel an der Plateia. Ich werde dort auf Dich warten.

Dein Aristarchos.

Kaum hatte er das Blatt klein zusammengerollt und verschnürt, als ihm schon Zweifel kamen. Hatte er nicht vielleicht etwas übertrieben? ‹Ihr brennendes Bild in seiner Brust!› Musste sie ihn nicht für verrückt halten? Wenn sie nun Angst bekäme! Aber die jungen Mädchen mochten so etwas, sagten jedenfalls seine Freunde, die Dichter, und die mussten es schließlich wissen. Sei es, wie es sei, dachte er, der Brief ist geschrieben, und nun muss ich es wagen.

Am nächsten Tag war es so weit. Er nahm seinen Platz auf dem Markt ein, und wie erhofft erschien sie, aber: allein. Sosehr Aristarch sich auch umsah, die Alte war nicht zu sehen. Sein Plan war dahin, denn ohne die Aufpasserin gab es keinen Grund mehr, ihr nur den Brief zu übergeben und schnell zu verschwinden. Aber sie einfach ansprechen und alles erklären? Unmöglich, darauf war er nicht vorbereitet. Sollte er vielleicht doch besser bis zum nächsten Treffen in drei Tagen warten? Nein, nein! Kein weiterer Aufschub. Was also tun? Es gab nur eines: Er musste sein Vorhaben wie geplant ausführen, auch wenn es noch so dumm aussah. Außerdem war Eile geboten, denn Simaitha war bereits dabei, die ausgewählten Blumen zu bezahlen.

Das Herz schlug ihm bis zum Hals, als er langsam auf sie zuging. Er wusste, in welche Richtung sie weitergehen würde, und kam ihr von dort entgegen. In dem Moment, als sie sich umdrehte, stand er ihr direkt gegenüber. Wie erstarrt blickte er ihr in die Augen. Sie sah ihn erstaunt an, wollte dann an ihm vorbei, doch mit einem schnellen Schritt versperrte er ihr erneut den Weg.

Er brachte nur ein fragendes «Simaitha?» hervor und krampfte die feuchte Hand fester um das Papyrusröllchen.

«Wer bist du? Lass mich vorbei!» Er hörte ihre Stimme das erste Mal. Sie war sanft und doch bestimmt. Die Stimme eines jungen Mädchens, das sich bislang nur hin und wieder gegen seine Erzieherin durchzusetzen brauchte.

«Entschuldige bitte», krächzte Aristarch. «Du brauchst keine Angst zu haben, ich will dir nur diesen Brief übergeben. Aber bitte lies ihn allein. Und bitte: komm!» Damit legte er die Rolle in ihre Hand und verschwand augenblicklich im Gewühl.

❂

Die Sonne war noch nicht untergegangen, als er am Serapis-Tempel ankam. Das Heiligtum thronte auf einem seichten Hügel, der sich über der Stadt erhob wie ein Delphinrücken über der Meeresoberfläche. Während unten die Straßen schon im Schatten der Häuser lagen, stand das mit zahlreichen Reliefs verzierte Tympanon des Tempels noch im warmen Licht der Abendsonne.

Im Innern des von unzähligen Fackeln erleuchteten Tempels saß die riesige Serapis-Statue auf einem massigen, aber schlichten Thron. Serapis, dieser eigentümliche ägyptische Mischgott aus dem heiligen Stier Apis und dem Totengott von Memphis, Osiris. Er kam nach Alexandria, als die olympischen Götter im Sterben lagen. Genauer, Ptolemaios ließ die Serapis-Statue aus Sinope, vom Schwarzen Meer, holen und in seiner Stadt aufbauen. Serapis sollte den König und die Götter einen und den aus allen Teilen Hellas kommenden Alexandrinern in ihrer neuen Heimat Halt geben.

Vor dem Eingang boten Händler kleine Götterfiguren aus gegossenem und gebranntem Terrakotta an. Einige waren bunt bemalt, andere in dem natürlichen Rotbraun belassen. Aufgestellt in einem kleinen Haustempel, sollten sie Unheil von der Familie abwenden.

Wie in der Götterstatue selbst, so waren auch in dem Tempelbau die hellenistische und ägyptische Architektur miteinander verschmolzen. Das Gebäude war im hellenistischen Stil errichtet, doch hatte es der Architekt mit ägyptischen Elementen durchsetzt. So ragten auf dem Vorplatz zwei mit geheimnisvollen Hieroglyphen beschriftete Obelisken in den Himmel. Zwei Sphingen aus rotem Granit flankierten den Weg in den Tempel, in dem eine aus schwarzem Granit gehauene, wuchtige Statue des heiligen Stiers Apis stand.

Jetzt fiel Aristarchs Blick auf eine Statue der Aphrodite, die direkt am Aufgang der Treppe auf einem marmornen Podest stand. So lebensecht, wie sie nur ein perfekter Bildhauer zu erschaffen vermag, blickte sie, wie es ihm schien, mitleidig auf ihn herab. Der Eindruck ihrer Lebendigkeit verstärkte sich noch durch das flackernde Licht aus dem Innern des Tempels. Er schaute diese Göttin der Liebe und der Schönheit eine Weile gedankenverloren an, als plötzlich aus ihrem Schatten Simaitha auftauchte, *seine* Simaitha.

Sie lächelte ihn an, mit ihren selbst in diesem Zwielicht noch wasserblauen Augen. Sie sagte nichts. Aristarch blieb ebenfalls stumm. Der ersehnte Augenblick war gekommen, aber was sollte er ihr sagen? Die Vorstellung, dass sie diesen Brief gelesen hatte, diese schwülstige Litanei ... Was musste sie von ihm für einen Eindruck haben. Hätte er doch bloß etwas weniger übertrieben. Er hatte zu viel vorgelegt, jetzt stand er unter Zugzwang. Es schnürte ihm den Hals zu, aber dann presste er hervor:

«Schön, dass du gekommen bist. Ich hatte es gar nicht zu hoffen gewagt. Dieser Brief, weißt du, eigentlich wollte ich gar nicht ...»

«Ich war neugierig auf den Menschen, der einen solchen Brief schreibt», erlöste sie ihn plötzlich.

«Oh wirklich. Na ja, weißt du, dieses Gedicht, sieh mal, du musst nicht denken, ich sei ein Dichter. Es ist eigentlich gar nicht von mir. Ich meine, jedenfalls nicht ganz. Ich habe es etwas abgeändert. Aber nur wenig. Nur so weit, dass es zu dir passt. Es ist ein Lie..., äh ein Gedicht von Polyphem an Galatea, die Meeresnymphe, aber du bist ja keine, äh, also ich meine ...»

«Ich finde es sehr schön», unterbrach sie ihren völlig verstörten Verehrer. «Noch nie hat jemand ein Gedicht für mich geschrieben.» Sie lächelte ihn an. «Aber, wollen wir hier stehen bleiben?»

«Nein, nein, wir könnten vielleicht etwas spazieren gehen.»

Gemeinsam schlenderten sie die Plateia entlang. Aristarch war etwas überrascht von Simaithas selbstbewusstem, fast schon überlegenem Auftreten. Er wurde mutiger, und bald unterhielten sie sich fast wie gute Freunde.

«Normalerweise hätte ich nicht ohne meine Zofe Eunoa kommen dürfen, aber sie ist seit gestern krank. Nur deshalb hat mich mein Vater allein gehen lassen. Ich habe ihm gesagt, dass ich in den Tempel gehe, was ja auch stimmt.» Sie lachten beide. «Aber deswegen habe ich auch nicht viel Zeit. Du scheinst schon viel über mich zu wissen, aber wer bist du?»

«Ich bin vor fast einem Jahr aus Samos gekommen», begann er und erzählte weiter von seiner Familie, seinem Studium im Museion und der ersten Begegnung mit ihr auf dem Markt.

«Da hast du schon einiges erlebt. Ich bin hier in Alexandria geboren, lebe mit meinem Vater, Eunoa und einer Schar von Bediensteten in einer großen Villa vor der Stadt am Mareotis-See. Mein Vater hält mich von der Welt fern, sagt, die Stadt sei zu gefährlich für mich. Du hast ja selbst gesehen, dass mich Eunoa nie aus den Augen lässt.»

«Bis auf heute Abend», sagte Aristarch und sah ihre Augen für einen kurzen Moment im Schein einer Fackel aufleuchten. Wie eine Theaterbühne kam ihm die Stadt vor, auf der sie beide als Hauptdarsteller zwischen unbedeutenden Komparsen wandelten. Er war überglücklich. Und wie einfach alles gegangen war. Er konnte es noch gar nicht glauben.

Er wusste nicht, wie lange sie so gelaufen waren, als sie plötzlich einen Wagen anhielt und sagte, dass sie zurück nach Hause müsse. Aristarch war nicht einmal unglücklich darüber, denn er hatte sein Ziel erreicht und musste den Erfolg erst einmal verarbeiten. Aber wiedersehen mussten sie sich, sonst wäre alles umsonst gewesen. Die Erlösung kam von Simaitha.

«Kommst du morgen Mittag zum Markt? Ich denke, Eunoa wird bis dahin noch nicht wieder gesund sein. Bis morgen also.»

Aristarch nickte nur und stand noch wie angewurzelt, als sich die Kutsche schon lange im Dunkel der Gassen verloren hatte.

✸

Obwohl er nur wenig geschlafen hatte, bereitete ihm das Aufstehen am nächsten Morgen keinerlei Schwierigkeiten. Die Unterrichtsstunden schienen sich endlos zu dehnen, bis er endlich entlassen war und zum Markt eilen konnte. Es war ein herrlicher Tag. Der Frühling hatte den Winter endgültig in dessen Höhle zurückgetrieben. In den Straßen toste eine unablässig geschäftige Menschenmenge. Lastschiffe drängten in den Hafen, Karawanen trafen aus dem Orient ein. Alexandria war wieder rastlos geworden.

Wie verabredet, sah er Simaitha am Blumenstand. Schnell eilte er zu ihr, und als er dicht vor ihr stand, ihr Lächeln sah, hätte er sie am liebsten in die Arme genommen und geküsst. Aber er traute sich nicht, nicht jetzt und nicht hier. «Möchtest du einen Apfel?» fragte sie ihn unbekümmert und streckte ihm die rote Frucht entgegen.

Langsam schlenderten sie über den Markt, sahen dem Schuhmacher, dem Besenbinder, dem Seiler bei der Arbeit zu und plauderten miteinander. So viel hatten sie einander zu erzählen; Aristarch verwünschte schon den Tag, an dem Eunoa wieder gesund sein und seine Geliebte behüten würde wie Argos einst die süße Io.

«Ich werde sie dazu überreden können, mich hin und wieder allein gehen zu lassen», versprach sie ihm. Tatsächlich erreichte sie es, dass sie sich fast jeden Tag zumindest kurz sehen konnten. Wenn sie sich hin und wieder am Abend trafen, musste ihr Aristarch von den Sternen erzählen. Oft gingen sie dann auf den Schutzwall des Königsviertels, von dem aus sie über das Meer schauen konnten. Hier hatte Aristarch auch am ersten Abend nach seiner Ankunft in Alexandria gesessen. Jetzt waren die Steine noch erhitzt vom Tage, es verschaffte ihnen Wohlbehagen, nebeneinander zu sitzen, so dicht, dass sich ihre Arme zuweilen berührten. Mit der untergehenden Sonne schwand die Hast des Tages, der Lichtfinger des Pharos strich mit unwiderstehlichem Gleichmut vor dem Horizont entlang, in der Ferne schwamm die schlanke Sichel des neuen Mondes im Himmelsmeer.

«Du hast mir nun schon einige Male erklärt, wie ihr euch die Sterne, die Planeten und den Mond vorstellt und mit euren mathematischen Berechnungen ihren Lauf am Himmel bestimmt. Woher wisst ihr das alles? Woher wisst ihr, dass der Mond ein großer runder Stein ist, ähnlich wie die Erde, und die Sonne ein gewaltiges Feuer?» fragte ihn Simaitha.

«Letztendliche Gewissheit darüber, was der Mond oder die Sonne ist, haben wir nicht. Aber bringt uns die Sonne nicht die Wärme, ebenso wie das Feuer? Im Moment verschwindet sie hinter dem Horizont, sie wird unter der Erdkugel auf ihrer Bahn entlangziehen, und dann sind wir im Schatten. Es wird dunkel und kühler. Genauso ist es, wenn du im Hause ein Feuer brennen hast und in ein anderes Zimmer gehst. Sicher könnte auch der Mond eine Feuerkugel sein, aber wieso ändert er dann so regelmäßig seine Form? Sieh ihn nur jetzt einmal genau an. Wie sieht er aus?»

«Nun, wie die Sichel eines Bauern, würde ich sagen.»

«Stimmt das wirklich? Sieh nur einmal genauer hin.»

«Nein», sagte sie nach einer Weile, «man sieht noch einen grauen Schimmer, der die Sichel zur vollen Scheibe ergänzt.»

«Richtig. Der Mond ist also noch ganz da. Er ist immer ganz da, nur sehen wir seine Oberfläche unterschiedlich weit beleuchtet. Sonne und Mond kreisen um die Erde, und da sie unterschiedlich schnell sind, ändert sich ständig ihre gegenseitige Stellung zur Erde. Von uns aus gesehen stehen heute Mond und Sonne am Himmel dicht beieinander, etwa so wie meine beiden Fäuste.»

Dabei hatte er die Arme vor sich ausgestreckt, den einen etwas weiter weg als den anderen.

«Wir, also meine Augen, sehen nur einen kleinen Teil des Mondes beleuchtet, und da er eine Kugel ist, sieht er aus wie eine Sichel. Bei Vollmond», jetzt wendete er sich ihr zu und reckte seine Arme rechts und links vom Körper weg, als wolle er sie umarmen, «stehen sich Sonne und Mond genau gegenüber, und die Erde befindet sich zwischen ihnen. Nun sehen wir den voll beleuchteten Mond genau dann am Osthorizont aufgehen, wenn die Sonne auf der entgegengesetzten Seite vom Himmel untergeht.»

«Nimm doch die Arme wieder runter, oder sollen die Leute etwa glauben, du wolltest dich auf mich stürzen wie ein Adler?» lachte sie und drückte ihm sanft auf die Fäuste.

Aristarch errötete und fuhr irritiert fort: «So ist es eben einfacher zu erklären, als wenn auch der Mond ein Feuer wäre. Außerdem wärmt er uns nachts nicht.»

«Und mit eurer Mathematik, von der ich nichts verstehe, könnt ihr ausrechnen, wie sich die Gestirne bewegen?»

«Wir messen ihre Bewegungen am Himmel und versuchen dann, sie zu berechnen. Aber das ist sehr schwierig. Die Astronomen und Mathematiker haben herausgefunden, dass sich die Planeten nicht einfach auf einer einzigen Kreisbahn um die Erde bewegen. Sie laufen auf kleinen Kreisen, die sich wiederum auf der großen Umlaufbahn bewegen. Und vielleicht laufen auf den kleinen Kreisen noch kleinere Kreise. Es ist so kompliziert, dass ich dir das jetzt nicht genau erklären kann.»

«Aber könnt ihr denn ausrechnen, wie weit Sonne und Mond von uns entfernt sind?»

«Nein, das können wir nicht, wir wissen deswegen auch nicht, wie groß sie sind.»

«Ach, Aristarch», seufzte Simaitha, «ich bin schon zufrieden, wenn ich ausrechnen kann, wie viel Wechselgeld ich von dem alten Marktweib zu bekommen habe, und mir genügt es zu wissen, dass auch morgen die Sonne wieder scheinen wird. Warum wollt ihr das alles ergründen, und warum glaubt ihr, dass die Götter die Gestirne auf solch wirbelige Bahnen geschickt haben, dass es ihnen ganz schwindelig davon werden muss? Ist es nicht Gotteslästerung, so etwas zu behaupten?»

Bevor Aristarch antworten konnte, fuhr sie schon fort: «Sieh doch nur, dort steigt gerade der Schwan am Horizont auf, das Sternbild des Zeus.» Jetzt nahmen ihre Augen wieder diesen Ausdruck von Traurigkeit an. Ihr Blick verlor sich zwischen den Sternen, leise fuhr sie fort: «Zeus hatte sich das blendend weiße Gefieder angelegt, um Nemesis, der Tochter der Nacht, bis an das Ende der Welt zu folgen. Sie glaubte, sie könne seiner Lust entfliehen, indem sie sich in eine Wildgans verwandelte. Doch dort, wo die eisigen Ströme des Hades ins Reich der Toten stürzen und brodelnd verdampfen in der dunklen Tiefe, fand er sie und legte sich zu ihr nieder.

Hoch in den Schatten der Nacht entschwand des Schwans Gefieder
Wie ein leuchtender Streif, und brausend sangen die Lüfte,
Wo die gebreiteten Schwingen wie mächtig brandende Wellen
Sich aus der Finsternis hoch zum Lichte des Himmels entrangen.»

Fast war es Aristarch, als könne er die Schwingen rauschen hören, doch waren es die Wellen des Meeres, die Simaithas Gedicht begleiteten.

«Sind diese Verse nicht ebenso wahr wie eure Berechnungen und Hypothesen?» fragte Simaitha leise.

Es war schon spät geworden. Schweigend brachte Aristarch seine junge Freundin zum Ausgang des Königsviertels, wo sie eine Kutsche nach Hause nahm. Mittlerweile kam ihm jede Trennung wie eine erneute Bestätigung seiner Unfähigkeit vor, ihr seine Liebe ehrlich zu gestehen, sie zu umarmen und zu küssen. Er war ängstlich. Hatte er Angst, sie könne ihn abweisen? Nein, das war es nicht, denn er war sich ganz sicher, dass auch sie ihn mochte. Er war einfach ängstlich, eine weitere Erklärung gab es nicht.

An diesem Abend war er jedoch nicht nur mit der Liebe zu Simaitha beschäftigt, sondern auch mit ihren Fragen, die sie naiv an seine Wissenschaft gestellt hatte. Auch die Philosophen lehrten, die

Götter oder die Natur würde alles so einfach wie möglich einrichten. Das konnte man von den in zahllosen Epizykeln verwickelten Planetenbahnen wahrlich nicht behaupten, ebenso wenig von den mathematischen Methoden, die zu ihrer Berechnung nötig waren. Die Geometrie wurde in der Astronomie ausschließlich zu diesem Zweck weiterentwickelt. Gab es keine Möglichkeit, dieselben Methoden zur Entfernungsbestimmung der Gestirne anzuwenden? Es wäre ein ungeheurer Schritt, das Weltengebäude auszumessen.

❂

Die Tage wurden immer heißer. In der Zwischenzeit hatte Straton einen Brief aus Athen geschrieben, in dem er Aristarch mitteilte, dass Theophrast offenbar gar nicht ihn, Straton, sondern einen seiner Schüler im Peripathos als seinen Nachfolger vorgeschlagen hatte. Allerdings hatte er nicht einen bestimmten von ihnen benannt. Daraufhin war es unter den Eleven zum Zwist gekommen. Als man sich in der vorgegebenen Zeit auf keinen von ihnen einigen konnte, hatte man einen «Auswärtigen» zum Nachfolger bestimmt. Möglicherweise war die Wahl auch deswegen auf Straton gefallen, weil sie von seiner schwächlichen Konstitution wussten und hofften, in ihm eine Übergangslösung gefunden zu haben. Bis es so weit war, glaubte man, eine Einigung erzielt zu haben, oder besser gesagt: Jeder hoffte für sich, dann von Straton als Nachfolger eingesetzt zu werden.

Hiervon unbeirrt, setzte Straton seine ganze Energie in den Fortbestand und die Weiterentwicklung des Peripathos. Er erweiterte die von Aristoteles gegründete Bibliothek und richtete die Lehre stärker auf seine physikalische Sichtweise aus. Die ersten Folgen zeigten sich bereits: Die Zahl seiner Schüler nahm langsam ab. «Das wundert mich jedoch keineswegs», schrieb er, «denn wer den Fluss des Wissens in meinem Boot überqueren will, der muss selbst rudern, wer sich behäbig treiben lassen will, der soll woanders hingehen!»

Schmunzelnd legte Aristarch den Brief beiseite. Er konnte sich den hageren Mann lebhaft vorstellen, wie er, umringt von verständnislos kopfschüttelnden Schülern, mit Bechern, Holz und Steinen hantierte, um ihnen seine Lehre von der Natur zu vermitteln. Bis an sein Lebensende würde er zäh an seinen Vorstellungen festhalten und sie verteidigen.

Meistens trafen sich Aristarch und Simaitha, fernab vom hektischen Treiben der Großstadt und den neugierigen und geschwätzigen Freunden, unterhalb der Nekropolis am Strand. Hier hatten sie dann eine Stunde oder zwei, erzählten und spaßten, erfreuten sich am Segeln und Stürzen der Möwen, deren weißes Gefieder im Widerschein des Meeres smaragden leuchtete, und versuchten, die Herkunft der Handelsschiffe zu erraten, die, den Bauch vollgestopft mit Waren aus allen Teilen Hellas, den Hafen am Pharos ansteuerten.

Schließlich wagte es Aristarch, ihre Hand zu nehmen. Simaitha entzog sie ihm nicht, während sie ihn lächelnd anschaute. Er sah nur noch ihre Augen, ihre wehenden Haare und ihren Mund. Für einen kurzen Moment schienen kleine Lichter auf ihrem Gesicht zu tanzen – dann küsste er sie. Und sie küsste ihn. Sie standen eng umschlungen, warm umspülte das Meer ihre Füße, lau hüllte sie der Wind ein. Wie lange sie so standen und sich hielten und sich wieder und wieder küssten und glücklich waren – kein Zeitmaß gibt es, das dies ermessen könnte.

Sie spazierten zwischen den Grabsteinen hindurch, amüsierten sich über den Edelmann, der seinen Hund hier begraben und auf einer kunstvoll gehauenen Stele verewigt hatte. Sie stiegen hinab in die kühlen Labyrinthe der Familiengrüfte, wo sie zuweilen einen verstörten Bettler aufscheuchten, der sein karges Lager dort aufgeschlagen hatte. Einige Katakomben waren so tief ausgeschachtet worden, dass sie im unteren Stockwerk voll Wasser liefen und einen brackigen See bildeten.

An manchen Abenden suchten sie aber auch das bunte Leben. Dann drängelten sie sich durch die belebten Straßen, meistens die Plateia entlang, auf der sich allerhand Schausteller einfanden und für einen Obolos Kunststücke vorführten, Wanderphilosophen ihre Lehren in die Menge brüllten und Garköche Naschereien aus allen Teilen der Welt in ihren Wagen brutzelten.

Es war eine unbeschwerte Zeit für Aristarch, in der ihm selbst der schroffe Timocharis nichts ausmachte. Nach wie vor beobachtete er nachts die Gestirne und arbeitete am Tage mit seiner schönen Skaphe. Er stand gerade wieder auf dem Dach des Observatoriums, als plötzlich Demeas hinter ihm stand.

«Hallo, Aristarch, du untreuer Kumpan. Was treibst du bloß den lieben langen Tag, man sieht dich ja kaum noch», platzte er gleich los.

Aristarch freute sich, seinen Freund zu sehen, denn in der Tat hatte er ihn und Nikeratos in den letzten Wochen sehr vernachlässigt. Er redete sich mit viel Arbeit heraus und zeigte ihm die von Ktesibios angefertigte Skaphe.

«Ich bin auch gar nicht gekommen, um dich zurechtzuweisen», sagte Demeas. «Ich soll dir etwas von meinem Lehrer Hekataios ausrichten. Ich habe dir erzählt, dass er seine Lebensaufgabe darin sieht, die ägyptische Kultur zu erforschen. Er will belegen, dass unsere Kenntnisse, Wissenschaft und Handwerk auf die Ägypter zurückgehen. Natürlich kann man bereits viel aus den Reiseschriften Hesiods erfahren, aber zu viele Fragen sind noch offen, und was liegt näher, als unsere ursprüngliche Heimat selbst zu bereisen. Kurz, der König hat das Geld für eine Expedition ins Innere Ägyptens genehmigt. Wir werden also mit einigen Sklaven sowie ortskundigen Führern und Übersetzern auf mehreren Schiffen den Nil hinauffahren und an verschiedenen Stätten an Land gehen. Da Hekataios sich auch für die Astronomie der Ägypter interessiert, hat er vorgeschlagen, dich mitzunehmen. Nun, was sagst du dazu? Ist das nicht eine phantastische Idee!»

Aristarch war sprachlos. Damit hatte er nicht gerechnet. Könnte es ein größeres Erlebnis geben, als die alten Kultstätten der Pharaonen zu besuchen? Er könnte die Nachfahren des alten Volkes kennenlernen, von dem Aristoteles sagte, es habe die mathematischen Künste als Erstes entwickelt.

Aber eine solche Expedition würde Wochen und Monate dauern. Wochen und Monate, in denen er von Simaitha getrennt war. Dieser Gedanke ließ ihn vor der Reise zurückschrecken. Immer wieder Trennungen, dachte er, zuerst von seiner Familie, dann von Straton und nun von der Geliebten. Doch dann kamen ihm Zweifel: Wie kindisch, eine solche Möglichkeit bekommst du vielleicht nie wieder, und du willst sie dir wegen einer Frau entgehen lassen? Niemand würde das verstehen. Und außerdem wird sie auf dich warten, sicher. Hin- und hergerissen antwortete er Demeas:

«Ich fühle mich sehr geehrt von Hekataios' Angebot, Demeas, aber ich glaube, ich kann hier nicht weg. Sieh mal, ich muss regelmäßige Messungen mit der Sonnenuhr machen, und außerdem würde es Timocharis sicher nicht erlauben, dass ich für so lange Zeit fortginge.»

«Keine Sorge, mit dem hat Hekataios bereits gesprochen. Er hat nichts dagegen. Was deine Sonnenbeobachtungen anbelangt», fuhr er fort, «so vermag ich dir nicht zu raten. Timocharis meinte aber, du könntest die Reise sogar für eigene astronomische Beobachtungen nutzen.»

«Astronomische Beobachtungen kann ich doch hier, wo ich alle Instrumente zur Verfügung habe, am besten anstellen. Ich weiß nicht so recht, warum ich dafür die Strapazen einer langen Reise auf mich nehmen sollte», druckste Aristarch weiter herum.

«Also, ich verstehe dich wirklich nicht. Da bietet man dir die einmalige Gelegenheit zu einer Ägyptenreise an, und du zierst dich wie eine Jungfrau vor der Hochzeitsnacht.»

Demeas bearbeitete ihn noch weiter, aber Aristarch blieb unentschlossen. Zu sehr hing sein Herz an seiner Liebe. Doch wurde er den Freund erst los, als dieser ihm ein «ich werde es mir überlegen» abgerungen hatte.

Als Demeas wieder gegangen war, konnte Aristarch endlich in Ruhe nachdenken. Er wusste, was Timocharis mit astronomischen Beobachtungen in Ägypten gemeint hatte. Er selbst hatte ihm, allerdings rein hypothetisch, ein Verfahren vorgeschlagen, mit dem man die Größe der Erde messen könnte. Bei seinen Studien im Museion war er auf diese Methode gestoßen, bei der man den Sonnenstand mittags an zwei weit voneinander entfernten Orten messen musste. Mit seiner Skaphe hätte er dies vielleicht genauer ausführen können, als es bisher möglich war. Dazu müsste er die Sonnenuhr allerdings transportieren, an jedem Ort aufstellen und genau ausrichten können. Ob Ktesibios …?

Aristarch geriet ins Phantasieren. Schon sah er sich schwitzend in der Wüste mit dem schweren Messgerät hantieren. Aber nein. Er hatte schließlich hier seine Aufgaben zu erledigen. Und überhaupt sei er zu jung und müsse erst noch vieles lernen, bevor er sich auf eine so große Forschungsreise begeben könne, redete er sich ein.

❂

Seit dem Gespräch mit Demeas waren ein paar Tage vergangen. Aristarch lag dösend in seinem Zimmer, als es plötzlich an seiner Tür klopfte. Es war Dolios mit einem Brief für ihn.

«Ein Diener gab ihn mir, so ein Schwarzer, Nubier wahrscheinlich. Ich frag ihn noch, wer ihn denn geschickt habe, aber der Esel stammelt nur, ‹Für Aristarch von Samos›, dreht sich um und verschwindet wieder. Ich ruf ihm noch nach, was denn das für Sitten seien, dass da einer käme und meinte, er könne mir, Dolios, einfach so mir nichts dir nichts, einen Auftrag erteilen und so tun, als wär er der König persönlich.»

Wahrscheinlich hätte sich Dolios noch in eine unendliche Tirade hineingesteigert, wenn ihn Aristarch nicht lächelnd unterbrochen und um den Brief gebeten hätte. Es war eine kleine Papyrusrolle, die mit einem ihm unbekannten Siegel verschlossen war. Als er es erbrochen hatte, las er:

Liebster Aristarch!

Wie viele Monate ist es nun her, dass Du mich auf dem Markt ansprachst und mir diesen verrückten Brief in die Hand drücktest? Ich weiß es nicht mehr. Ich verliebte mich in Dich, und jeder Augenblick mit Dir war schöner und reicher als jedes Jahr zuvor. Wenn ich heute das Meer sehe, so bedeutet es für mich mehr als nur das Wasser, auf dem Schiffe kommen und gehen. Es ist das Buch, dem wir unsere heimliche Liebe anvertrauten und das unser Geheimnis behüten wird.

Durch mein Fenster sehe ich gerade die Sterne. Ich kenne ihre Namen nicht, aber sie sind schön, wie Juwelen auf samtenem Grund. Wenn Du hier wärst, könntest Du mir sicher erklären, warum sie sich um uns drehen und warum sie sind wie die Sonne, aber doch nicht so hell. Für mich sind es heute die Götter, die mir beistehen mögen, wenn ich Dir sagen muss, dass unsere schöne Zeit zu Ende ist. Ja, Liebster, wir werden uns nie wieder sehen. Bitte frage mich nicht, warum. Aber bitte glaube mir, dass auch ich mir nichts sehnlicher wünsche, als bei Dir zu bleiben.

Unsere gemeinsamen Stunden bleiben in meinem Herzen verschlossen. Ich werde Dich nie vergessen,

Deine Simaitha.

Mit zittrigen Fingern legte Aristarch den Brief auf den Tisch. Ihm wurde schwindlig. Kraftlos wankte er zu seiner Liege. Völlig benommen, unfähig, einen klaren Gedanken zu fassen, lag er dort und starrte auf das weiße Himmelsgeviert. Es war unfassbar. Erst vor zwei Tagen hatten sie sich zum letzten Mal gesehen. Nichts hatte er ihr angemerkt, alles schien wie immer und nun: Schluss! Ohne Begründung.

Er wusste nicht, wie lange er dort gelegen hatte, als er plötzlich den Entschluss fasste, sie aufzusuchen. Er hatte sie nie nach ihrer Adresse gefragt, sich auch nicht dafür interessiert. Aber ihr Vater war Philippos von Naxos, und sie wohnten in einer großen Villa am Mareotis-See. Nikeratos hatte gesagt, dass ihn jeder in der Stadt kennen würde, also würde er auch ihr Haus finden. Er musste sie sehen. Hastig verließ er das Museion, lief auf die Straße und hielt einen Eselskarren an.

«Kennst du den Kaufmann Philippos von Naxos; er wohnt am Mareotis-See?» fragte er den Kutscher aufgeregt.

«Natürlich, Herr, den kennt …»

«Bring mich sofort zu ihm, auf dem schnellsten Wege, verstehst du?»

«Kein Problem, aber es ist jetzt viel los auf den Straßen, und wir müssen durch die engen Gassen von Rakotis fahren, das braucht seine Zeit.»

«Fahr zu!» rief Aristarch ihm zu und sprang auf den Wagen.

Das Villenviertel lag im Süden der Stadt auf einem schmalen Landstrich zwischen der Stadtmauer und dem Mareotis-See. Da das Königsviertel den nördlichen Teil Alexandrias bildete, mussten sie sich quer durch die Stadt quälen, die jetzt, am frühen Nachmittag, zu neuem Leben erwacht war. Nachdem sie die Plateia überquert hatten, kamen sie in das ägyptische Viertel Rakotis, das kleine Dorf, in dem vor der Gründung Alexandrias nur einige arme Fischer und Bauern gelebt hatten.

Wie ein Geschwür schien es nun an der prächtigen Stadt zu hängen. Hier hausten die Ägypter, ohne jeden Status, ausgeschlossen von allen öffentlichen Ämtern, die allein den Hellenen und insbesondere den Makedonen vorbehalten waren. Der Eselskarren holperte durch bucklige Gassen gestampfter Erde, zwängte sich durch stinkende Kot- und Abfallhalden. Armselige Hütten aus grauen Ziegeln getrockneten Nilschlamms standen dicht an dicht, die meisten von ihnen waren offen. Nur bei wenigen bedeckten trockene, verstaubte Palmzweige die winzigen Zimmer. Horden nackter, braun-grauer Kinder tollten umher und stürzten laut kreischend auf den Karren zu. Die dünnen Ärmchen hochgerissen, schrien sie Aristarch an, bettelten um einen Obolos oder ein Stück Brot. Der Kutscher teilte nach links und rechts Peitschenhiebe aus, um die johlende Meute zu verscheuchen.

Aristarch war das erste Mal hier, man hatte ihn vor Dieben gewarnt. Jetzt wusste er, warum. Zwar war ihm bekannt, dass in Alexandria viele Menschen sehr ärmlich lebten. Aber so hatte er es sich nicht vorgestellt. Endlos lang erschien ihm die Fahrt durch dieses dreckige, düstere und verwinkelte Viertel. Schließlich aber erblickte er die Stadtmauer und das bewehrte südliche Tor. Kaum hatten sie die Festung hinter sich, als sich eine völlig andere Welt vor ihm öffnete. Nun ging es schneller voran.

Ein bis zwei Stadien entfernt verlief parallel zu der Mauer ein Kanal. Er kam aus östlicher Richtung von Kanopos und führte in nordwestlicher Richtung zum Kibotos-Hafen, einem künstlich angelegten Ankerplatz, der von dem Haupthafen durch den Pharos-Damm getrennt war. Zwischen diesem Kanal und dem Mareotis-See erstreckte sich ein nur wenige Stadien breiter Streifen fruchtbaren Landes. Weite, grüne Parks mit bunten Blumenbeeten und Obstplantagen dehnten sich fast bis ans Ufer des in der Sonne glitzernden Sees.

Auf sauber angelegten Wegen kam der Karren zügiger voran. Als Aristarch spürte, dass er seinem Ziel nicht mehr fern sein konnte, wuchs seine Nervosität, Magen und Hals krampften sich zusammen, die Hände wurden schweißnass.

«Da hinten ist es!» rief ihm der Kutscher zu, ohne sich umzudrehen. Vor ihnen stand, nein thronte auf einem weich geschwungenen Hügel eine weiß leuchtende Villa, umgeben von riesigen Grünanlagen. Sie waren wohl noch etwa ein Stadion weit entfernt, als Aristarch auffiel, dass viele vornehm gekleidete Menschen durch das Tor in den Garten drängten.

Als sie endlich angekommen waren, entlohnte Aristarch den Kutscher und ging auf das Tor zu, das zwei Bedienstete bewachten. Immer wieder drängelten sich Menschen an ihm vorbei. Wachen kontrollierten die Besucher am Eingang, die anschließend durch den Park schlenderten und sich zu anderen Besuchergruppen gesellten oder sich in einen der zahlreichen kleinen Pavillons setzten.

Als Aristarch ans Tor trat, hielten ihn die Wachen an, fragten nach seinem Namen und seiner Einladung. Als er zugeben musste, keine zu besitzen, schoben die Männer ihn zur Seite, um Platz für die nächsten Besucher zu machen. Scheu blickte Aristarch in den Park und bemerkte, dass Kränze und Laubgewinde aus Oliven und Lorbeerzweigen die Eingangstür des Hauses schmückten.

Plötzlich trat eine Frau in einem weißen Gewand heraus. Im Park wurde es totenstill, auch die Wächter drehten sich zu der Gestalt um, die im Türrahmen stehen blieb. Aristarch drängte sich näher an den

Zaun, krampfte seine Hände fest ums Gitter, presste seine Schläfen an die Stäbe. Seine Augen füllten sich mit Tränen, denn die Frau, in deren schwarzem Haar ein Diadem funkelte, war Simaitha. Seine Simaitha heiratete.

Das also war der Grund für Simaithas Abschiedsbrief gewesen. Der Vater hatte längst einen standesgemäßen Schwiegersohn für sie ausgesucht, und sie musste sich fügen. Fassungslos starrte er auf die Erscheinung. Er konnte es nicht glauben. Noch vor wenigen Tagen hatten sie beide Hand in Hand auf der Kaimauer gesessen und geträumt, von den Sternen und der Zukunft. Simaitha hatte ihm die schönsten Monate seines Lebens geschenkt, durch sie war ihm Alexandria zur Heimat geworden. Das alles sollte jetzt vorbei sein? Heiße und kalte Wellen durchliefen seinen Körper. Er spürte nicht nur unendliche Trauer, sondern auch Enttäuschung und Wut. Wie besessen wandte er sich von dem Bild ab und rannte den Weg zurück zur Stadt. Völlig außer sich erreichte er das Stadttor. Bald geriet er in das Ägyptenviertel, verirrte sich in den stickigen Gassen und irrte kopflos in dem Labyrinth umher.

Er wusste nicht, wie lange er so herumgelaufen war, als er endlich im Museion anlangte und sich in seinem Zimmer aufs Bett warf. Draußen dämmerte es bereits, die zunehmende Stille schien ihm die Kehle zuzudrücken. Das letzte Bild von Simaitha ging ihm nicht mehr aus dem Kopf. Er musste hier raus! Musste sich ablenken, konnte nicht allein sein.

Die Ägyptenreise kam ihm in den Sinn, und sofort machte er sich auf den Weg zu Demeas. Als er nach etwa einer halben Stunde das Haus der beiden Freunde erreichte, war es bereits dunkel. Der Diener meldete ihm, die beiden Herren seien nicht zu Hause. Demeas habe eventuell seinen Freund begleitet, der noch Unterricht bei seinem Lehrer Herophilos habe. Aristarch wunderte sich zwar ein wenig über eine Lehrstunde zu dieser Zeit, wollte es aber doch versuchen.

Der Arzt Herophilos besaß neben seinem Arbeitszimmer im Museion, wo Aristarch ihn damals kennengelernt hatte, noch weitere Räume für seine Untersuchungen. Sie befanden sich im Keller unterhalb des Museions. Zwar hatte Aristarch ihn dort nie besucht, er wusste aber von Nikeratos, wo sie sich befanden.

Also machte er sich wieder auf den Weg zurück zum Königsviertel. Dort angekommen, nahm er den nördlichen Eingang in den Innenhof des Museions, der um diese Zeit völlig leer war. Unweit davon führte eine Steintreppe in das Kellergewölbe hinab, aus dessen Eingang schwacher Fackelschein drang. Links und rechts erstreckte sich ein langer Gang offenbar auf der vollen Länge des nördlichen Gebäudeflügels. Von ihm führten Türen in eine ganze Reihe von kleineren Kellerräumen. Vor einer dieser Eingänge gewahrte Aristarch einen Mann, den er als Herophilos' Diener erkannte. Hier mussten sich dessen Arbeitsräume befinden.

«Ist Herophilos hier?» fragte Aristarch ihn.

«Ja, Herr.»

«Und auch sein Schüler, Nikeratos, und dessen Freund Demeas?»

«Ja, Herr.»

«Dann lass mich hinein, ich muss sie sprechen.»

«Entschuldigt bitte, Herr, aber Herophilos hat mir strengstens aufgetragen, niemanden einzulassen.»

«Was soll das? Du kennst mich doch, oder?»

«Ja, Herr, Ihr seid der Freund des jungen Herrn Nikeratos.»

«Richtig, und deswegen gilt dein Auftrag nicht für mich. Also, mach die Tür auf!»

«Herr, bitte, der Auftrag gilt für jeden.»

«Was soll diese Heimlichtuerei? Und was sind das für merkwürdige Geräusche, die aus dem Zimmer dringen?»

Aristarch hatte sie schon am Kellereingang vernommen, aber zunächst für eine Täuschung gehalten. Erst jetzt hörte er deutlich ein dumpfes Stöhnen, das hin und wieder von einem Klatschen unterbrochen wurde.

«Was geht hier vor? Lass mich sofort rein!»

Mit diesen Worten schubste er den überraschten Wächter zur Seite und öffnete mit einem Ruck die Tür. Im ersten Augenblick vermochte er die Szenerie nicht zu erfassen. Öllampen erhellten den kargen Raum, in dessen Mitte Nikeratos und Herophilos standen und ihn erschreckt anschauten. Der Arzt hielt in der rechten Hand ein Messer und war über und über mit Blut besudelt, ebenso wie Nikeratos, der neben ihm stand. Braunrote Lachen bedeckten den Boden, Spritzer klebten an den Wänden. In der linken Hand hielt Herophilos eine Öllampe, mit der er etwas beleuchtete, was auf einem steinernen Tisch lag. Der zuckende Leib eines nackten, blutverschmierten Menschen, der Aristarch mit weit aufgerissenen Augen anstarrte.

Aristarch schwindelte, ihm wurde schwarz vor Augen. Ohnmächtig fiel er zu Boden.

✿ ✿ ✿ ✿ ✿ ✿

Durch das Land der Götter
und der Toten

9 Tybi im Jahre 18 des Königs Ptolemaios I. Soter

Aristarch lag auf den harten Planken des Bootes, sein Blick ruhte im dunklen Blau des Himmels. Es war noch früh am Morgen, so dass er sich mit einer Decke vor der feucht-kühlen Luft schützen musste. Vier Schiffe bildeten ihre kleine Expeditionsflotte, die den Kanal südlich der Stadt entlangfuhr. Aristarch fuhr mit Demeas und Hekataios im ersten Boot, ihnen folgte ein Lastschiff, das Kleidung, Schreibgeräte, Papyrusrollen, Essensvorräte und vor allem die Skaphe trug. Daran schloss sich ein Kabinenboot an, in dem sie, falls es keine Unterkunft an Land gab, übernachten würden. Im letzten Schiff fuhren einige Sklaven sowie ein Dolmetscher mit Namen Mesui. Er war Ägypter, aber in Alexandria aufgewachsen. Außerdem war jedes Boot mit einem Soldaten besetzt, denn auf dem Nil benötigte man Schutz vor Krokodilen und anderen ungebetenen Gästen.

«Du denkst schon wieder darüber nach?» fragte ihn Demeas, der, ebenfalls in eine Decke gehüllt, neben ihm auf dem Bootsrand hockte. Aristarch schwieg.

«Es ist vielleicht grausam, ja. Aber ist es nicht genauso grausam, wenn auf den Schlachtfeldern die Krieger verstümmelt werden und man den Schwerverwundeten die Kehle durchschneidet, damit ihr Leiden ein Ende hat?»

«Fang bitte nicht schon wieder davon an. Du weißt, wie ich darüber denke», antwortete Aristarch nach einer kurzen Pause.

Demeas glaubte, sein Freund würde wieder über das Geschehen im Keller des Museions grübeln. In Wirklichkeit erinnerte ihn die Villa, an der sie soeben vorbeifuhren, an einen schönen Traum, aus dem er böse herausgerissen worden war. Simaitha hatte er seitdem nicht wiedergesehen. Er hatte es auch nicht versucht.

«Es gibt keine andere Möglichkeit, Aristarch», setzte Demeas erneut an. «Die meisten Untersuchungen der inneren Organe können Herophilos und Nikeratos an Leichen vornehmen. Lebende Menschen verwenden sie nur in seltenen Fällen, und dann erhalten diese eine schmerzstillende Arznei. Außerdem sind es Schwerverbrecher, die man sowieso hinrichten oder in die Bergwerke deportieren würde, wobei nicht sicher ist, welches Schicksal angenehmer ist. Sie werden mit persönlichem Dekret vom König an Herophilos überstellt, vergiss das bitte nicht. Der König selbst heißt es gut!»

«Aber es sind auch Menschen», konterte Aristarch. «Sie atmen, und ihr Herz schlägt noch, wenn Herophilos ihren Körper öffnet. Der Arzt soll doch das Leben schützen und erhalten, nicht töten.» Er schloss seine Augen, als könne er so das grausame Bild aus seinem Gedächtnis verdrängen. «Und ob sie alle Gewaltverbrecher sind oder ob Ptolemaios nicht gern hin und wieder einen unliebsamen Gegner auf diese Weise ans Messer liefert, weißt du auch nicht.»

«Das weiß ich nicht, nein. Aber ich weiß, dass diese Verdammten auf diese Weise wenigstens einmal in ihrem Leben der Menschheit einen guten Dienst erweisen. Einige von ihnen erlangen anschließend die Freiheit wieder. Das ist ihre einzige Chance.»

«Einige», warf Aristarch sarkastisch ein. «Falls sie das Experiment überleben.»

«Tierkörper ähneln dem Körper des Menschen nicht in allen Details. Wenn die Mediziner also alles über den inneren Aufbau und die Wirkungsweise des menschlichen Körpers wissen wollen, können sie nicht immer auf Tiere ausweichen. Und da die Organe in einem toten Körper nicht mehr arbeiten und mit dem Sterben ihre Farbe, Form und Beschaffenheit verändern, müssen sie dies an lebenden Körpern tun. Es ist doch alles für den Fortschritt der Medizin. Wie oft haben wir es schon erlebt, dass die Ärzte einen Kranken nicht behandeln konnten, weil sie keine Ahnung davon hatten, welches Organ sich an der schmerzenden Stelle befindet. Oder wenn jemand eine große klaffende Wunde hatte, so dass innere Teile freilagen oder gar aus dem Körper heraushingen. Wie soll ein Arzt entscheiden, welches Organ verletzt ist und welches nicht, wenn er dessen normales Aussehen gar nicht kennt?»

Um ihren gemeinsamen Freund Nikeratos in Schutz zu nehmen, hatte sich Demeas in Erregung hineingesteigert. Obwohl der König den Vivisektionen zustimmte, ja sie durch die Preisgabe der Opfer sogar förderte, wurde diese Praxis von allen Eingeweihten geheim gehalten. «Und dann Herophilos' Entdeckung des Pulsschlages», fuhr Demeas fort. «Er kann dessen Stärke oder Schnelligkeit messen und feststellen, ob er regelmäßig oder unregelmäßig schlägt. Das ermöglicht es ihm, Kranken eine Diagnose zu stellen und Medikamente zu verordnen. Verstehst du, er hat eine Methode gefunden, um aus einer äußerlichen, völlig schmerzlosen Messung den inneren Krankheitszustand abzulesen. Das Kreisen des Blutes in pulsierenden Adern ist unser innerer Lebenskreislauf. Müssen wir nicht versuchen, seinen Antrieb zu entdecken? Wie kann der allmächtige Beweger des Himmels und der Elemente im Innern des Körpers wirken? Wir haben eine faszinierende Chance, die Aristotelische Lehre des Weltenbaus auf den Menschen zu übertragen.»

«Nun, was gibt es? Am frühen Morgen schon Streit?» fragte Hekataios, der vom Bug des Schiffes zu ihnen herübergekommen war. «Vor uns liegen viele tausend Stadien auf dem Nil, vorbei an den grandiosesten Bauwerken der Erde. Kanopos, Heliopolis, Sais, Memphis, die Pyramiden, Theben, Syene und Elephantine; ihr werdet eine völlig fremde, überwältigende Kultur und das wohl gottergebenste Volk der Oikumene kennenlernen. Und was tut ihr? Ihr streitet! Was ist nur mit dieser Jugend? Aber ich werde euch in den nächsten Monaten schon erziehen», ergänzte er schmunzelnd.

Lautlos glitten die Schiffe durch den Kanal. Hekataios hatte keine Boote im hellenistischen Stil gewählt. Er hatte auf einer Baris bestanden, einer Art von Lastschiff, wie sie die Ägypter seit Jahrtausenden verwenden. Aus dem Holz eines Dornstrauches hobelten die Schiffsbauer lange Planken und legten sie beim Zusammenbau des Rumpfes wie Fischschuppen übereinander. Die Fugen dichteten sie mit Papyrus ab, auch das Segel fertigten sie aus dieser Pflanze. Fuhren sie mit diesen Booten stromabwärts, so ließen sie vor dem Bug eine mit Rohr überflochtene Platte aus Tamariskenholz ins Wasser. Drückte dann die Strömung von hinten dagegen, so schob sie das Schiff vorwärts.

Eigentlich hätte die Expedition bereits im Winter, also zwei bis drei Monate früher, aufbrechen sollen. So hätten sie das heiße Oberägypten zu Beginn des Frühjahrs erreicht, wenn die Temperaturen noch halbwegs erträglich waren. Aristarch wollte jedoch den Erdumfang messen, so wie er es in einer Schrift gelesen hatte. Hierfür musste er die Messung des Sonnenstandes in Syene unbedingt zur Sommersonnenwende vornehmen, zu einer Zeit also, in der es für einen normalen Hellenen dort unerträglich heiß war. Nur Demeas' Überredungskunst hatte Aristarch es zu verdanken, dass Hekataios schließlich in den späten Termin einwilligte.

Es war für Aristarch das erste Mal seit seiner Ankunft vor fast zwei Jahren, dass er Alexandria verließ. Fern vom städtischen Treiben und dem Lernen und Arbeiten im Museion überkam ihn ein Freiheitsgefühl, als würde er nach einem anstrengenden Tag seine Kleider ablegen und in ein warmes Bad steigen. Simaitha war nicht vergessen, aber bedeutete ein schmerzliches Ende nicht gleichzeitig Hoffnung auf Neues?

Er wickelte sich fester in die Decke und döste vor sich hin, während die Schiffe gemächlich nach Osten zogen und die Metropole immer weiter hinter sich ließen. Der Kanal führte ins Nildelta, bis in das etwas mehr als hundert Stadien entfernte Kanopos, eine alte ägyptische Stadt am Meer, die in den letzten Jahren bei den reichen Alexandrinern als Ausflugsort immer beliebter geworden war. Entlang dem Kanal reihte sich ein Gasthaus an das nächste, in dem man sang, spielte, tanzte und sich anderweitig verlustierte.

Gleichzeitig diente der Kanal der Bewässerung des Bodens, dem die Bauern in unermüdlicher und zäher Arbeit Früchte abrangen. Am Ufer wuchsen bis zu zehn Fuß hohe Bohnenstauden mit ungewöhnlich großen Blättern, die wegen ihrer Hohlform gern als Trinkbecher verwendet wurden. Außerdem spendeten dicht stehende Pflanzen dieser Art Schatten, in den sich verliebte Paare mit ihren Booten ungestört zurückzogen. Die dünnen Papyruspflanzen mit ihren wollenen Blüten sah man hier seltener. Sie wurden vor allem in den Sümpfen des Deltas gepflanzt.

✪

Die Sonne hatte ihren höchsten Punkt schon überschritten, als die Reisenden in Kanopos anlangten. Hier mündete der westlichste Arm des Nils ins Meer. Die Stadt war geprägt von Wasser und Schifffahrt. Das kultische Zentrum war der prächtige Osiris-Tempel. Hier zelebrierten die Priester alljährlich den Geburtstag des Königs. Aus ganz Ägypten pilgerten sie hierher und brachten Ptolemaios auf dem Vorplatz des Tempels Opfer dar.

Dies erfuhren die Reisenden von einem Priester. Während die Verwaltungsbeamten Hellenen waren, blieben die Priesterämter den Ägyptern vorbehalten, die sich ihre alte Kultur bewahrten. Das Volk gewöhnte sich nie an das Hellenische. Aus diesem Grunde mussten öffentliche Bekanntmachungen stets gleichzeitig in hellenischer, ägyptischer und der Volkssprache Demotisch verfasst werden. Bei Behörden und Gerichten waren fast immer Dolmetscher nötig. Die Ptolemäer versuchten zwar, ihren hellenischen Einfluss wie ein Spinnennetz über ganz Ägypten zu legen, aber je weiter man nach Süden kam, desto schwächer wurden die Fäden. Letztendlich gelang es den Herrschern nie, das ganze Land mit ihrem Geist zu durchdringen. So benannten sie beispielsweise alte Städte, wie Saut oder Edfu, in Lykopolis und Apollinopolis um. Für die Ägypter blieben sie stets Saut und Edfu.

Ein älterer Priester mit kahl geschorenem Kopf, bekleidet lediglich mit einem Leinengewand und Sandalen aus Papyrusbast, hatte die Besucher aus der Hauptstadt des Reiches in ein Zimmer hinter dem Osiris-Tempel geführt, um Hekataios einiges über das Leben und ihre Stellung im Land zu erzählen. Während die Perser die ägyptischen Priester unterdrückt und einen Großteil ihrer Tempelschätze geraubt hatten, hatte ihnen Ptolemaios Macht und Geld weitgehend zurückgegeben.

«Wir danken Ptolemaios Soter, dem Bruder und Wohltäter der Götter und Schützer der Tempel, für seine Großzügigkeit und Weitsichtigkeit», sagte Djed Hor, der Priester.

In der Tat war es Weitsicht gewesen, die den König zu dieser Generosität veranlasst hatte. Er wusste ganz genau, dass man ein gottesfürchtiges Volk nur gewinnen kann, wenn man seine Priester für sich einnimmt.

«Einmal im Jahr», fuhr Djed Hor fort, «in der Woche vor dem großen Osiris-Fest in Sais, versammeln sich Vertreter der gesamten Priesterschaft Ägyptens hier in Kanopos, um über die Verwaltung aller Tempel Beschluss zu fassen. An der Spitze eines Tempels steht der Hohepriester, der sein Amt nach dem Tode an seinen Sohn weitergibt. Ihm folgt der Prophet, der den Priestern ihre Einkünfte zuweist und selbst den fünften Teil davon behält. Unter ihm stehen die Stolisten, die für die Erziehung, die Opfer, Spenden und Feste zuständig sind. Schließlich gibt es noch die Schreiber und Horoskopen, die ihre Weisheit aus den Mysterienbüchern beziehen.»

Mesui, der Dolmetscher, hatte große Mühe, manche Worte, für die es im Hellenischen keine genaue Entsprechung gab, zu übersetzen. Hekataios musste immer wieder nachfragen, bevor er sich Notizen machte.

Als Djed Hor gegangen war, um seinen Tempeldienst zu versehen, zog sich Hekataios in ein Nebenzimmer zurück und vervollständigte seine Aufzeichnungen. Es war spät geworden. Die beiden Freunde schlenderten durch die Straßen und wärmten sich an den letzten Strahlen der untergehenden Sonne, die vom Meer her die Stadt beschien. Anders als Alexandria war Kanopos bereits alt und ehrwürdig, als die neuen Herrscher Ägypten unterwarfen. So war hier in den wenigen Jahrzehnten eine Mischarchitektur gewachsen. Weiß getünchte Tempel, Verwaltungsbauten und Wohnhäuser im hellenistischen Stil verdrängten nach und nach die alten, aus grauem, getrocknetem Nilschlamm errichteten ägyptischen Häuser.

Bevor sich Hekataios und seine beiden Schüler auf das Schlafboot zurückzogen, machten sie sich am Abend noch zum Serapis-Tempel von Kanopos auf. Aristarch zuckte unwillkürlich zusammen, als er den Namen hörte. Anders als der Tempel in Alexandria war das Serapeion hier überwiegend im ägyptischen Stil gebaut. Durch das klotzige Pylon betraten sie einen von Säulengängen umgebenen Vorhof. Obwohl zahlreiche Menschen ihn belebten, war es doch verhältnismäßig still. Die meisten Besucher schlurften still in sich gekehrt im Hof umher, andere unterhielten sich in gedämpftem Ton. Auffällig viele schienen krank oder verletzt zu sein und trugen Decken bei sich.

«Es sind Leidende, die hier die Götter aufsuchen, um sich von ihnen heilen zu lassen», flüsterte Hekataios seinen beiden Begleitern zu. «Sie glauben, Serapis würde ihnen im Traum erscheinen und den richtigen Weg zur Genesung weisen.»

«Du meinst, sie übernachten hier und warten auf eine göttliche Eingebung?» fragte Aristarch erstaunt.

«So ist es. Immer wieder hört man von Wundertaten. Lahme können wieder gehen und Blinde sehen. Die Tempelschreiber verbreiten diese Heilungen im ganzen Land, so dass immer mehr Menschen an diesen Ort pilgern.»

«Ich vermute, dass dadurch nicht nur der Ruhm des Tempels, sondern auch der Inhalt der Kasse in nicht ganz unbeträchtlichem Maße wächst», murmelte Demeas.

«Nimm es, wie du willst, Demeas. Wenn es den Menschen hilft, ist es doch nur von Vorteil, oder?» entgegnete der Historiker. «Lass uns diesen Mann dort befragen, ob ihm schon einmal Serapis erschienen ist.» Damit ging er auf einen Humpelnden zu und sprach ihn an. Er war Ägypter, so dass Mesui wieder übersetzen musste. «Ich hatte schweres Fieber», erklärte er bereitwillig mit leicht gesenktem Kopf. «Es gibt keinen Arzt in unserem Dorf. Mutter pflegte mich zu Hause. Sie gab mir Kräutersud. Sie betete zu den Göttern, verbrannte Weihrauch, den ganzen Tag. Aber nichts half. Das Fieber wurde immer schlimmer. Mutter wollte schon das Rettigöl für die Balsamierung kaufen. Aber meine Mutter ist stark. Sie packte mich auf einen Karren und fuhr mich hierher. Hier schlief ich dann. Und in dieser Nacht kam Serapis zu mir. Groß wie ein Pylon stand er vor mir. In einem weißen Leinengewand und in einer Hand eine Papyrusrolle. Er besah mich einige Male von oben bis unten. Dann sagte er: Bring mir ein Feueropfer dar, und ich werde dich gesund machen. Dann wachte ich auf. Ich war von Schweiß über und über nass. Aber mein Fieber war weg. Meine Mutter hielt meine Hand, und wir beteten zu dem großen Gott und brachten ihm am nächsten Tag das Opfer.»

«Seht ihr!» wandte sich Hekataios an die beiden Freunde und fragte den Ägypter: «Und warum bist du heute hier?»

«Ich habe einen schlimmen Fuß. Er ist unter ein Rad gekommen. Seitdem schmerzt er.» Dabei zeigte er auf seinen Fuß, der blau angeschwollen und nach innen verdreht war. «Seit fünf Nächten bin ich schon hier. Aber bis jetzt hat mich der Gott nicht besucht. Meine Opfer sind ihm zu gering. Aber ich und meine Mutter, wir haben doch nichts. Wir sind arme Bauern. Und ich kann doch nicht recht arbeiten mit diesem schlimmen Fuß.»

Tränen stiegen ihm in die Augen. Dann wurde er unruhig und bat, in den Tempel gehen zu dürfen, er müsse beten. Aufgeregt hinkte der arme Kerl davon.

Im Hof breiteten Kranke ihre Decken aus, um sich schlafen zu legen. Einige suchten sich einen Platz in der Nähe von Gottesstatuen, andere bevorzugten den Schutz des Säulenganges.

Auch im Tempel hatten sich viele ihr Lager bereitet. Essensvorräte neben den Decken zeugten von längeren, offenbar bislang unergiebigen Aufenthalten. Der über allen thronende Serapis war dem in Alexandria sehr ähnlich, jedoch nicht so groß. Auch war das Innere des Tempels schummriger. Hier und da flackerten die Flammen von Kerzen oder Öllämpchen.

«Seht doch einmal dort drüben!» Hekataios deutete auf einen Schrein, den ein ganzer Pulk von Lämpchen erleuchtete. Ein Priester stand reglos daneben und beobachtete Hekataios und seine Begleiter, als sie näher kamen. Sie verneigten sich vor ihm und betrachteten goldene und silberne Figürchen in dem Schrein. Es war eine kuriose Sammlung von Körperteilen. Sorgfältig geordnet lagen dort künstliche Augäpfel neben Ohren, Finger neben kleinen Beinen. Offensichtlich Opfergaben von Menschen, die hier von Krankheiten an diesen Organen und Gliedmaßen geheilt worden waren. Zur allgemeinen Belustigung der Neugierigen trug auch eine nicht geringe Sammlung von Geschlechtsteilen, sowohl männlicher als auch weiblicher, bei. Eine Weile lang beobachteten sie noch das ungewöhnliche Treiben, dann gingen sie zu ihren Booten zurück.

«Ob die ägyptischen Götter im Traum zu den Hellenen ägyptisch sprechen oder ob sie auch unsere Sprache können?» fragte Aristarch seinen Freund leise, ohne dass es Hekataios hören konnte. «Ersteres wäre natürlich verhängnisvoll, weil die armen Hellenen dann auch im Traum einen Dolmetscher bräuchten.»

Demeas hielt sich die Hand vor den Mund, um nicht laut loszulachen. Zwar ging er davon aus, dass auch Hekataios in Wahrheit nicht an diese Art der Wunderheilung glaubte, aber für seinen Lehrer war Ägypten die Wiege der hellenischen Kultur, und diese zu erforschen, samt ihren aus den alten Zeiten herübergeretteten Mythen, war sein Leben. Er wollte Hekataios nicht verletzen.

Zwei Tage blieben sie noch in Kanopos, dann fuhren sie den westlichen Flussarm weiter aufwärts. Die Nilschwemme hatte noch nicht eingesetzt, so dass das Land freilag. Wie ein Irrgarten war es durchzogen von unzähligen Kanälen. Die Schiffer mussten sich gut auskennen, um stets den richtigen Weg zu finden.

«In wenigen Wochen wird der Fluss ansteigen», erklärte Herophilos, «langsam alle Äcker und Felder überfluten und sie mit fruchtbarem Boden bedecken. Bäche und Kanäle schwellen dann allmählich an und umwinden wie Schlangen die Ortschaften und Bauernhöfe, die man jetzt auf Hügelkuppen lagern sieht. Schließlich vereinen sich die Ströme zu einem riesigen Nilsee, aus dem die Dörfer, wie Inseln in der Aigais, herausragen. Drei Monate lang dauert dieser Zustand der Isolation an, dann zieht sich der Fluss in seine alten Betten zurück und übergibt den Bauern das fette Land zum Bestellen. Jeder Feldarbeiter besät sein Stück Land und treibt die Schweine darauf, damit sie die Saat einstampfen. Von der Ernte gibt der Bauer dem König seinen Zehnten, den Göttern, was ihnen nach dem Brauche zusteht. Früchte und Gemüse reifen dann im Überfluss: Lotos, aus dem die Bauern ein kräftiges Brot backen, und Zythos, aus dem sie ihr berauschendes Bier brauen. Die fette ägyptische Bohne und die süßen persischen und schwarzen Beeren, die blühenden Maulbeer- und Feigenbäume. Die wundersame Kikifrucht, aus der das Lampenöl und das Salböl der Armen gepresst wird. Eine überquellende Göttertafel.»

❋

Zwei Tage lang fuhren sie gen Süden, vorbei an Naukratis, der einst mächtigsten Hafenstadt Ägyptens. Gegründet von Milesischen Kaufleuten, war sie von dem übermächtigen Alexandria zu einer stillen Provinzstadt degradiert worden. Nun war sie lediglich eine Zollstation unter unzähligen anderen im Lande.

Am dritten Tage kamen sie an ihrem nächsten Ziel an: Sais, Metropole des fünften unterägyptischen Gaues, Stadt der Kriegsgöttin Neit und des Totenrichters Osiris. Prächtige Bauten aus der Zeit des Amasis waren als steinerne Zeugen aus der über zwei Jahrhunderte zurückliegenden Blütezeit der Stadt übrig geblieben. Doch Sais war immer noch lebendig. Ein Gottesmythos festigte die Macht von Neit und Osiris. Der Tempelkomplex und der Königspalast beherrschten das Stadtbild, und ein nicht unbeträchtlicher Teil der Bewohner war in dem Gotteshaus beschäftigt.

Da die drei Reisenden vorhatten, etwas länger in Sais zu bleiben, mieteten sie sich in einer Herberge ein, während die Soldaten und Sklaven bei den Schiffen blieben.

«Der König hat mir einen ganz passablen Reiseetat zugestanden, warum sollen wir ihn dann nicht auch nutzen. Schließlich wollen wir einige Tage bleiben, um das Osiris-Fest miterleben zu können», meinte Hekataios.

Nachdem sie sich in der Stadt umgesehen hatten, gingen sie zum Tempel der Neit. Mächtig ragten vor ihnen die zwei Türme des Eingangspylons auf. Während auf dem linken Turm ein Relief den streitbaren Amasis darstellte, erkannten sie auf dem rechten die Göttin

Neit. Wie alle Götter, so hielt auch sie in der rechten Hand das Lebenssymbol Anch, das Henkelkreuz. In der linken trug sie gekreuzte Pfeile und Bogen.

«Dort seht ihr das Urbild der Athena, Schutzherrin Athens und Hüterin des Odysseus», sagte Hekataios und deutete auf die Figur. Die beiden Jungen blickten ihn ungläubig an. Was sollte die Neit mit der so weit entfernten Athena zu tun haben?

«Wir haben Grund zu der Annahme, dass die Ägypter das älteste Volk der Erde sind. Einige ägyptische Priester glauben, dass ihr Volk zahlreiche Kolonien gründete. So zogen die Ägypter von hier nach Babylon und ließen sich an den Ufern des Euphrat nieder. Dann zogen sie weiter über Syrien und Arabien bis nach Kolchis. Der gemeinsame Ursprung der dortigen Völker erklärt auch gemeinsame Riten, wie das Beschneiden. Und Danaos fuhr nach Peloponnesos und gründete dort die erste Stadt, Argos. Weitere Kolonialisten kamen aus Sais und siedelten in Attika. Dort bauten sie Athen, und ihre Schutzgöttin Neit, die ihr hier seht, wurde dort zu Athena. Auch in euren Adern fließt somit eine Spur ägyptischen Blutes.»

Andächtig standen die drei vor dem Pylon. Für Aristarch hatte sich plötzlich eine ganz neue Sichtweise der Oikumene ergeben. Das feste Gefüge eingesessener Völker war zu einem bewegten Bild geworden, in dem die Menschen wanderten und wie die Schwalben ihre Nester bauten, wo es ihnen gefiel. Kulturen waren miteinander verwandt, obwohl sie Tausende von Stadien voneinander entfernt existierten.

Sie betraten den ersten Innenhof des Tempels, den eine Säulenreihe im typischen ägyptischen Stil umgab. Die bauchigen Säulen verjüngten sich nach oben hin und endeten in einem Kapitell, das eine geöffnete Papyrusblüte darstellte. In der Mitte des Hofes standen links von ihnen eine Sphinx mit dem Kopf des Amasis und rechts eine Bildsäule der Neit.

Kaum waren sie näher an die Statuen herangetreten, als aus dem gegenüberliegenden Eingang zum Tempelsaal ein Priester auf sie zukam. Hekataios begrüßte ihn und erklärte ihm mit Mesuis Hilfe ihre Absichten.

Der Priester war, wie sein Amtsbruder in Kanopos, kahl geschoren und lediglich mit einem weißen Leinengewand bekleidet. Er erklärte sich gern bereit, den Gelehrten aus Alexandria seinen Tempel zu zeigen und ihre Fragen zu beantworten, obwohl er, wie er sagte, mit der Vorbereitung des großen Osiris-Festes alle Hände voll zu tun habe.

Hekataios versprach, ihn nicht über Gebühr von seinen Pflichten abzuhalten, und folgte ihm zusammen mit seinen beiden jungen Freunden in einen Seitenraum. Hier erzählte ihnen der Priester von den beiden letzten großen ägyptischen Königen Apries und Amasis. «Alle Könige von Sais, die Ahnen von Apries und Amasis, sind hier, in diesem Tempel bestattet. Für jedes Grab ist einer der Priester zuständig, der jeden Morgen die nötigen Gebete und Opfer darzubringen hat. Ihr könnt die Totengrüfte sehen, wenn ihr wollt», beendete der Priester schließlich seine Ausführungen.

Gern stimmten die Gäste zu. Sie gingen zurück in den Hof, vorbei an den zwei Statuen in eine gegenüberliegende Halle. Eine dumpfe Stille umfing sie in der von zwei Öllampen in einen grauen Schimmer getauchten Gruft. Die Wände waren mit schönen, farbigen Bildern und Zeichen bemalt. Einige zeigten, so erklärte ihnen der Priester, den Weg des Verstorbenen durch das Totenreich. Unbekannte Götter, gleichermaßen in Menschen- und Tiergestalt, begleiteten den in einem schlichten weißen Gewand gekleideten toten König an Land oder auf einer Barke. Hier versorgte ein Schakalköpfiger den aufgebahrten, mumifizierten Leichnam, dort führte er ihn an der Hand vor einen Richter-Gott, der ihn aus großen Augen im grünen Gesicht unbewegt anstarrte. Osiris! «Ich, Osiris, Herrscher mit der Atefkrone, bin Gestern und Morgen. Ich bestimme über alles Seiende und alles Kommende, als da sind endlose Zeit und Ewigkeit. Endlose Zeit ist Tag, und Ewigkeit ist Nacht. Ich bin der Tod und das Leben, bin die Fruchtbarkeit des Nils. Mir wurde die Herrschaft unter den Göttern übertragen, als die beiden Länder Ober- und Unterägypten vereinigt wurden vor dem Unverletzlichen Gott. Ich, Osiris, empfange dich in der Halle der Vollständigen Wahrheit und richte!»

Während ein Falkenköpfiger den Toten anwies, vor dem Mächtigen zu sprechen, notierte ein ibisköpfiger Schreiber mit spitzer Feder die Worte auf einem Papyrus. Eine Waage entschied über das weitere Schicksal des Sprechenden. Würde sich die Feder der Wahrheit und Gerechtigkeit auf der einen oder das Herz, die Seele, auf der anderen Seite senken?

Die Fresserin, Bastard aus Krokodil und Nilpferd, bewachte die Prozedur und saß schon auf dem Sprung. Würde der Mächtige die Seele für sündhaft befinden? Dann drohte Strafe, die Vernichtung der Seele und des Körpers. Oder würde die Waagschale im harmonischen Gleichgewicht bleiben? Dann würde der Verstorbene selbst unter die Richtergötter des Herrn des Totenreiches versetzt. Er würde zum Gott, zum Apries-Osiris. Seine Seelen, Ba und Ka, wären frei, sich im Diesseits und Jenseits zu bewegen.

Die verzauberten jungen Männer rissen sich aus diesem Traumreich heraus, betrachteten den übrigen Raum. An der Decke schimmerten schwach golden gemalte Sterne in unnatürlich regelmäßiger Ordnung. In einer Wandnische, von den Gästen zunächst unbemerkt, stand eine Statue des Königs. In steifer Pose, die beiden Fäuste an den starr herabhängenden Armen geballt, beobachtete er seine Opfertische, die mit Obst, Gemüse, Getreide und Wasserkrügen beladen waren. Allerlei Kriegsmaterial und Gegenstände des täglichen Lebens fanden sich überall zur Verfügung des Toten.

In der Mitte des Raumes stand der mächtige Sarkophag. Aus rotem, monolithischem Granit gehauen, barg er den Sarg aus bunt bemaltem Sykomorenholz und darin die Mumie des Königs. Sie allerdings blieb den Blicken der hellenischen Gäste verborgen. Eingemeißelte Hieroglyphen lobten die guten Taten des Königs, Götter wachten über den Sarkophag. In einer Ecke stand ein kleiner, verzierter Schrein, um den Isis und Neit, Nephthys und Selket schützend ihre dünnen Arme legten. Darin standen die Kanopen, erklärte der Priester. Vier Alabastergefäße mit Deckeln in Tier und Menschenform, in denen Leber, Lunge, Magen und Darm des Toten untergebracht waren. Aristarch und Demeas schauderte es bei diesem Gedanken.

Als sie schließlich aus der muffigen Gruft in den sonnenüberfluteten Innenhof zurückkehrten, hatten die beiden jungen Männer das Gefühl, aus der Totenwelt wieder zur bewohnten Erde aufzusteigen. Dieser Kult war ihnen unheimlich. Auf rätselhafte Weise verknüpfte er Tod und Leben miteinander, der tote Körper musste erhalten werden, damit er im Jenseits als Gott wandeln konnte. Gleichzeitig konnten sich seine Seelen ungehindert im Diesseits bewegen, ja sie lebten gar in den Bildern und der Statue des Toten. Was für ein Durcheinander, dachte Aristarch.

«Kommt nun in den hinteren Teil unserer Tempelanlage, der dem großen Osiris geweiht ist», forderte der Priester seine Gäste auf.

Sie durchquerten das Gebäude und gelangten in einen lang gestreckten Hof, in dem einige Obelisken in den tiefblauen Himmel ragten. In der Mitte stand ein kleiner Tempel, das Grab des Osiris. Der Priester geleitete sie zu einer der Außenmauern, die auf ihrer gesamten Länge mit Reliefs versehen war.

«Hier seht ihr das Leben des Osiris, seine Geburt, seinen Kampf mit dem Bruder Seth, der ihn tötet und zerstückelt, und hier begräbt seine Schwester und Gemahlin Isis seine Glieder an mehreren Orten, von denen der eine Sais ist. Wie ihr wisst, findet in wenigen Tagen, zur Tagundnachtgleiche, das große Osiris-Fest statt. Dann werden wir auf dem heiligen See, den ihr gleich hinter dieser Mauer findet, ein nächtliches Mimenspiel aufführen, das den Leidensweg des Gottes darstellt. Wenn ihr möchtet, könnt ihr gerne daran teilnehmen.»

In der Zwischenzeit hatten sie den Osiris-Hof verlassen und standen außerhalb der Umfassungsmauer vor einem großen runden See, der von zahllosen Steinen gesäumt war. Ein schmaler Holzsteg führte auf eine flache Insel in der Mitte des Sees. Sie sollte die Bühne des Schauspiels von Isis und Osiris sein.

Hekataios nahm die Einladung zum Fest an, befürchtete jedoch Verständnisschwierigkeiten angesichts der unbekannten Sprache. Der Priester überlegte eine Weile und sagte dann, er wolle den Tempelschreiber fragen, ob er ihnen die Geschichte erzählen könne. Schließlich sei er mit den heiligen Büchern am besten vertraut. Hekataios bedankte sich überschwänglich. Dann mussten sie sich verabschieden. Es war schon spät geworden; das ständige Übersetzen kostete sie immer viel Zeit.

«Ich hoffe, ihr seid euch der Ehre bewusst», sagte Hekataios zu seinen beiden Freunden, als sie mit großen Schritten auf den Tempel zueilten. Der orangefarben glimmende Mondball, durchwoben von schwarzen Wolkenfasern, stieg am Horizont auf. «Nur wenige auserwählte Hellenen haben vor uns den ägyptischen Urmythos von der Entstehung der Welt und dem Kampf der Götter gehört», fuhr der Historiker fort. «Wenn uns der Schreiber heute Abend diese Geschichte erzählt, so haltet euch immer vor Augen, dass wir zu den Urgründen unserer eigenen Religion zurückkehren.»

Schweigend gingen sie weiter, bis sie schließlich vor dem gespenstisch sich auftürmenden Pylon ankamen. Der Priester erwartete sie bereits. Nach kurzer Begrüßung geleitete er die Hellenen und ihren Dolmetscher in einen Nebenraum der Tempelhalle. Einige Öllampen spendeten flackerndes Licht, Weihrauchschwaden schwebten in der stickigen Luft. Sie schreckten zurück, als sie hinter einem Tisch schemenhaft eine Menschengestalt mit einem Ibiskopf wahrnahmen. Zögernd gingen sie weiter, und der Priester bedeutete ihnen, sich auf den Boden zu setzen. Nun erkannten sie in dem Kopf eine fein gemalte Maske, die auf den Schultern des Schreibers ruhte. Um den Hals trug er eine breite Kette aus bunten Perlen und Steinen, der Oberkörper war bis auf eine weiße Leinenschärpe nackt.

Nachdem sie sich gesetzt hatten, begann der Ibisköpfige mit einer unverständlichen Litanei. Der Priester hatte dem Schreiber ganz offensichtlich geraten, nach wenigen Sätzen eine Pause zu machen, in der Mesui übersetzen konnte. Dieser übertrug die Handlung, und Hekataios schrieb sie am folgenden Tag mit einigen Anmerkungen nieder:

Der Mythos von Isis und Osiris

«Es war am Anbeginn der Zeit, als die Himmelsgöttin Nut sich mit dem Gott der Erde, Geb, vereinte. Dies weckte den Zorn der anderen Götter, die ein Anrecht auf Nut zu haben glaubten. Und so begatteten auch der Sonnengott Re und der Gott der Schreiber Thot die Himmelsgöttin. Als nun der Tag der Niederkunft kam, gebar Nut den Osiris. Am folgenden Tag aber gebar sie auch den Haroeris. (Die Ägypter nennen ihn wohl auch den Großen Horus, doch ist mir diese Vermischung der Namen nicht klar geworden.) Haroeris war erst im Mutterleib der Nut gezeugt worden, als darin Isis und Osiris einander beiwohnten. (Haroeris war also Bruder und Sohn von Osiris und Isis gleichermaßen.) Am dritten Tag entrang sich Seth mit Gewalt dem Körper der Mutter, am vierten folgte Isis und am fünften Nephthys.

Osiris, dem Erstgeborenen, war die Allmacht über das Licht verliehen worden. Er wurde Gott-König der Ägypter, zog durch sein Reich und lehrte sie, ihr Land zu kultivieren und sich ihrer Armut zu entledigen. Er wurde der Gott des immer wiederkehrenden Keimens und Lebens und des fruchtbaren Nils.

Im achtundzwanzigsten Jahre seiner mit Liebe und Überzeugungskraft geführten Regierung geschah das Unglück. Seth neidete seinem Bruder Osiris die Königskrone und sann nach einer List, wie er ihn umbringen könne. In seiner Abwesenheit ließ er eine große, reich verzierte Lade zimmern, die mit einem schweren Deckel und erzenen Schlössern versehen war. Anlässlich einer großen Festlichkeit, zu der auch Osiris gekommen war, ließ Seth die Kiste bringen und wollte sie demjenigen schenken, der sie mit seinem Körper genau auszufüllen vermochte. Keiner der Anwesenden passte jedoch perfekt in die Lade, bis es auch Osiris versuchte. Kaum hatte er sich niedergelegt, als Mitverschwörer seines Bruders hinzusprangen und den Deckel in die Schlösser warfen. Anschließend vernagelten sie das hölzerne Gefängnis, kalfaterten es mit heißem Pech und schleuderten es in die tanitische Nilmündung, auf dass es für immer ins offene Meer hinaustreibe.

Als man Isis die Schreckensnachricht überbrachte, schnitt sich die Königin eine Locke ab und legte Trauerkleider an. Dann begab sie sich auf die Suche nach ihrem Gemahl. Ziellos irrte sie umher und fragte jeden, dem sie begegnete, nach der Kiste. Schließlich konnten ihr einige Kinder Auskunft darüber geben. Die Brandung hatte sie in der Nähe der Stadt Byblos ans Ufer geschwemmt. Dort hatte sie ein Ereike-Baum mit seinen Wurzeln umfangen und hielt sie seitdem in seinen hölzernen Fängen verborgen.

Sofort machte sich Isis auf den Weg, aber als sie an den Ort kam, stand der Baum nicht mehr dort. Der König von Byblos, mit Namen Malkathros, hatte nämlich unterdessen angeordnet, den Stamm des herrlichen Baumes als Pfeiler unter seinem Dach aufzustellen. So ließ sich Isis an einer Quelle nieder und weinte bitterlich.

Dienerinnen des Königs wurden auf sie aufmerksam und freundeten sich mit ihr an. Dadurch erhielt Isis Zutritt zum Palast. Hier gewahrte sie plötzlich die Lade im Stamm des Ereike-Baumes und ließ sie vorsichtig herauslösen. Den Stamm aber umhüllte sie mit feinem Linnen, salbte ihn und übergab ihn dem König. (Dies ist aller Wahrscheinlichkeit nach der Grund dafür, dass die Byblier das Holz dieses Baumes noch heute in ihrem Isis-Tempel verehren.)

Den Sarg nahm Isis mit sich, und sobald sie in der Einsamkeit war, öffnete sie ihn. Als sie ihren Geliebten sah, legte sie sich zu ihm, küsste ihn und weinte unablässig. Dann versteckte sie die Lade und fuhr zu ihrem Sohn Haroeris nach Buto.

Seth aber entdeckte den Sarg bei der Jagd. Als er den Leichnam erkannte, wurde er von rasender Wut gepackt, zerstückelte den Körper in vierzehn Teile und verstreute die Leichenteile im ganzen Land.

Als Isis davon erfuhr, begab sie sich mit einem Papyrusboot in den Sümpfen auf die Suche nach den Einzelteilen. Jedes Glied beerdigte sie dort, wo sie es fand, eines davon hier in Sais.

Osiris aber herrschte als Gott der Unterwelt. Er sann auf Rache für die frevlerischen Untaten seines Bruders Seth. Deswegen zeigte er sich seinem Sohn Haroeris und lehrte ihn die Kriegskunst. Als dieser bereit war zum Kampf, fragte ihn Osiris: «Mein Sohn, welches wäre für dich die edelste Tat auf Erden?» Darauf antwortete ihm Haroeris: «Die Schmach, die man Vater und Mutter angetan hat, zu rächen!» Das erfreute Osiris, so dass er ihm zu seiner Ausrüstung ein wildes Pferd schenkte.

Auf diesem Ross machte sich Haroeris auf, um Seth zu töten und sein Erbe anzutreten. Es kam zu einer wütenden Schlacht, in der sich die Todfeinde bis aufs Blut bekämpften. Viele Tage dauerte das Duell, bis schließlich Haroeris siegte. Dieser bestieg nun den Thron seines Vaters Osiris und regierte von da an das ägyptische Volk.

(In dieser Sage, so meine ich, liegen die Wurzeln unserer eigenen Religion. Unsere olympischen Götter finden hier ihre Entsprechung. So scheint mir die Himmelsgöttin Nut mit unserer Rhea identisch zu sein, Geb entspricht Kronos, und der Sonnengott Re ist unser Helios. Der verräterische Bruder Seth ist wohl das Ungeheuer Typhon, und Osiris dürfte mit dem hellenischen Dionysos verwandt sein. So fügt sich die neue Kultur in die alte und erwächst aus ihr.)»

Drei Tage verbrachten die Reisenden in Sais mit weiteren Nachforschungen und Besichtigungen. Am vierten Tag sollte das Osiris-Fest stattfinden. Schon früh am Morgen strömten die Menschen zum Tempel der Neit. Auch aus der Umgebung kamen sie in die Stadt. Priester der Tempel von Kanopos, Buto, Bubastis, Abydos, Papremis, Theben, Syene und vielen anderen Orten hatten bereits seit Tagen ihre Götterbilder nach Sais überführt, so dass der Hafen all die göttlichen Barken kaum mehr zu fassen vermochte.

Am Abend entzündeten die Menschen in der ganzen Stadt kleine, flache Öllampen. Durch diesen Lichterglanz wanderten Hekataios und seine beiden Schüler zum Garten des heiligen Sees. Dicht gedrängt wartete hier bereits das Volk auf das Mimenspiel, das auf der von Fackeln beleuchteten Inselbühne stattfinden sollte. Zu später Stunde erschienen dort endlich einige in bunte Gewänder gekleidete, maskierte Männer. Unvermittelt tauchten sie zwischen den Bäumen und Büschen auf, die eine natürliche Kulisse bildeten. Schließlich begann das Spiel, begleitet von Musikern und Sängerinnen.

Die drei Hellenen verstanden zwar kein Wort, konnten der Aufführung jedoch problemlos folgen, weil sie praktisch unverändert die mythische Geschichte wiedergab, die sie einige Abende zuvor gehört hatten. Mit Ausdauer und Hingabe wurden die Gemütsbewegungen, vor allem die der elegisch klagenden Isis, dargestellt. Das Volk fühlte sich völlig mit einbezogen in die alte Sage und lebte sie förmlich mit. Als der Sargdeckel über Osiris zugeschlagen wurde, erfüllte ein lautes «Uuuuuuuu!» den Garten, man wehklagte gemeinsam mit der Schwester-Gattin, als sie den toten Geliebten küsste, und brüllte ekstatisch während des nicht enden wollenden Kampfes zwischen Seth und Haroeris.

Bis weit in die Nacht hinein ging das prunkvolle Fest, an dessen Ende sich die drei Freunde erschöpft und berauscht zugleich schlafen legten. Am übernächsten Tag packten sie ihre Sachen auf die Boote und verließen Sais.

✪

Ein sanfter Wind schob sie gemächlich vor sich her. Noch immer befanden sie sich im Delta, in dem zahllose Dörfer und Gehöfte die Ufer säumten. Doch dann nahm Aristarch am südlichen Horizont vereinzelte Bergspitzen wahr, die aus der Wüste herausragten. Allerdings war er sich seiner Sache nicht ganz sicher, denn es gab weit und breit kein Gebirge. Die Gipfel schienen eher wie riesige Kristalle aus dem Boden gewachsen zu sein.

Je näher sie diesen Gebilden kamen, desto unwirklicher erschienen sie ihm in ihrer ausgesprochen geradlinigen, dreieckig symmetrischen Form. Er sah die großen Pyramiden. Wie Bausteine, von Götterhand in den Sand geworfen, mächtig und ohne Vergleich auf der Erde.

Sie benötigten noch den ganzen Tag, um endlich das Ufer in der Nähe der Pyramiden zu erreichen. Von hier aus hätten sie die auf einer Anhöhe gelegenen Bauwerke bereits deutlich erkennen müssen, doch blendete sie die bereits weit im Westen stehende Sonne. Erst im Abendrot zeichneten sich die schwarzen Umrisse vor dem Gluthimmel ab. Bald verschwanden sie im Dunkel der Nacht, und die Reisenden entzündeten ein Feuer.

Am nächsten Tag waren alle früh wach, im morgendlichen Sonnenlicht erglühten die mächtigen Pyramiden. Es war totenstill, nur hin und wieder plätscherte leise eine Welle ans Ufer. Eine geheimnisvolle Macht schien von den Kolossen auszugehen und die Männer zu umfangen. Niemand sprach ein Wort, wie hypnotisiert starrten die Freunde auf diese Monumente vergangener Zeiten. Es waren die ältesten von Menschen erschaffenen Bauwerke. Sie würden auch den letzten Menschen überdauern. Das war es, was sie an diesem Morgen spürten und nie mehr vergessen würden.

Schweigend setzten sie sich zum Frühstück auf die Decken. Bald kam Mesui, der schon vor ihnen aufgestanden und ins nächste Dorf gelaufen war, um einige Esel zu organisieren. Sie packten Vorräte für einen Tag zusammen, verschnürten alles auf den Lasttieren und machten sich auf den Weg zu den Pyramiden. Ein Priester aus dem Dorf begleitete sie. Der sandige Boden ließ die Gruppe nur langsam vorankommen. Erst nach etwa drei Stunden hatten die Reisenden ihr Ziel erreicht. Fassungslos blickten sie an der großen Pyramide des Königs Cheops hinauf. Die Steinquader, die aus einiger Entfernung wie gewöhnliche Mauersteine wirkten, waren in Wirklichkeit hüfthoch.

Welche übermenschliche Anstrengung mussten die Arbeiter vollbracht haben, um diese gewaltigen Steinblöcke aufeinanderzuwuchten. Wie viele Männer mögen hier zu Tode gekommen sein, als Brocken abrutschten oder dröhnend vom überlasteten Hebel polterten, wenn das Holz barst und Splitter wie Pfeile durch die Luft schossen. Wie viele mögen hier am Sumpffieber oder an Erschöpfung elendiglich verendet sein. Wie viele mussten sterben für das Grab eines einzigen Menschen.

«360 000 Menschen haben hier ständig gearbeitet», übersetzte Mesui die Worte des ägyptischen Priesters. «Erst nach zwanzig Jahren war das Bauwerk fertig. Es gibt eine alte Inschrift, auf der wir nachlesen können, wie viele Nahrungsmittel die Arbeiter benötigten. Viele Steine wurden in einem stromaufwärts gelegenen Steinbruch gehauen, auf Schiffen transportiert und durch die Wüste auf einer Holzrampe bis hierher gezogen. Dort oben seht ihr den Eingang. Er ist von einem losen Stein verschlossen. Der dahinter befindliche Gang führt schräg nach oben und endet in der Gruft, in der sich außer dem Steinsarkophag nichts befindet. Der Leichnam und die wertvollen Grabbeilagen wurden schon vor langer Zeit von Frevlern geraubt. Die Götter mögen sie hierfür strafen.»

Langsam gingen sie um die Pyramide herum, wobei Hekataios angestrengt die Steine beobachtete. Plötzlich blieb er stehen und winkte seine beiden Gefährten zu sich.

«Seht nur!» rief er aufgeregt und deutete auf eine Stelle eines Quaders. Die beiden jungen Männer beugten sich herunter, konnten aber nichts Außergewöhnliches entdecken. «Ihr müsst schon genau hinschauen», beharrte er.

Aristarch sah lediglich einen kleinen, weißlichen Stein, der sich aus dem Block herauswölbte. Allerdings wies er ein ungewöhnliches Streifenmuster auf, das an einigen Stellen abgebrochen zu sein schien. Der Stein hatte entfernte Ähnlichkeit mit einer Muschel, wie man sie am Meeresstrand fand. Aber das konnte doch nicht sein, hier draußen in der Wüste. «Doch, mein Freund, Du täuschst dich nicht. Es ist eine Muschel. Allerdings ist sie bereits seit einigen tausend Jahren tot und zu Stein geworden. Herodotos erwähnt sie in seinem Reisebericht. Vor sehr langer Zeit müssen also die Gebirge auf der anderen Seite des Flusses, wo diese Steine gebrochen wurden, vom Meer bedeckt gewesen sein.» Aristarch und Demeas schauten beide zweifelnd auf die entfernten Bergkämme. Wüste, so weit das Auge reichte, abgesehen von einem schmalen Streifen Ackerland diesseits des Nils. Hier das Meer? Was konnte solche Veränderungen auslösen?

«Ich finde es auch unglaublich, aber es gibt keine bessere Erklärung dafür», musste der sonst eher skeptische Hekataios zugeben.

Der ägyptische Priester war schon ungeduldig vorausgegangen und bedeutete ihnen zu folgen. Es war mittlerweile Mittag geworden, die Sonne brannte unbarmherzig auf sie nieder. Die Sklaven hatten unterdessen zwischen den beiden großen Pyramiden weiße Planen zu einem Zeltdach aufgespannt, in dessen Schatten sich die Männer niederließen. Hier erzählte ihnen der Priester Geschichten über die Entstehung der Bauwerke.

«Nicht nur die große Pyramide geht auf den König Cheops zurück, sondern auch die mittlere. Er war sehr habgierig und schreckte nicht einmal davor zurück, seine eigene Tochter zur Hure zu machen. Er schickte sie in ein Freudenhaus, und Tag für Tag musste sie ihm eine Mindestsumme an Geld abliefern. Aber sie war eine starke Frau. Sie fasste den Entschluss, für sich ein Denkmal errichten zu lassen. Aus diesem Grunde forderte sie von jedem Freier, er solle ihr neben dem üblichen Freudengeld einen Stein schenken. Aus diesen Steinen hat sie dann die Pyramide erbauen lassen.»

Hekataios notierte die Erzählung, während die beiden jungen Freunde sich ungläubig anschauten.

«Die dritte und kleinste, gleichwohl aber am reichsten ausgestattete Pyramide soll der König Mykerinos für seine Gemahlin Nitokris errichtet haben. Diese wunderschöne Frau war vor der Heirat eine Hetäre. Eines Tages entwendete ihr ein Adler beim Baden einen ihrer Schuhe. Hiermit flog er nach Memphis, wo der König gerade unter freiem Himmel Recht sprach. In diesem Moment ließ der Adler den Schuh los, und er fiel dem König direkt in den Schoß. Von dessen

Schönheit entzückt, hielt dieser das Ereignis für ein göttliches Zeichen. So schickte er im ganzen Land Beamte aus und hieß nach dem Weib mit den wunderschön geformten Füßen zu suchen. Tatsächlich fand man sie in Naukratis. Man brachte sie zu Mykerinos, der sie sofort zur Frau nahm. Sie lebten glücklich zusammen, und nach ihrem Tode ließ er sie in der kleinen Pyramide bestatten.»

Während die Märchen langsam in seinem Kopf verhallten, stand Aristarch auf und verließ das offene Zelt, um zwischen den stummen Zeugen der Geschichte zu wandeln. Heute war er hier, vor zweitausend Jahren lebten an derselben Stelle Cheops, seine Architekten und eine Heerschar von Arbeitern. In grauer Vorzeit war dieser Ort der Grund eines tiefen Meeres gewesen, auf dem sich Muscheln und Krebse tummelten. Wer würde in zweitausend Jahren kommen? Würde sich das Meer irgendwann einmal wieder dieses Land der Könige zurücknehmen?

Zum zweiten Mal auf dieser Reise bekam Aristarch ein Gefühl für eine sich ständig wandelnde Erde. Sei es, dass die Menschen Änderungen vornahmen, zum Beispiel indem sie in andere Gebiete wanderten, sich dort niederließen und ein Volk gründeten, das später vielleicht zur Weltherrschaft aufsteigen sollte. Oder sei es, dass die Natur das Antlitz der Erde änderte, stets musste Altes Neuem weichen. Heraklit hatte recht, dachte Aristarch: Man steigt nicht zweimal in denselben Fluss. Ein leichter Wind strich über seinen Körper und ließ ihn erschauern.

Am späten Nachmittag ritten sie auf ihren Eseln das Pyramidenfeld ab. Aus größerer Entfernung hatte es den Eindruck erweckt, als könne man es mit Leichtigkeit zu Fuß erwandern. Aber die Entfernungen zwischen den Kolossalbauten waren größer als gedacht, und der Sand gab bei jedem Schritt nach.

Erst spät kamen sie wieder zu den Booten. Sie setzten sich noch an Feuern zusammen, aßen und plauderten über das Erlebte bis tief in die Nacht. Hekataios hatte sich bereits schlafen gelegt, als Aristarch, auf dem Rücken liegend und den Blick zum Himmel gewandt, Demeas fragte:

«Was meinst du, wie lange eine Hetäre ihren Beruf höchstens ausüben kann?» Demeas schaute ihn verwundert an und entgegnete:

«Woher soll ich das wissen? Was soll diese dumme Frage?»

«Also bitte, Demeas, was meinst du, wie lange? Zwanzig Jahre, dreißig, vierzig …», bohrte Aristarch weiter.

«Was weiß ich, vielleicht dreißig, wenn sie früh anfängt und sich gut in Form hält», antwortete Demeas gelangweilt.

Es entstand eine kurze Pause, als Aristarch erneut anhob: «Dreißig Jahre sind etwa zehntausend Tage. Wenn die mittlere Pyramide aus etwa einer Million Steinen besteht – und ich denke, so viele sind es sicher –, dann müsste die Königstochter an jedem Tag hundert Freier gehabt haben. Bei einer täglichen Arbeitszeit von zehn Stunden käme sie dann auf zehn Männer pro Stunde. Eine ganz erstaunliche Leistung!»

Demeas blickte erstaunt zu seinem Freund hinüber, und beide brachen in prustendes Gelächter aus.

✲

Die großen Pyramiden standen am Westufer des Nils, wo sich der Strom in das weite Delta aufzufächern begann. Von dort aus hatten sie nur eine kurze Fahrt nach Heliopolis vor sich, das sich praktisch gegenüber am östlichsten Nilarm auf einer Anhöhe ausbreitete. Das vormals ägyptische Iun war ein Zentrum des Sonnengottes Amun Re. Eine große Tempelanlage, zu der eine imposante Sphingenallee hinführte, zeugte noch von der Blütezeit. Aber die Menschen verließen nach und nach die Stadt, die zusehends verfiel.

Wichtiger als die Besichtigung der Stadt war für Aristarch der Besuch eines Turmes, von dem der Astronom Eudoxos etwa hundert Jahre zuvor den Himmel beobachtet haben sollte, wie ihm Priester versicherten. Über ein Jahr lang hatte er bei den ägyptischen Priestern und Gelehrten gelebt, die ihn unter anderem in das Kalendersystem einweihten. In der Stadt zeigte man den drei Reisenden die Unterkunft von Eudoxos und auch von Platon, der rund zwanzig Jahre vor dem Astronomen ebenfalls in Heliopolis gelebt hatte.

Hier bekamen sie auch einen ersten Eindruck von der, wie es ihnen schien, bis ins Monströse gesteigerten Tierverehrung der Ägypter. Sie vergötterten den Stier Mnevis, den sie unter strengster Aufsicht in einem eigenen Tempel hielten.

Mehr über diese Art des Tierkultes erfuhren sie in dem eine Tagesfahrt flussaufwärts gelegenen Memphis. Prächtige Tempel und ausladende Alleen waren unübersehbare Zeichen für den Reichtum dieser Stadt. Sie war die Metropole der Ägypter und bis zu Alexandrias Aufstieg auch die Hauptstadt des Ptolemaischen Ägypten gewesen. Hier hatte Ptolemaios zu Beginn seiner Regentschaft das denkbar eindrucksvollste Symbol seiner Macht installiert: den Leichnam Alexanders.

Dieser hatte verfügt, nach ägyptischer Tradition mumifiziert und anschließend von Babylon zum Heiligtum des Zeus-Ammon in der Oase Siwa überführt und dort begraben zu werden. Zwei Jahre nach seinem Tod war der Trauerzug mit dem prächtigen Leichenwagen, der wie ein kleiner Tempel aussah, aufgebrochen. Doch er sollte sein Ziel nie erreichen. Sowohl sein einstiger ranghöchster General Perdikkas als auch Ptolemaios beanspruchten den Leichnam: Wer ihn besaß, unterstrich damit den Anspruch auf die einzige legitime Nachfolge des Weltherrschers.

Perdikkas verfügte die Überführung und Bestattung des Leichnams nach Aigai in die Gruft der makedonischen Könige. Doch Ptolemaios hatte seinen eigenen Plan. Er entsandte Truppen, die den Zug überfielen und den Prunkwagen nach Memphis entführten. Dort ließ er Alexander in einem prächtigen Grab beisetzen. Nachdem Ptolemaios Alexandria als neue Metropole seines Reiches ausgerufen hatte, ließ er auch Alexanders Mumie dorthin umbetten. Alexandria und mit ihr Ptolemaios sonnten sich seitdem im Lichte des einstigen Weltherrschers.

Inzwischen war Memphis wieder rein ägyptisch, hier verehrten die Menschen den Stier Apis. Er lebte in einem großen Heiligtum, wo ihn eine Heerschar von Priestern umsorgte. Das prächtige Tier bekam nur aus bestem Mehl gebackenes Brot sowie in Milch gekochtes und mit Honig gesüßtes Korn zu fressen. Sie wuschen ihn in warmen und mit feinsten Ölen versehenen Bädern, pflegten ihn mit wohlriechenden Salben, schmückten ihn mit einer goldenen Brustplatte, bunten Stoffen und wertvollen Edelsteinen und brachten ihm Opfer mit duftendem Weihrauch dar. Selbst für ein befriedigendes Liebesleben trugen sie Sorge, indem sie eine Schar von Kühen, die sie Hetären nannten, für seine Bedürfnisse bereithielten. Starb eine von ihnen, so betrauerten sie die Dahingeschiedene wie Eltern, die ein geliebtes Kind verloren haben.

Die Priester waren gern bereit, ihren Gästen den heiligen Stier vorzuführen. Einmal täglich brachten sie ihn in einen von Säulen umgebenen Hof. Hier sahen die drei Reisenden den Apis. In nahezu ebenmäßigem Schwarz glänzte das bullige Tier, lediglich auf der Stirn trug es ein weißes Mal. Die Hörner besaßen helle Spitzen, und auf seinem Rücken erkannte man einen Fleck, der, wie ihnen der Priester erklärte, die Umrisse eines Geiers hatte. Mit wenig göttlicher Eleganz tollte der Stier auf dem Sandboden umher und ließ es sich nicht nehmen, mit noch geringerer Grazie einen Kothaufen in die Mitte des Platzes zu setzen, den eifrige Diener umgehend beseitigten. Als ein Priester Apis in dessen Gemach zurückgeführt hatte, fragte Hekataios den Führer:

«Was passiert, wenn euer heiliger Stier stirbt?»

«Wir bestatten ihn nach unseren alten Bräuchen, so wie wir auch mit den Pharaonen verfahren. Anschließend legen wir ihn in einen steinernen Sarkophag und bestatten diesen in einer prächtigen Zeremonie in der Gruft, die auch die anderen heiligen Tiere birgt.»

Demeas und Aristarch schauten sich fassungslos an ob dieses übertriebenen Rituals.

«Gleichzeitig», fuhr der Priester fort, «machen sich einige Priester auf den Weg und suchen im ganzen Land einen jungen Stier, der dem Verstorbenen genau gleicht. Haben sie ihn gefunden, so ist die Zeit der Trauer beendet. Zunächst führen sie das Kalb nach Nilopolis, wo es vierzig Tage bleiben muss. Während dieser Zeit dürfen ihn ausschließlich Frauen besuchen. Diese werfen dann ihre Kleider ab und strecken dem heiligen Stier ihr Geschlecht entgegen. Nach Ablauf der vierzig Tage tragen ihn die Priester in einem vergoldeten Stall auf eine königliche Barke und schiffen ihn hierher nach Memphis.»

«Warum ausgerechnet ein Stier?» fragte Demeas.

«Er ist die Reinkarnation des großen und gütigen Gottes Osiris», erklärte der Priester mit ruhiger Stimme und erhob dabei beide Arme.

«Osiris lehrte die Ägypter, ihr Land zu bestellen, wobei ihnen der Stier gute Dienste leisten solle. Als Osiris starb, wanderte seine Seele in den Körper eines schwarzen Stiers. Sie wird ewig weiterleben in den Körpern dieser heiligen Tiere.»

✿

Als sie nach zehn Tagen Memphis verließen, hatten sie so deutlich wie nie zuvor das Gefühl, in einem fremden Land zu leben. Je weiter sie auf ihrem Weg nach Süden vordrangen, desto mehr wich der hellenistische Einfluss dem ägyptischen.

Sie hatten das Nildelta hinter sich gelassen und glitten auf dem breiten Strom weiter. Der Horizont rückte näher heran, vor allem am Ostufer erhoben sich bald die Bergzüge der arabischen Wüste. Weiter im Süden stiegen auch auf der westlichen, libyschen Seite einige flache Höhenzüge an. In der Nähe eines kleinen Dorfes hielten sie an, um die Nacht zu verbringen. Aristarch und Demeas lagen nebeneinander am sandigen Ufer und starrten in den Himmel. Sterne flackerten diamanten auf dem tiefschwarzen Grund. Lediglich am westlichen Horizont glomm noch ein verblassendes Rot, die Luft war lau.

«Dieser Eudoxos, von dem uns der Priester erzählt hat; was hat der eigentlich genau gemacht?» fragte Demeas unvermittelt.

«Er war ein hervorragender Mathematiker, Astronom und Geograph. Euklid hat einige seiner Lehrsätze über die Berechnung von Flächen und Rauminhalten in sein Buch aufgenommen. Seine große Leistung in der Astronomie war die Einführung homozentrischer Sphären, die es erlauben, die Planetenbewegungen genauer zu berechnen.»

«Hm, von diesen Sphären verstehe ich nichts. Die waren mir schon immer zu kompliziert. Selbst bei meinen Aristoteles-Studien, die ich ja sonst wirklich gerne mache», betonte Demeas, «musste ich an dieser Stelle aufgeben. Ich kann einfach nicht verstehen, warum Gott den Kosmos so kompliziert gebaut hat.»

«Das kann ich dir auch nicht sagen», erwiderte Aristarch nach kurzem Schweigen leise. «Vor allem widerspricht es dem philosophischen Lehrsatz, dass die Natur oder meinetwegen auch Gott alles möglichst einfach einrichtet. Das sagt schließlich auch dein Aristoteles.»

«Und als Geograph, was hat Eudoxos da geleistet?» fragte Demeas weiter, der offenbar seine wissbegierige Stunde hatte.

«Er hat vor allem den Erdumfang gemessen, übrigens mit derselben Methode, wie ich es vorhabe.»

«Das musst du mir später einmal erklären. Aber jetzt sag, spricht Aristoteles nicht in seinem Buch *Über den Himmel* von der Arbeit des Eudoxos?»

«Wahrscheinlich. Zwar nennt er nicht ausdrücklich dessen Namen, aber es ist ziemlich sicher, dass er Eudoxos gemeint hat, der damals 400000 Stadien für den Erdumfang ermittelt hat. Es gibt allerdings noch eine neuere Bestimmung von Dikaiarchos aus Messene. Er erhielt einen kleineren Wert von 300000 Stadien.»

«300000 oder 400000 Stadien. Und wie viele Stadien haben wir wohl bislang auf unserer Reise zurückgelegt? Tausend?»

«In etwa, ja. Und der Nil soll um die 12000 Stadien lang sein.»

«Und wie weit mögen wohl die Gestirne dort oben von uns entfernt sein? Von der Größe dieses göttlichen Bauwerkes werden wir wohl nie einen Begriff bekommen.»

Aristarch schwieg.

«Warum seid ihr euch eigentlich so sicher, dass die Erde eine Kugel ist?» fragte Demeas nach einer längeren Pause erneut.

«Auch das erklärt uns dein Aristoteles ganz genau, aber ich will dir eine andere Erklärung geben, die du auf unserer Reise vielleicht selbst nachvollziehen kannst. Siehst du den hellen Stern, der dort knapp über dem westlichen Horizont steht? Wir nennen ihn Stern, der sich in Ägypten erhebt. Von Athen oder Samos aus bleibt er das ganze Jahr über unsichtbar unter dem Horizont. Erst wenn man nach Süden segelt, taucht er langsam am Abendhimmel auf. Übrigens hat Eudoxos diesen Stern als einer der ersten Astronomen erwähnt.

Wenn wir in den nächsten Wochen den Nil immer weiter nach Süden fahren, wirst du sehen, dass der Stern Nacht für Nacht immer höher über den Horizont aufsteigen wird. Der Grund hierfür ist die Rundung der Erde. Bewegt man sich auf einer Kugel, so sieht man ständig neue Bereiche des Himmels, je nachdem, welcher sich gerade über einem befindet. Wäre die Erde eine Scheibe, so würden wir immer denselben Teil des Himmels sehen, egal wohin wir fahren.»

«Das leuchtet mir ein. Das hieße dann doch wohl, wir könnten die Erde schließlich auch ganz umrunden, wenn die Oikumene nicht von dem großen Okeanos umgeben wäre.»

«Richtig, doch die Umrundung der Erde verhindert nicht nur der Okeanos, auch Bereiche der Erde, die unbewohnbar sind, lassen dies unmöglich erscheinen. Es ist ja bekannt, dass es zum Norden hin immer kälter und zum Süden hin immer heißer wird. Letzteres dürften wir in den nächsten Monaten noch zur Genüge zu spüren bekommen. Aristoteles teilt die Erde in fünf Zonen ein, wobei die nördliche und südliche Hälfte der Erdkugel genau symmetrisch sind. Im Norden erstreckt sich die erfrorene Zone vom Pol bis zu jenem Erdkreis, an dem die Sonne zur Sommersonnenwende den ganzen Tag nicht unter- und zur Wintersonnenwende nicht aufgeht. Daran schließt sich zum Süden hin die gemäßigte Zone an, in der die gesamte bewohnte Oikumene liegt. Sie reicht im Süden bis zu jenem Erdkreis, an dem die Sonne zur Sommersonnenwende genau im Zenit steht. Hier soll sich der Ort Syene befinden, in dem ich meine Sonnenstandsmessung machen will. Dort beginnt die verbrannte

Zone. Sie erstreckt sich über den Äquator hinaus bis zum südlichen Kreis der Sommersonnenwende. Weiter nach Süden hin schließen sich dann, wie auf der Nordhemisphäre, eine gemäßigte und eine erfrorene Zone an. In der verbrannten und den beiden erfrorenen Zonen kann der Mensch nicht leben. Das solltest du aber, als Jünger des Aristoteles, eigentlich schon gelernt haben», schloss Aristarch seine Erklärungen schmunzelnd ab.

«Ja, ja, ich kann schließlich nicht alles wissen. Wenn ich dich richtig verstanden habe, gibt es also auf der südlichen Erdhalbkugel eine gemäßigte Zone wie die unsere. Könnte es dann nicht sein, dass auch sie bewohnt ist?»

«Warum nicht? Aristoteles hielt das sogar für wahrscheinlich. In den letzten Jahren hat es auch Hinweise darauf gegeben, dass es selbst in Teilen der unbewohnbaren Zone Menschen gibt. In der Bibliothek habe ich ein Buch eines gewissen Philon gesehen. Er stand im Dienste unseres Königs und hat bereits vor mehreren Jahren eine Expedition nach Ethiopien unternommen. Dabei ist er weit über Syene hinaus nach Süden vorgedrungen, also in die verbrannte Zone hinein. Zwar schreibt er von einer unerträglichen Hitze, aber dennoch lebten dort Menschen. Warum dann also nicht erst recht in der gemäßigten Zone der Südhalbkugel?»

«Aber wie kann ich mir das vorstellen? Wenn auf der Südhalbkugel Menschen in der bewohnbaren Zone leben sollten, dann würden ihre Füße den unseren zugeneigt sein. Oder besser gesagt: Müssten sie dann nicht mit dem Kopf nach unten an der Erde kleben?»

«Ich gebe zu, die Vorstellung ist ungewohnt. Stell dir die Erde als Kugel vor, und löse dich nun in Gedanken von ihr, fliege immer höher, höher, als es jeder Vogel vermag. Dann wirst du unter dir den Erdball erkennen. Stell dir weiter vor, du würdest nun zur Südhalbkugel fliegen. Unter dir sähe die Erdkugel unverändert aus. Es ist einerlei, ob Menschen wie wir auf der Nordhalbkugel leben oder andere Menschen auf der Südhalbkugel. Unten bedeutet immer zum Mittelpunkt der Erde hin und oben von ihm weg.»

Demeas stellte sich die Szenerie vor.

«Schon Platon hat das ganz richtig erkannt», fuhr Aristarch fort. «Würde es jemandem gelingen, die Erde zu umrunden, so würde er irgendwann in der bewohnbaren Zone der Südhalbkugel ankommen. Dann wäre er selbst zum Gegenfüßler geworden. Und dennoch würde er keinen Unterschied zu seiner Heimat verspüren.»

«Das ist wirklich faszinierend», sagte Demeas.

«Einen Unterschied würde er allerdings doch bemerken: Die Jahreszeiten sind bei den Gegenfüßlern entgegengesetzt zu den unseren. Wird es bei uns Frühling, so kehrt dort der Herbst ein, herrscht bei uns der heiße Sommer, so friert man dort im Winter.» «Wie mag es wohl dort aussehen? Ach, Aristarch, wenn wir doch diese fernen Länder bereisen könnten.»

«Wir wissen noch viel zu wenig über das Leben auf der Erde», sagte Aristarch. «Wenn man genauer darüber nachdenkt, ist es sogar möglich, dass es auch in unserer gemäßigten Zone ein uns unbekanntes, bewohntes Land gibt.»

«Wie kann das sein?» fragte Demeas überrascht.

«Wir behaupten zwar, die Oikumene sei eine Insel, die ringsum vom Okeanos eingeschlossen ist. Aber wissen wir es wirklich? Die Oikumene hat eine Ausdehnung von West nach Ost von etwa 60 000 Stadien. Diese Zahl ist allerdings sehr ungenau. Sie basiert auf den Reisezeiten von Händlern und den Angaben der Schrittzähler des Heeres, mit dem Alexander bis nach Indien zog.

Der Erdumfang im Bereich der bewohnbaren Zone muss einen Umfang von etwa 200 000 Stadien haben. Unsere Oikumene würde demnach mindestens dreimal darin Platz finden. Könnte es dann nicht sein, dass sich in unserer bewohnbaren Zone eine weitere Oikumene befindet, von der uns in östlicher und in westlicher Richtung ein etwa 60 000 Stadien breiter Okeanos trennt? Über eine mögliche Existenz von Menschen in einer zweiten Oikumene sagt Aristoteles nichts. Wohl aber gibt er zu, dass man im Prinzip innerhalb der bewohnbaren Zone um die Erdkugel herumfahren könnte, wenn die Weite des Meeres dies nicht verhindern würde.»

«Das wird nie möglich sein, Aristarch. Einen tollkühnen Seefahrer, der dies vermag, wird es nie geben.»

Die beiden Freunde blieben im Sand liegen, ein jeder in seine Gedanken versunken. Der ägyptische Stern war bereits untergegangen, am östlichen Horizont quälte sich träge ein buckliger Mond aus schwarzen Wolkenfedern hervor.

«Darf ich dich noch etwas fragen, mein Freund?» unterbrach Demeas plötzlich die Stille. «Können wir gehen, mir wird kalt.» Lachend sprangen die beiden auf und liefen ins Dorf.

✴

Die Tage wurden merklich heißer. Die Schiffe trieben vor einem seichten Wind her, der den Reisenden wohlige Kühle zufächelte. In den folgenden Tagen und Wochen sollten sie noch mehrmals Zeugen der ungewöhnlichen Tierverehrung in Ägypten werden. So beteten die Menschen in Krokodilopolis ein Krokodil namens Suchos an. Träge lag es am Ufer eines kleinen Sees im Innern einer Tempelanlage und döste gelangweilt in der Sonne. Das Biest war reich geschmückt: Am Hals hatten die Priester ihm einen goldenen Reif umgebunden und daran eine Art Krone angebracht, an der ein lustiges Gehänge aus bunten Edelsteinen und Gold baumelte. An den Vorderfüßen trug es goldene Kettchen. Es war üblich, dass die Besucher ihrem Suchos Gottesgaben mitbrachten: Brot, Kuchen, gebratenes Fleisch und Wein gaben die Gläubigen den Priestern, die damit andächtig an den heiligen See schritten. Während einer von ihnen dem Ungetüm das Maul öffnete, sofern dieses nicht ohnehin schon erwartungsvoll aufgeklappt war, schob der andere die Speisen in den Rachen, und der dritte goss zum Abschluss den Wein hinterher. Alsdann entfernten sich die Priester demütig, und die Besucher schauten gebannt auf die Reaktion des Gottes. Dieser blieb meistens müde liegen oder schob sich unter ehrfurchtsvollem Gemurmel der Umstehenden gemächlich ins warme Wasser, wobei das Gehänge am Krönchen leise bimmelte. Starb der Gott Suchos, so wurde er einbalsamiert, mit Binden umwickelt und in einem bunt bemalten Holzsarg im Tempel beigesetzt.

Hekataios war es völlig unverständlich, warum die Menschen in dieser Gegend ausgerechnet das Krokodil verehrten. Es wimmelte hier nur so von diesen gefräßigen Tieren, vor allem in den ausgedehnten Sumpflandschaften, in denen das Leben nicht ungefährlich war. Immer wieder kam es vor, dass ein Kind vom Spielen am Wasser nicht mehr nach Hause zurückkehrte.

«Es ist wirklich sehr merkwürdig», meinte Hekataios hierzu. «Ich habe unterschiedliche Geschichten gehört, in denen man mir diesen Kult erklären wollte, aber keine scheint mir sehr einleuchtend zu sein. Die einen sagen, die Krokodile würden die Feinde aus Libyen und Arabien daran hindern, den Nil zu durchschwimmen. Diese Erklärung kann aber nicht stimmen, denn fast überall sonst in Ägypten werden die Krokodile gejagt und getötet. Nach einer anderen Sage soll vor langer Zeit ein König auf der Jagd von seinen eigenen Hunden angegriffen worden sein. Er musste vor ihnen fliehen und gelangte schließlich an den Moiris-See. Kurz bevor ihn die Meute reißen konnte, kamen einige Krokodile und brachten ihn auf wundervolle Weise ans andere Ufer des Sees in Sicherheit. An dieser Stelle gründete er die Stadt Krokodilopolis. Er wies die Menschen an, einen Krokodiltempel zu errichten und diese Tiere fortan zu ehren und zu schützen.»

Etwas weiter stromaufwärts, in Herakleopolis, verkehrte sich die Götterwelt praktisch ins Gegenteil. Hier war das Ichneumon heilig. «Dieses langhaarige, graue, katzenartige Tier ist der ärgste Feind des Krokodils», erklärte Hekataios. «Es schleicht sich an dessen Gelege und verspeist die Eier. Herodotos berichtet sogar, es würde sich an das Krokodil heranpirschen, wenn es mit offenem Maul träge in der Sonne liegt, in das Untier hineinkriechen, sich durch dessen Gedärme und Bauch fressen und schließlich aus dem Kadaver wieder herauskommen. Ihr solltet eure Augen offen halten. Vielleicht könnt ihr einmal ein Ichneumon dabei beobachten.»

Während der gesamten Reise sahen sie, außer im Tempel von Herakleopolis, kein einziges Ichneumon, schon gar nicht beim Leichenschmaus.

Und so ging es munter weiter. In Synopolis verehrten die Einheimischen Hunde, in Oxyrhynchos den Stör. In Papremis war das Nilpferd heilig, im thebanischen Gau eine zweigehörnte Schlange. Hier balsamierte man Katzen ein, dort Ibisse. Schuppenfisch und Latos, Hundekopfaffe und Pavian, Falke und Adler, Ziege und Schaf, Widder, Wolf, Spitzmaus – es gab offensichtlich kein Tier, das nicht irgendwo in dem riesigen Reich heilig war und in einem Tempel verehrt wurde.

Ägypten war voller Geschichten. Die Götter waren allmächtig. Sie waren die Sonne und der Himmel, und Osiris war der Nil. Was wäre dieses Land ohne seinen breiten Strom? Was wäre dieses Land ohne den fetten Schlamm, den der Fluss alljährlich mit sich führt und dadurch den rissigen, verdorrten Boden immer wieder aufs Neue befruchtet? Der Nil führte das Blut des Körpers Ägypten. Die Menschen lebten an ihm, auf ihm und von ihm, und selbst im Tode geleitete er sie noch. So wie Charon die Verstorbenen über den Styx zum Hades übersetzte, so steuerte Toth die Barke über den Nil und vertraute die Toten auf der Uferseite der untergehenden Sonne dem schakalköpfigen Anubis an, der sie ins Totenreich führte und auf ihrem Weg zum großen Osiris beschützte.

Seit über eineinhalb Monaten trug dieser Fluss die Reisegruppe immer tiefer ins Land hinein. Täglich erlebten sie neue, ungewohnte und wunderliche Dinge.

Vorbei an Lynkopolis, Aphroditopolis und Panopolis ging die Reise nun nach Abydos, der Hauptstadt des achten oberägyptischen Gaus, einst nach Theben die zweite Stadt im Reich mit dem «wahren» Grabmal des Osiris. Hier ließen sich die Betuchten begraben, weil die Priester ihnen auf der gegenüberliegenden Westseite des Nils den wirklichen Zugang zum Totenreich versprachen. Dann Tentyra, Koptos, Apollinopolis Parva und schließlich: Theben. Das alte Weset, Stadt der hundert Tore, der reichsten und mächtigsten Tempelanlagen des Reiches. Stadt des Amun, des verborgenen und bleibenden Gottes, verschmolzen mit dem Sonnengott Re zu Amun Re, dem König der Götter.

Am späten Nachmittag legten sie ihre Boote am östlichen Ufer zwischen zahlreichen Segelbooten an. Hier erstreckte sich die eigentliche Stadt Theben über 80 Stadien am Nil entlang. Auf dieser Seite des Flusses lebten die Menschen neben ihren einzigartigen Tempeln, während das Land auf der gegenüberliegenden Seite den Toten gehörte.

Sie stiegen direkt vor einem der beiden großen Tempel aus ihren Schiffen, erklommen die sandige Uferböschung und sahen nun die zwei mächtigen Türme des Pylon. Keiner der Reisenden sprach ein Wort, so sehr überwältigte sie der Eindruck dieses Bauwerkes. Aus der Nähe bemerkten sie, dass der Pylon in Wirklichkeit noch größer war, als er ihnen erschienen war, denn der untere Teil steckte im Wüstensand. Wie tief die Türme dort eingegraben waren, vermochten sie nur daran zu schätzen, dass unmittelbar vor dem Eingang zwei Statuen auf dem Sand zu sitzen schienen. Ihre Beine steckten tief im Boden.

Während die Vorderfront im Schatten lag, glühte im Innern eine Säulenreihe im Schein der untergehenden Sonne. Die Säulen umgaben einen offenen Hof, in den das Licht ungehindert hineinfluten konnte. Von hier aus gelangten sie in eine Kolonnade aus sieben Säulenpaaren. Fassungslos gingen sie um die tonnenartigen Pfeiler herum. Sie bestanden aus mehreren übereinandergesetzten Segmenten, die die damaligen Baumeister bis in eine Höhe von 50 Fuß hochhieven mussten. Jede Säule war mit mannsgroßen Reliefs verziert und strahlte in bunten Farben, die die tausend Jahre vergessen ließen, die diese steinernen Greise überdauert hatten.

Die folgenden Tage verbrachten sie in diesem sowie dem etwa fünf Stadien weiter flussaufwärts gelegenen Tempel, der sie noch stärker beeindruckte. Umfasst von einer etwa dreizehn Stadien langen Mauer machte die Anlage den Eindruck einer eigenständigen Stadt. Im Aufbau ähnelte sie zwar dem nördlichen Tempel, war aber wesentlich größer. In dem Gewirr von Innenhöfen, Gängen und kleinen Tempeln verloren die drei Reisenden leicht die Orientierung.

Der zentrale Säulensaal war ein Wunder, ein Werk unvorstellbarer Schaffenskraft, das Menschen nur durch Selbstaufgabe hatten vollenden können. Waren die Pyramiden allein durch ihre Größe überwältigend, so kam hier noch eine Kunstfertigkeit hinzu, die auf der Welt ohne ihresgleichen war. Den Mittelteil bildete eine Doppelreihe von zwölf Säulen, jeweils siebzig Fuß hoch und mit zehn Fuß Durchmesser. Auch diese waren sämtlich mit feinen Reliefs verziert und bemalt. Anders als im Nordtempel schloss sich links und rechts jeweils ein Säulenhof an, der wie ein steinerner Wald wirkte. Überwältigt spazierten sie zwischen diesen Kolossen umher. Jeder schien ihnen eine Geschichte erzählen zu wollen, doch blieb ihnen die gemeißelte Sprache rätselhaft und unverständlich.

Ein Priester führte sie und erklärte ihnen die Reliefs. Einige zeigten den König im Kampf gegen die Libyer, wie er den Streitwagen bestieg, Pfeile gegen die fliehenden Gegner schoss und diese schließlich an Stricken gefesselt als Kriegsbeute heimbrachte.

«Zu jener Zeit war dies der reichste Tempel im ganzen Land», fuhr der Priester fort. «Dann aber kam der Perserkönig Kambyses und wütete in den Gotteshäusern Ägyptens. Er raubte alles Gold, Silber, Elfenbein und Edelsteine. Schließlich nahm er sogar die Architekten gefangen und verschleppte sie nach Persien, wo sie ihm große Paläste bauen mussten.»

Krieg, Mord, Brandschatzung, Plünderung, Unterwerfung, Vertreibung – die Geschichte war voll mit Berichten über die zerstörerische Wut des Menschen, dachte Aristarch angesichts der Reliefs. Fast wirkte es wie ein Wunder, dass er es in den kurzen Ruhepausen trotzdem vermochte, seine Kultur zu verfeinern, Denkmale für seine Schaffenskraft zu setzen, die die Jahrtausende überdauern sollten, und die Wissenschaften voranzutreiben. Vielleicht würde der Mensch irgendwann eine Stufe der Vollkommenheit erreichen und seine Streitwagen und Äxte, seine Kampftürme und Schilde verbrennen und einschmelzen. Vielleicht würde er dann die Erde zu einem blühenden

Garten machen, vielleicht würde er dann friedlich reisen, vielleicht würde er sich dann endlich auf das besinnen, was seine wirkliche Größe ausmacht, vielleicht würde er dann glücklich sein. Vielleicht. Für den nächsten Tag hatten sie einen Ausflug in die Nekropole der Könige geplant, die sich auf dem gegenüberliegenden Ufer des Flusses befand. Doch von 47 urkundlich erwähnten Gräbern waren nur 17 erhalten, wie ihnen ein Priester erklärte. Bei einigen waren die Eingänge eingestürzt, andere hatten habgierige Frevler ausgeraubt. Jetzt waren alle Grabgänge versperrt und zum Schutz gegen Diebe mit Steinen zugeschüttet, um die Ruhe der Toten zu bewahren.

Deshalb entschieden sich die drei Freunde zum Besuch eines Tempels, der dem einst mächtigen König Osymandros zugesprochen wurde. Nach dessen Besichtigung war die Sonne bereits hinter den Bergen verschwunden. Nach kurzer Beratung mit den Führern kam man überein, nicht mehr nach Theben zurückzukehren, sondern die Nacht an Ort und Stelle zu verbringen. Ein Priester namens Penju lud die drei Hellenen in eine Unterkunft nahe beim Tempel ein.

Penju war seinen Gästen gegenüber sehr aufgeschlossen und offen. Er interessierte sich ebenso für die hellenischen Glaubensrituale wie für die Arbeiten von Hekataios und Aristarch und das Leben in der großen Stadt Alexandria, die er lediglich vom Hörensagen kannte.

Hekataios hatte in der berühmtesten Nekropole Ägyptens alles über die Totenbräuche und den Jenseitsglauben der Ägypter erfahren wollen. Für die Ägypter waren es zwei Leben, hier unter den Menschen, dort unter den Göttern – auch dort leibhaftig, weswegen der Körper erhalten werden musste. Freimütig erzählte Penju von der Technik des Einbalsamierens, die die Priester seit Jahrtausenden fast unverändert ausübten. Mit offenen Mündern folgten die beiden jungen Männer den Schilderungen.

Als Penju beiläufig erwähnte, dass kürzlich ein bekannter Adliger gestorben sei, der in der kommenden Nacht einbalsamiert werden solle, merkte Hekataios auf. Vorsichtig fragte er den Priester, ob sie bei dieser Prozedur vielleicht ausnahmsweise zusehen könnten. Penju zögerte kurz, antwortete dann aber mit einem deutlichen Nein. Die nur einen Augenaufschlag lang dauernde Unsicherheit Penjus genügte Hekataios jedoch, um weiter auf seiner Bitte zu insistieren.

Es sei unüblich, dass jemand der Balsamierung beiwohne, zumal ein Fremder, der nicht zur Familie gehöre, und überhaupt sei es nicht gerade ein schöner Anblick, meinte der Priester. Unbeirrt bat Hekataios, dessen Bartrollen dabei nervös hin und her schaukelten, weiter um die Erlaubnis. Schließlich gehe es ihm darum, die Kultur des ältesten Volkes kennenzulernen und diese in seinem großen Buch über Ägypten den kommenden Generationen zu überliefern. Außerdem sei doch sein, Penjus, Einfluss sicher groß genug, die Zustimmung des Balsamierers zu erwirken.

Diese Schmeicheleien ließen Penjus Widerstand zusehends erlahmen. Er überlegte kurz, winkte dann einem Tempeldiener und gab ihm eine knappe Anweisung, woraufhin dieser geschwind den Raum verließ. Es vergingen ein oder zwei Stunden, als der Diener plötzlich wieder erschien. In der Hand hielt er eine Tonplatte, in die für die drei Hellenen unlesbare Schriftzeichen eingemeißelt waren. Penju übergab diese an Hekataios und erklärte ihm, es sei ein Empfehlungsschreiben, das es ihnen erlauben würde, der Einbalsamierung beizuwohnen. Nachdem sich Hekataios vielmals bedankt hatte, erklärte der Priester, wo sie das Haus in der Stadt finden würden.

✹

Theben besaß ein Stadtviertel, in dem ausschließlich mit dem Bestattungsritual beschäftigte Menschen arbeiteten: Leichenbesorger, Einbalsamierer, Schnitter, Tuchmacher, Schreiner, Maler, Steinmetze und natürlich Priester. Ein Schild an einer Hauswand, das einen über neun gefangenen Männern liegenden Schakal zeigte, wies die drei Hellenen darauf hin, dass sie dieses Viertel betraten. Hekataios durchschritt zielstrebig einige verwinkelte Gassen und blieb schließlich vor einem bunt bemalten Gebäude stehen. Über der Eingangstür wachte auch hier der Schakal über seine Toten.

Aristarch beschlich ein bedrückendes Gefühl. Die Erinnerung an sein Erlebnis in Alexandria, als er Herophilos bei der Vivisektion überrascht hatte, stieg in ihm auf. Am liebsten wäre er umgekehrt und hätte sich geruhsam der friedlichen Abendstille am Fluss hingegeben. Doch in diesem Moment trat ein Diener aus dem Türdunkel und bat sie ins Haus.

Er führte sie durch schmale, nur spärlich von Öllampen erhellte Gänge, Bilder und Schriftzeichen an den Wänden huschten flackernd an ihnen vorbei, als verliehen ihnen die Seelen der Toten neues Leben. Schließlich gelangten sie in ein Zimmer, in dem sie der

Diener allein zurückließ. Dumpfe Stille umfing sie, keiner wagte ein Wort zu sprechen, ohnehin hatten sie das Gefühl, als würden die Wände jedes Atemgeräusch gierig verschlucken.

Im gelblichen Schimmer von Öllampen zeichnete sich an der einen Seite des Raumes die Statue des Osiris ab. Ein hölzernes breites Pult, auf dem sich Werkzeuge und Krüge befanden, stand ihnen gegenüber an der Wand. Unmittelbar daneben befanden sich mehrere Becken. Mitten im Zimmer stand ein Tisch aus schwerem Granit, völlig schmucklos, in kaltem Grau.

Sie waren noch in ihre Betrachtungen vertieft, als durch eine ihnen bislang verborgen gebliebene Tür, die sich nahtlos in die Wand einfügte, vier in langen, weißen Gewändern gekleidete Männer das Zimmer betraten. Einer von ihnen ging ruhig auf Hekataios zu, begrüßte ihn stumm, nickte anschließend den beiden jungen Hellenen zu und bedeutete ihnen mit einer Kopfbewegung, in einer Ecke des Raumes Platz zu nehmen.

In diesem Moment trugen zwei Diener den unbekleideten Toten auf einer Bahre herein. Nachdem sie ihn rücklings auf den Tisch gelegt hatten, verließen sie den Raum, die Tür verschloss wieder fugenlos die Wand.

Nun trat der Mann, der sie begrüßt hatte – nach dem, was ihnen Penju am Vortag erzählt hatte, musste es einer von den beiden Einbalsamierern sein –, vor die Götterstatue und hob einen klagenden Gesang an. Langwierige rituelle Handlungen folgten, bis schließlich wieder Totenstille eintrat.

Jetzt schritt langsam einer der anderen Männer, es war der Schnitter, an das Pult, nahm einen länglichen, scharfkantigen ethiopischen Stein herunter und kehrte an den Tisch zurück. Der Dritte nun, der Schreiber, zeichnete mit einem Finger auf den Körper des Toten, etwa vom Brustbein bis in die Schamgegend, eine imaginäre Linie. Ohne eine Gemütsregung setzte der Schnitter die Spitze des Steines dort an, drückte ihn plötzlich mit einem kräftigen Ruck tief in die Haut bis ins Fleisch und schlitzte mit sicherer Hand entlang der gezeigten Linie den Leib auf.

Kaum hatte er den Schnitt beendet, da begannen der Schreiber und die Balsamierer mit einem furchterregenden Gebrüll. Sie schlugen auf den Schnitter ein und trieben ihn aus der Tür, die sich derweil unbeobachtet wieder geöffnet hatte. Der Schnitter entfloh den schreienden Männern, die ihn offenbar mit wilden Flüchen bedachten.

Bald hatten sie sich jedoch wieder beruhigt, nun kam ihr Teil der Arbeit.

Der zweite Balsamierer öffnete den Körper des Toten, so weit es der Schlitz zuließ, steckte dann seine Hand in den Leib und begann, die Eingeweide unter schmatzenden Geräuschen herauszuziehen und in die Becken zu legen. Hier wusch sie der zweite Balsamierer mit wohlriechenden Wässern und Palmwein. Darm und Magen wurden sorgsam entleert und Letzterer anschließend mit geriebener Myrrhe, Kasia und anderen Gewürzen ausgestopft und zugenäht. Die so behandelten Eingeweide kamen in vier gleich große Gefäße in Form von Tierköpfen. Anschließend wurden sie mit Deckeln verschlossen. Einzig das Herz verblieb im Körper.

Die Balsamierer reinigten den Leichnam innen gründlich, rieben ihn mit Zedernöl aus und streuten schließlich Kräuter hinein. Erstaunlicherweise verlor der Körper bei dieser Prozedur kaum Blut. Hekataios vermutete, dass der Balsamierer dies bereits kurz nach dem Tod mit Hilfe mehrerer Schnitte hatte abfließen lassen.

Mittlerweile war der Raum mit einem ekelerregenden Dampf erfüllt. Dumpfe, mal süßlich, mal modrig riechende, Übelkeit erregende Schwaden umnebelten die Gäste. Zwischen Abscheu und Faszination hin- und hergerissen verfolgten sie das Geschehen wie aus großer Ferne. Räumlich und zeitlich schienen sie dieser Zeremonie weit entrückt, ein Schauspiel aus einer versunkenen Zeit.

Es waren schon einige Stunden vergangen, als die Prozedur beendet zu sein schien. Die vier Männer stellten sich vor der Statue des Osiris auf und stimmten erneut ihren fremden Gesang an. Als sie geendet hatten, schritten die Balsamierer ans Pult, nahmen sich jeweils einen langen, an dem einen Ende gebogenen Draht herunter und näherten sich damit dem Leichnam. Die Hellenen glaubten ihren Augen nicht trauen zu können, als sie mit ansehen mussten, wie die beiden Männer die Haken in die Nasenlöcher einführten und langsam, aber kräftig in die obere Hälfte des Kopfes bis ins Gehirn trieben. Dann drehten sie die Drähte hin und her und zogen sie behutsam wieder heraus. Dabei kam eine schleimige, graue Masse zum Vorschein, die sie in einer Schale sammelten. Diesen Vorgang wiederholten sie viele Male, bis sie das Gehirn vollständig aus dem Schädel herausgeholt hatten.

Es musste schon spät in der Nacht sein, als die Diener erneut im Zimmer erschienen und den Leichnam auf der Bahre hinaustrugen.

Der eine Balsamierer kam zu Hekataios und bedeutete ihm mit wenigen Worten, die der Hellene verstehen konnte, am nächsten Tag wiederzukommen, damit er ihm noch einiges erzählen könne. Anschließend verabschiedete er sich, und ein Diener geleitete die Gäste nach draußen.

Gierig atmeten sie die kühle Luft ein, die sie wie klares Wasser erfrischte. Den Kopf noch voller bedrückender Bilder, hatte Aristarch trotz der späten Stunde Mühe einzuschlafen.

Als Hekataios am nächsten Morgen an Aristarchs Tür klopfte, stand die Sonne bereits hoch am Himmel. Der Historiker war hellwach und drängte seine beiden jungen Freunde zur Eile, weil er zu dem Balsamierer gehen wollte. Dieses Mal musste Mesui sie wieder begleiten. Der Balsamierer erwartete sie bereits. Nach einigen einführenden Worten erklärte er ihnen:

«Der Körper des Adligen, von dessen Behandlung ihr gestern Zeuge wurdet, liegt nun in einer mit Natronpulver gefüllten Wanne. Hin und wieder erneuern wir das Pulver, bis nach etwa einem Monat nur noch Haut und Knochen von der Leiche übrig geblieben sind. Dann werden wir sie herausnehmen, waschen, Hohlräume wie den Schädel und den Brustkorb mit harzgetränkten Stoffballen ausfüllen und mit wohlriechenden Ölen einreiben. Anschließend umwickeln wir den Körper vollständig mit langen Streifen weißen Leinwandstoffes und verkleben diesen mit Harz. In manchen Fällen überziehen wir die Fingernägel noch mit dünnen Goldplättchen und die Zehen mit goldenen Hülsen, bevor wir den Toten der Familie übergeben. Diese sorgt dann für eine angemessene Bestattung in einem fein bemalten Holzsarg.»

«Wird jeder Verstorbene auf dieselbe Art und Weise auf seine Reise in das Totenreich vorbereitet?» fragte Hekataios.

«Wie ich bereits sagte, handelte es sich in diesem Fall um einen reichen Adligen, der eine sehr vornehme Einbalsamierungsart erhalten hat. Besitzt eine Familie weniger Geld, so kann sie eine Einbalsamierung zweiter Klasse wählen. In diesem Fall entnehmen wir dem Körper nicht die Eingeweide, sondern füllen den Körper durch den After mittels einer Klystierspritze gänzlich mit Zedernöl. Dann verschließen wir ihn und legen ihn wiederum etwa dreißig Tage lang in Natronlauge ein. Während dieser Zeit löst das Öl die Eingeweide auf. Am Ende der vorgeschriebenen Zeit öffnen wir den Körper, und die Flüssigkeit fließt mitsamt den Innereien ab. Der Leichnam ist nun haltbar und wird der Familie übergeben. Das Armenbegräbnis macht am wenigsten Mühe. Hier wird der Leib lediglich mit Rettigöl ausgespült und siebzig Tage lang eingelegt.»

«Verfährt man auf diese Weise ausschließlich mit den Männern, oder werden auch Frauen so behandelt?» wollte Hekataios wissen.

«Auch Frauen können einbalsamiert werden, sie erhalten aber seltener ein Begräbnis erster Klasse. Außerdem übergibt man weibliche Leichname dem Balsamierer erst drei oder vier Tage später als männliche, damit sich keiner der Männer an den Frauen vergeht. Es sind bereits Balsamierer angezeigt worden, weil sie die Körper verstorbener Frauen geschändet hatten.»

Der Balsamierer erzählte ihnen noch weitere Details über das Begräbnis und den Weg des Verstorbenen durch das Totenreich. Anschließend bot er ihnen an, dem Ablassen des Zedernöls aus einem Leichnam beizuwohnen. Sicher wäre auch diese Prozedur für sie interessant. Hekataios bedankte sich vielmals, lehnte jedoch sehr zur Beruhigung seiner beiden Schüler mit der Begründung ab, sie könnten aus Zeitgründen nicht mehr länger in Theben bleiben.

❂

Zwei Wochen hatten sie in der alten Reichsstadt verbracht. Jetzt richteten sie sich auf eine mehrere Tage dauernde Nilfahrt ein. Unerbittlich brannte die Sonne auf die Reisenden nieder, bis sie in Ombos anlangten, einer reichen Handelsstadt und einem Schmelztiegel der ägyptischen und nubischen Kultur. Kurz vor ihrer Ankunft legte Hekataios seine Notizen aus der Hand und meinte zu seinen beiden Begleitern:

«Du, Aristarch, willst zur Zeit der Sommersonnenwende in Syene deine Messung des Sonnenstandes vornehmen, stimmt das?»

«Es wäre besser, wenn ich bereits einige Tage zuvor damit beginnen könnte», entgegnete der junge Astronom.

«Nun gut, also sagen wir an 11 Pharmuthi sollten wir spätestens dort sein. Bis dahin haben wir noch fast drei Wochen Zeit. Wir sollten diese zu einem Ausflug nutzen, den ich eigentlich nicht geplant hatte, der aber sicher sehr interessant werden dürfte. Hier in den Bergen gibt es zahlreiche, sehr ergiebige Goldminen. Ich denke, es könnte sehr lehrreich sein, einmal zu beobachten, auf welche Weise dieses edle Metall gewonnen wird. Was meint ihr?»

Dabei hatte er nach Westen auf das Gebirge gedeutet. Die beiden jungen Männer waren ohne Zögern für diesen Abstecher. Also entschloss man sich, in Ombos zwei oder drei Führer mit Eseln zu suchen, die sie zu den Bergwerken bringen würden. Innerhalb von zwei Tagen hatte Mesui zwei Ägypter gefunden, die den Weg durch die Berge kannten, und Essensvorräte für mehrere Tage gekauft. Am dritten Tag brachen sie noch vor Tagesanbruch auf. Die drei Hellenen, Mesui und die beiden Führer ritten auf ihren Eseln aus der Stadt, gefolgt von zwei weiteren Eseln, die die Verpflegung trugen. Ein schmaler Weg führte sie langsam ansteigend durch eine karge Felslandschaft, deren hellgelbes Gestein sie blendete. Etwa vier Stunden nach Sonnenaufgang erreichten sie eine Anhöhe. Obwohl die Hitze noch erträglich war, mahnten die Führer, ein Lager aufzuschlagen. Sie spannten lediglich ein paar weiße Tücher als Sonnenschutz auf und ließen sich zu einem Imbiss im Schatten nieder. Erst am späten Nachmittag machten sie sich erneut auf den Weg.

Sie waren noch keine Stunde geritten, als den Hellenen klar wurde, warum die Führer auf der Rast bestanden hatten. Die Wände rechts und links des Weges stiegen immer höher an. Die Gruppe durchquerte einen langen Hohlweg, in dem sich die Hitze wie in einem Backofen staute. In der Mittagszeit musste die Temperatur hier unerträglich sein.

In der Nacht wurde es allerdings bitterkalt, so als wollte die Natur ihre übermäßige Hitze des Tages wieder ausgleichen. Die Reisenden hüllten sich in dicke Wolldecken. Am tiefschwarzen Himmel schien eine unermessliche Sternenpracht zum Greifen nahe, das schimmernde Band der Milchstraße wölbte sich sanft über den Horizont. Aristarch hatte das Gefühl, als wollten die Gestirne auf die Erde herabsinken und als blitzende Diamanten über seinen Körper rollen.

Der folgende Tag unterschied sich in nichts von dem ersten, nur das Gestein wurde dunkler. Nach der Mittagsrast führte sie der Weg in ein hoch gelegenes Tal. Hin und wieder meinte Aristarch ein Geräusch zu hören, das aus der Ferne an seine Ohren drang. Zuerst glaubte er an eine Täuschung, konnte dann aber immer deutlicher Schläge von Hämmern oder ähnlichen Werkzeugen ausmachen. Auch die Freunde hatten es bemerkt und baten nun Mesui, ihre Führer danach zu fragen. Sie hatten sich nicht geirrt, der Lärm kam aus den Goldminen, die sie bald erreichen würden.

Es war kaum eine Stunde vergangen, als sie um eine Felsecke bo-

gen und unter sich, in einem kleinen Tal gelegen, die Gruben erblick-
ten. Wie Mauselöcher kamen ihnen die dunklen Höhlen in dem Gestein vor, und auch die umherwuselnden Menschen erinnerten sie
an die kleinen grauen Tierchen.

Kurze Zeit später hielt sie ein Soldat
an, der sie nach kurzer Unterredung mit Mesui zu Teukros, dem
Hauptmann des Lagers, brachte.

Mit überschwänglicher Freundlichkeit begrüßte dieser seine Besucher, die ihm offenbar eine ungeahnte Abwechslung in seinem sonst
recht tristen Alltag bescherten. Er bat sie in sein Zelt, reichte ihnen zu
essen und zu trinken und war für alle Fragen offen.

«Ja, die durchaus nicht ganz angenehme Arbeit», erklärte Teukros,
«verrichten Schwerverbrecher. Warum auch nicht. Sie haben es
nicht besser verdient. Aus allen Teilen des Reiches deportiert man sie
in die Gruben, von denen es noch viele andere in den Bergen gibt.
Bei der täglichen Arbeit haben sie Zeit genug, um über ihre Schuld
nachzudenken. Sicher, alle überleben es nicht. Vor allem nicht die
Lebenslänglichen», ergänzte er prustend und sichtlich erfreut über
seinen gelungenen Scherz.

Die Aufseher waren fremdländische Söldner, die so ausgesucht
wurden, dass sie die Sprache der Gefangenen nicht verstanden. Dadurch vermied man die Gefahr der Bestechung. Außer Teukros gab
es nur noch wenige andere gebildete Männer im Lager: seinen Adju-
tanten, einen Arzt und einige Sachverständige für die Goldgewin-
nung. Es schien kaum vorstellbar, dass jemand in dieser Einöde, umgeben von Soldaten und Verbrechern, monatelang ausharren konnte,
ohne schwermütig zu werden.

«Hin und wieder gönne ich mir einen Ausflug nach Ombos», sagte
Teukros, dessen Gesicht von der Hitze des Tages und der klirrenden
Kälte bei Nacht zerfurcht war wie die umgebenden Berge.

Es war etwa eine Stunde vor Sonnenuntergang, als sie das Zelt
verließen, um die Arbeit in den Minen zu besichtigen. Vor einem
Grubeneingang begrüßte sie einer der Sachverständigen, ein Hellene
namens Syristos aus Athen. Er erklärte ihnen die Technik der Gold-
gewinnung.

Es fiel ihnen schwer, dem Mann zuzuhören, angesichts des Elends,
das sich ihren Augen bot. Männer, Frauen, Kinder, Greise schleppten
willenlos schweres Gestein, wobei das Rasseln der schweren, eisernen
Fußketten jeden ihrer Schritte begleitete. Die armseligen Kreaturen
trugen auf ihren verdreckten Leibern alte Lumpen, die dem Anschein

nach nur noch von der harten, stinkenden Kruste aus Schweiß und Staub zusammengehalten wurden. Einige kamen mit schweren Lasten aus den Grubenlöchern gekrochen, andere brachen Steine mit wuchtigen Eisen aus dem felsigen Boden. An einigen Stellen brannten große Feuer.

«Hier ist der Boden so hart, dass wir ihn zuerst durch die Hitze auflockern müssen, bevor er sich weiterverarbeiten lässt», erklärte ihnen Syristos. «In den Stollen», damit deutete er auf eines der schwarzen Löcher, «arbeiten nur die kräftigsten Männer. Wir befestigen an ihren Köpfen Kerzen, damit sie sich zurechtfinden. Ihr müsst wissen, dass die Gänge nicht willkürlich in den Fels getrieben werden, sondern dem Lauf der Goldadern folgen müssen.»

In diesem Moment krauchte ein Junge von vielleicht zehn Jahren aus einem der Löcher heraus und versuchte, einen schweren Brocken herauszuziehen. Als das Kind ihn endlich draußen hatte und anheben wollte, brach es zusammen und blieb wie ein dreckiger Sack im Sand liegen. Sofort sprang einer der Soldaten heran, brüllte den Jungen an und verpasste ihm mit einer Peitsche einige kräftige Hiebe. Der Unglückliche blieb jedoch regungslos liegen. Nach einigen weiteren ebenso erfolglosen Schlägen winkte der Aufseher, offenbar verärgert über die lästige Störung, einen anderen Sträfling heran. Gemeinsam schleppten sie den leblosen Körper in den Schatten.

«Hattest du nicht gesagt, hier wären nur Schwerverbrecher? Wie kommen dann diese Kinder und alten Frauen hierher?» fragte Hekataios, von der Szene erschüttert, den Hauptmann.

«Nun, es kommt mitunter vor, dass ein Richter nicht nur den Verbrecher selbst verurteilt, sondern auch gleich dessen Angehörige. Seien wir doch mal ehrlich», fügte Teukros vertraulich hinzu, indem er seinen Kopf Hekataios zuneigte, «in solchen Familien ist doch einer wie der andere.»

«Aber doch nicht kleine Kinder!» beharrte Hekataios und sah den Soldaten verständnislos an.

«Ich habe die Gesetze nicht gemacht!» entgegnete der Soldat beleidigt. Er war sichtlich nicht gewillt, noch weiter über dieses Thema zu diskutieren, und führte seine Gäste an einen riesigen steinernen Trog, in den die Arbeiter die großen Gesteinsbrocken aus den Stollen hineinwarfen. Kräftige Männer umstanden den Mörser und zerkleinerten die Brocken mit schweren eisernen Keulen zu kleinen Steinen. War eine Fuhre fertig, wurde sie in einen Eimer geschüttet, und eine Frau oder ein Greis schleppte ihn zu einer der vielen Mühlen, die in einer Reihe nebeneinanderstanden. Zwei oder drei Männer drehten die schweren Mühlräder, zwischen denen die Steinchen unter lautem Kreischen fein zermahlen wurden. «Nun kommt unsere Arbeit», erklärte der Sachverständige Syristos. «Wir verteilen das Steinmehl auf diesem großen, schräg stehenden Brett und gießen langsam Wasser darüber. Die Erde löst sich in dem Wasser und wird weggeschwemmt, während das schwerere Gold liegen bleibt. Durch weiteres, vorsichtiges Spülen entfernen wir noch feinere Sandreste, bis ein fast reiner Goldstaub übrig ist. Der genügt allerdings den Ansprüchen der Goldschmiede in Alexandria nicht. In einem letzten Arbeitsschritt füllen wir das wertvolle Gemisch in Tonkrüge, dann fügen wir bestimmte Mengen an Blei und Salzkörnern sowie ein wenig Zinn und Gerstenkleie hinzu. Daraufhin verschließen wir den Krug rundherum mit Lehm und schmelzen die Masse in den Öfen, die ihr dort hinten am Felsen seht. Nach fünf Tagen und Nächten findet sich am Boden der Krüge reines Gold ohne jede Verunreinigung.»

Der Hauptmann und sein Goldmacher führten die Besucher durch das Abbaugebiet, das sich weiter in die Berge hineinfraß, als sie gedacht hatten. Es war unmöglich, die Zahl der Gefangenen abzuschätzen. Es mochten zwei- oder dreihundert sein. Die Verpflegung für sie und die Soldaten kam zum Teil aus Ombos, aber auch von der anderen Seite des Gebirges, aus Garnisonsstädten, die Ptolemaios am arabischen Meerbusen gegründet hatte.

Es war bereits dunkel, als der Hauptmann die Gäste in sein Zelt zum Abendessen bat. Man speiste einfach, aber nicht schlecht und unterhielt sich noch lange angeregt. Obwohl Aristarch schließlich ermattet ins Bett fiel, hatte er Schwierigkeiten einzuschlafen. Zu klar war ihm noch das Bild des geplagten Jungen vor Augen, zu deutlich klangen die Geräusche vom Arbeitslager zu ihm herüber. Tag und Nacht schufteten die Gefangenen. Dies also war der dreckige Grund, auf dem die goldenen Becher des Hofes standen.

Zwei Tage später waren sie wieder in Ombos, der legendären Goldstadt. Ohne lange zu verweilen, gingen sie zu ihren Booten und steuerten Syene an, wo Aristarch seine Sonnenstandsmessungen vornehmen wollte.

❁

Syene war seit jeher der südliche Grenzposten zum benachbarten Nubien gewesen, von dessen Fürsten ständig Übergriffe zu erwarten waren. Außerdem hatte die Stadt eine wichtige Funktion als Handelsknotenpunkt, einmal wegen der Steinbrüche am Ostufer unmittelbar südlich der Stadt, die das Rohmaterial für große Bauten in ganz Ägypten lieferten, zum anderen wegen der afrikanischen Handelswege, die hier zusammenliefen. In Richtung Süden ging es nach Nubien und in den Sudan, in nordwestlicher Richtung zu den Oasen in der libyschen Wüste.

Syene präsentierte sich den Reisenden als hektische Garnisonsstadt und Umschlagplatz für Waren aller Art. Am Nilufer standen große Lagerhallen, überall in der Stadt dehnten sich weiträumig Märkte aus. Die Straßen und Schenken waren am Abend voll mit Soldaten und Kaufleuten aus dem Innern Afrikas. Man vergnügte sich mit Frauen und Glücksspielen; das Sprachgewirr hätte verwirrender nicht sein können.

Die Stadt war als Kopf der Brücke zur Insel Elephantine entstanden. Auf diesem Eiland am nördlichen Ende einer Reihe von Katarakten hatten die Ägypter die Hauptstadt des ersten Gaues errichtet. Hier standen die großen Tempel und Verwaltungsgebäude. Als Bollwerk gegen Feinde aus dem Süden war Syene mit einer dicken Festungsmauer umgeben. Ein ungewöhnlich günstiges Klima machte die Gegend sehr fruchtbar. Rebstöcke, Feigenbäume und Dattelpalmen behielten das ganze Jahr über ihre Blätter und warfen reiche Ernte ab.

Hekataios gelang es, Aristarch einen Platz im Innenhof eines Gymnasions zu verschaffen, wo er seine Sonnenuhr aufstellen und arbeiten konnte. Einen ganzen Vormittag brachte der junge Astronom damit zu, sie genau auszurichten. Hierfür hatte ihm Ktesibios eine spezielle Wasserwaage angefertigt. Sie bestand aus zwei länglichen, oben offenen Behältern, die im rechten Winkel aneinanderstießen. Ihre gemeinsame Standfläche war vollkommen eben. An den Innenwänden dieser länglichen Kästen hatte Ktesibios rundherum eine waagrechte Linie gezogen, die exakt parallel zum Boden verlief. Füllte man nun Wasser in die Waage, so verlief diese Linie parallel zum Wasserspiegel, sobald der Behälter waagrecht stand. Dieses Instrument legte Aristarch auf seine Skaphe, um sie zu justieren.

Neugierige Schüler und Lehrer umlagerten den merkwürdigen Fremden und überhäuften ihn mit Fragen, was seine Arbeitszeit nicht gerade verkürzte. Die Messung, mit der er gleich am nächsten Tag beginnen konnte, war einfach: Er verfolgte lediglich, wie der Schatten des Zeigers im Laufe des Tages langsam über das Liniennetz der Sonnenuhr wanderte. Am Vormittag beobachtete und notierte er die Positionen einmal pro Stunde, um die Mittagszeit herum blieb er die ganze Zeit über an der Skaphe.

So blieb ihm noch genügend Zeit für Besichtigungen, beispielsweise der kleinen Insel Philai mit ihrem prächtigen Isis-Tempel, den Nektanebos vor nicht einmal hundert Jahren hatte errichten lassen. Mit großem Vergnügen schaute Aristarch von der Südspitze der Insel Elephantine einem Schauspiel der Fischer und Fährschiffer zu. An dieser Stelle begannen die Katarakte des Nils, Stromschnellen, die die Schifffahrt teilweise über weite Strecken unmöglich machten. Die Schiffer machten sich einen Spaß daraus, in Ufernähe den Nil ein kleines Stück hoch zu fahren, dann in die Mitte des Flusses hineinzu-rudern, um dort von den Wassermassen mitgerissen zu werden und die Fälle hinunterzustürzen. Aristarch staunte immer wieder, wenn ein kleines Boot in der Gischt untertauchte und plötzlich unversehrt wie ein Fisch daraus hervorsprang. Nie wurde einer der Schiffer dabei verletzt. Ganz im Gegenteil, wie kleine Kinder lachten sie über ihre Künste und wurden nicht müde, sie ständig zu wiederholen und sich gegenseitig an Tolldreistigkeit zu überbieten.

Bei seinen täglichen Beobachtungen notierte Aristarch, dass der Schatten auf seiner Skaphe zur Mittagszeit immer kürzer wurde, je-doch um zwölf Uhr nicht vollständig verschwand. Der Tag der Som-mersonnenwende war noch fast zwei Wochen entfernt. Je mehr er sich diesem Datum näherte, desto kürzer wurde der Mittagsschatten.

Dieser magische Tag kündigte sich noch durch eine weitere Beob-achtung an. Am Ufer gab es einen Nilmesser, einen gemauerten Brunnen, in dem der Wasserspiegel mit demjenigen des Nils stieg und fiel. Markierungen an der Innenmauer kennzeichneten Tief-stände und Hochwasser. Man bemerkte das Steigen des Wasserspie-gels auch, wenn man aufmerksam das Ufer oder besser noch die In-seln beobachtete, die nach und nach überspült wurden. Der Nilmesser erlaubte es jedoch, einige Voraussagen zu machen. Ein erfahrener Beamter vermochte an ihm abzulesen, wann die nächste Flut kom-men würde, mit welcher Geschwindigkeit sie steigen und welchen Höchststand sie schließlich in etwa erreichen würde. Anhand dieser Vorhersagen konnten die Bauern die noch nötige Bewässerung ermessen, rechtzeitig Dämme errichten oder Kanäle ziehen. Nicht zuletzt schätzten fleißige städtische Beamte die voraussichtlichen Einnahmen ab. Eine hohe Flut versprach hohe Erträge und damit auch hohe Abgaben an den König. Der Wasserspiegel im Nilmesser hatte bereits die Mittelmarke überschritten und zeigte somit das neuerliche Anschwellen des Flusses innerhalb der nächsten Wochen an.

21 Pharmuthi, der Tag der Sonnenwende. Die drei Hellenen saßen um die Sonnenuhr herum und betrachteten, wie der Schatten des Gnomons langsam über das spinnennetzartige Liniensystem der Skaphe wanderte. Aristarch notierte jede Stunde die Position. Schließlich verschwand zur Mittagsstunde der Schatten. Die Sonne stand jetzt genau im Zenit.

Aristarch sah seine beiden Begleiter freudig an, als wäre er gerade Vater eines gesunden Sohnes geworden.

«Seht ihr!» rief er aus, «genau so wie erwartet.»

Hekataios und Demeas schauten den jungen Astronomen an und waren deutlich weniger beeindruckt von dieser Vorstellung als ihr Freund.

«Und?» fragte Demeas verständnislos.

«Was und?» entgegnete Aristarch.

«Wie groß ist denn nun die Erde?»

«Woher soll ich das wissen?»

«Ich denke, du veranstaltest diesen Aufstand hier, um den Umfang der Erde zu bestimmen. Und nun bist du genauso schlau wie vorher? Willst du dich über uns lustig machen?»

«Aber Demeas, dir muss man wirklich alles zehnmal erklären. Also, schau her!»

Damit griff er sich einen Zweig und begann, seine Erläuterungen mit einer Skizze im Sand zu verdeutlichen.

«Stell dir die Erde als Kugel vor. Syene liegt auf der Grenze zur verbrannten Zone. Heute steht die Sonne genau über uns, wie du an dem Verschwinden des Schattens hier auf der Skaphe ersehen kannst. In diesem Moment macht Timocharis in Alexandria dieselbe Messung wie ich. Bei ihm wird die Sonne jedoch nicht im Zenit stehen. Heute nicht und an keinem anderen Tag des Jahres. Dafür liegt Alexandria zu weit im Norden, oder anders gesagt, die Bahn der Sonne steigt nicht so weit über den Äquator auf, als dass sie in Alexandria den Zenit erreichen würde. Timocharis misst also heute eine bestimmte Schattenlänge. Auf dem kugelförmigen Boden der Skaphe

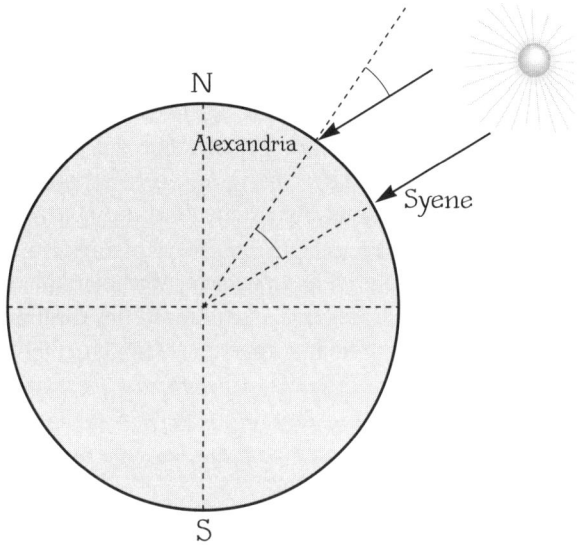

nimmt der Schatten einen bestimmten Teil des vollen Kreises ein. Nehmen wir einmal an, es sei der dreißigste Teil des Kreises. Dann beträgt auch die Entfernung zwischen Alexandria und Syene ein Dreißigstel des gesamten Umfangs der Erde, auf dem Alexandria und Syene liegen. Die beiden Städte liegen nämlich auf ein und demselben Nord-Süd-Bogen, sind also nicht nach Ost oder West gegeneinander versetzt. Nun müssen wir nur noch wissen, wie weit Alexandria von Syene entfernt ist. Dann nehmen wir diesen Wert mit dreißig mal und erhalten den gesamten Erdumfang.»

«Mein lieber Freund aus Samos», fuhr Demeas nach einer kurzen Pause fort. «Ich glaube, du bist nicht nur ein helles Köpfchen, sondern auch ein guter Lehrer. Zumindest meine ich, das Prinzip verstanden zu haben. Eine Frage bleibt allerdings noch. Woher weißt du, wie viele Stadien die beiden Städte auseinanderliegen?»

«Ich habe mir die ganze Fahrt über Notizen gemacht. Zum einen habe ich versucht, die Geschwindigkeit unseres Bootes zu schätzen und daraus die zurückgelegten Strecken zu ermitteln. Zum anderen habe ich Mesui gebeten, er solle die Einwohner oder Beamten in denjenigen Städten, die wir besucht haben, fragen, ob sie die Entfernung bis zur nächsten Stadt kennen. Diese Angaben habe ich alle zusammengezählt. Leider haben die Menschen nur eine ungefähre Vorstellung von den Entfernungen, und ich hatte Schwierigkeiten beim

Abschätzen unserer Reisegeschwindigkeit. So führen die beiden Methoden auf unterschiedliche Entfernungen. Sie muss aber wohl zwischen 5000 und 6000 Stadien betragen. Wenn wir wieder zu Hause sind, werde ich dir hoffentlich sagen können, wie groß die Erde ist. Aristoteles behauptete, ihr Umfang betrage 400 000 Stadien. Dann dürfte Timocharis auf der Sonnenuhr eine Schattenlänge von höchstens einem Achtzigstel bis einem Fünfundsechzigstel des Kreisumfangs gemessen haben.»

«Das ist sicher eine sehr geistreiche Methode, mein Freund», schaltete sich nun auch Hekataios erstmals in das Gespräch ein. «Sie mag auch, was die Mathematik anbelangt, durchaus fehlerfrei sein. Aber die Zahl, die du am Ende herausbekommst, ist zunächst einmal wirklich nur eine Zahl. Diese sollte nicht darüber hinwegtäuschen, dass du bestimmte Voraussetzungen machst, von denen wir nicht wissen, ob sie tatsächlich erfüllt sind.

«Welche meinst du?» fragte Aristarch.

«Du gehst wie selbstverständlich davon aus, dass die Erde eine Kugel ist. Können wir dessen so sicher sein? Oder ist es nicht doch möglich, dass sie die Form einer Scheibe, eines Zylinders oder eines irgendwie anders gearteten Körpers besitzt? Gut, gut!» kam er dem Einwand Aristarchs zuvor. «Ich kenne eure Argumente, die für die Kugelgestalt sprechen. Das Auftauchen neuer Sternbilder, wenn man nach Süden reist, oder das langsame Verschwinden eines sich von uns entfernenden Schiffes unter dem Horizont. Aber wäre es nicht möglich, dass eine andere Form, an die ihr bislang nicht gedacht habt, zu denselben Phänomenen führen würde?»

«Ich gebe dir darin recht», antwortete Aristarch nach kurzem Schweigen, «dass wir vielleicht nie mit letztendlicher Sicherheit sagen können, welche Form die Erde hat. Ich meine aber, die von dir geschilderten sowie zahlreiche weitere Phänomene sprechen sämtlich für die Kugelgestalt der Erde. Auch philosophische Gründe legen diese perfekte Form nahe.»

«Aber genau das ist doch das Problem», warf Hekataios ein. «Was sind denn eure Beobachtungen wert? Mein Lehrer Pyrrhon hat gesagt, nichts erscheine in seiner reinen Gestalt an und für sich. Die Dinge erscheinen unseren Sinnen lediglich so oder so, wie sie aber wahrhaftig sind, bleibt uns verborgen. Wie uns ein Mensch oder ein Ding erscheint, hängt von seiner Lage im Raum, seiner Entfernung zu uns und möglicherweise noch von vielen anderen Dingen ab. Berge, die aus der Ferne sanft geschwungen und luftig wirken, werden aus der Nähe betrachtet zu zerklüfteten, grauen Felswänden. Ein roter Vorhang ändert seine Farbe, je nachdem, ob wir ihn bei Tageslicht, Mondschein oder im schwachen Schimmer einer Kerze betrachten. Die Sonne wirkt am Morgen oder Abend anders als am Mittag.»

Hekataios machte eine Pause und ging grübelnd um Aristarch und Demeas herum, die an der Sonnenuhr hockten. Nun schien er einen neuen Gedankengang durchgespielt zu haben und fuhr fort: «Schwerer noch wiegt meines Erachtens ein anderer Einwand. Du zeichnest in den Sand oder auf ein Blatt Papyrus einige Linien und bestimmst Dreiecke und Längen von Kreisbögen. So weit, so gut. Dann aber sagst du: Das *ist* die Natur. Du vergisst dabei, dir die Frage zu stellen, welche Schlüsse du von geometrischen Lehrsätzen auf die Natur ziehen darfst. Scheint es dir nicht auch etwas vermessen, mit einigen simplen Strichen das Werk des Zeus nachzuvollziehen? Die Geometrie kann doch nur ein Hilfsmittel sein, das euch in die Lage versetzt, Finsternisse vorauszuberechnen oder den Lauf der Planeten nachzuvollziehen. Die Mathematik steht als vom Menschen erdachtes Prinzip auf der einen und das von Gott erschaffene Universum auf der anderen Seite. Und jede Brücke zwischen diesen beiden Welten wird auf den schwankenden Pfeilern der menschlichen Sinneseindrücke errichtet. Was wir aber von jenen zu halten haben, habe ich dir gerade versucht darzulegen.»

Aristarch war verstimmt. Zwar konnte er die Einwände des Skeptikers nicht widerlegen, aber es wollte ihm nicht gefallen, dass der Mensch lediglich ein passiver, von Augen und Ohren getäuschter Beobachter sein sollte, der die Welt grundsätzlich nicht erforschen kann.

«Wir Menschen können sicher nicht alles erfahren», begann er zögerlich. «Aber wir können versuchen, die Natur zu verstehen. Wir haben uns daran gewöhnt, dass Geometer die Mathematik benutzen, um Länder zu vermessen. Warum sollten wir die Mathematik dann nicht auch dazu verwenden dürfen, die gesamte Erde zu vermessen? Ja, letztendlich sogar das Universum? Und ist es nicht vielleicht möglich, dass die Mathematik und die Geometrie mit ihren Symmetrien dem Bau des Universums als Plan zugrunde liegen? Die Geometrie könnte doch das Ordnungsmuster des Weltalls darstellen, etwa so, wie ihre Sätze über Quadrate und Dreiecke den Plan für die Pyramiden liefern.»

Mit diesen Worten wandte sich Aristarch wieder seiner Skaphe zu und notierte den Stand des Schattens. Nach einigen Minuten fügte er seinen Ausführungen noch hinzu:

«Außerdem scheinst du mir – entschuldige bitte, wenn ich dir das vielleicht etwas respektlos sage – deine Philosophie nicht konsequent bis zum Schluss durchdacht zu haben.»

«Wie meinst du das?»

«Pyrrhon hat dich gelehrt, skeptisch zu sein. Gut. Warum bist du dann aber nicht auch der Philosophie deines Lehrers gegenüber skeptisch? Müsstest du sie denn nicht genauso anzweifeln, wie du andere Philosophien anzweifelst? Ein schönes Paradoxon: Ich zweifle jede Philosophie an.»

Hekataios schwieg und lächelte. Er hatte die skeptische Philosophie nie so kompromisslos praktiziert, wie Pyrrhon sie ihn gelehrt hatte. Die Grundeinstellung, alles anzuzweifeln und sich selbst jedes Urteils zu enthalten, hatte den Vorteil, dass man nie eindeutig Stellung beziehen musste und so auch von niemandem ernsthaft angegriffen wurde. Der Verzicht auf jedwedes Urteil ist das Ruhekissen für den Seelenfrieden, hatte Pyrrhon gesagt. Dieser Leitsatz hatte etwas für sich. Aber er hatte auch etwas Destruktives an sich. Er sperrte sich gegen den Fortschritt.

Hekataios wusste das und respektierte die Meinung Aristarchs, den er für außergewöhnlich begabt hielt. Obwohl er selbst von Mathematik nicht viel verstand, hatte er doch das unbestimmte Gefühl, dass die Menschen mit ihr ein großartiges geistiges System konstruierten. Ein Kreis war ein Kreis, und ein Rad war ein Rad. Alle Lehrsätze, die für den Kreis galten, galten ebenso für das Rad. Ein Zusammenhang zwischen einem gedachten Kreis und einem realen Rad war also völlig offensichtlich. Als sehr gewagt und mutig empfand Hekataios aber den Schritt, die Mathematik nicht nur auf irdische Dinge anzuwenden, sondern darüber hinaus auf die göttlichen Gesetze des Himmels ausdehnen zu wollen. War denn der Himmel plötzlich nicht mehr göttlich? Ließ sich der Thron der Götter mit einer hölzernen Elle ausmessen?

Aristarch beobachtete und notierte weiter, auch an den folgenden Tagen. Nach etwa einer Woche war die Arbeit beendet. Vorsichtig wurde die Skaphe auf das Schiff gebracht und sicher verstaut. Der Wasserspiegel war in den letzten Tagen schnell gestiegen, so dass man an vielen Stellen der Stadt Dämme gegen die Fluten des Nils aufschüttete. Das gegenüberliegende westliche Ufer war bereits verschwunden, untergegangen in einem großen, braunen See.

Am nächsten Tag legten sie ganz früh am Morgen ab und machten sich auf die Heimreise. Wie verwandelt erschien ihnen die Landschaft, durch die sie erst vor Kurzem gefahren waren. Die Ufer waren überschwemmt, und wie Inseln im Meer ragten nun Städte und Dörfer aus den Fluten empor. Jetzt war der Moiris-See mit dem reißenden Strom eins geworden, die Pyramiden wurden zum Anlegeplatz für ihre Boote, und das Delta mit seinen unzähligen Flüssen und Kanälen öffnete sich vor ihnen wie ein Meer, in dem sie nun in jeder beliebigen Richtung die Stadt ansteuern konnten.

Schließlich erreichten sie Alexandria. Über vier Monate hatte ihre Reise gedauert. Eine Reise in eine fremde Welt. Sie hatten eine Kultur kennengelernt, die sich gegen jede Vereinnahmung sperrte, festhielt an Traditionen und Kulturen, die seit Jahrtausenden sorgsam gehütet wurden. Wollten die Ptolemäer das ägyptische Volk nicht nur durch Beamte und Soldaten unterdrücken, sondern für sich gewinnen, so mussten sie sich diesen Traditionen anpassen. Sie ließen sich nach den alten Zeremonien als Pharaonen von Ober- und Unterägypten krönen und bauten die alten Tempelanlagen aus. Nur Alexandria blieb ihnen. Alexandria *bei* Ägypten.

Der neue Herrscher

25 Epiph im Jahre 18 des Ptolemaios I. Soter

300 000 Stadien. Es mochten auch etwas weniger sein. Das hatten die gleichzeitigen Messungen des Sonnenstandes in Alexandria und Syene für den Erdumfang ergeben. Das Ergebnis bestätigte eher den jüngeren und geringeren Wert des Dikaiarchos als denjenigen des Eudoxos. Die Erde war kleiner, als Aristoteles noch geglaubt hatte. Würde sich der Nil wie ein Ring um die gesamte Erde legen, so könnte man diese mit einem Schiff in etwa drei Jahren umrunden. Aber das war leider, bedauerte Aristarch, nur in Gedanken möglich.

Wie ein Lauffeuer verbreitete sich das Ergebnis unter den Gelehrten in Alexandria. Jeden Tag fand man Timocharis im Innenhof des Museions umringt von Neugierigen, die wissen wollten, was es mit dieser neuen Erkenntnis auf sich habe. Aristarch beachteten sie nicht. Timocharis hatte es geschickt verstanden, das erfolgreiche Unternehmen für sich zu verbuchen. Was vermochte ein solch junger und unerfahrener Mann wie Aristarch auch schon Großes zu leisten?

Aristarch versuchte nicht, die Gelehrten und den Hof von der Wahrheit zu überzeugen. Dafür war Timocharis zu angesehen, und leicht wäre der junge Astronom in den Ruf eines unbequemen Neiders und Querulanten gekommen. So musste er sich damit begnügen, bei seinen engeren Freunden und einigen Gelehrten, wie Euklid oder Hekataios, Anerkennung zu finden. Auch Straton, dem er in einem langen Brief von der Reise berichtete, war unerschütterlich von den Fähigkeiten seines ehemaligen Schülers überzeugt und gratulierte ihm aus dem fernen Athen.

Doch trotz Timocharis' massiver Werbung für seine vermeintlichen Verdienste sprach man in einigen Kreisen immer häufiger über die Leistung eines jungen Astronomen mit Namen Aristarch. Die Ägyptenreise der drei Freunde wurde schließlich zum Stadtgespräch. Bislang hatte man, abgesehen von den spärlichen Berichten einiger im Hinterland stationierter Soldaten, nur wenig direkte Kunde aus Ägypten erhalten. Den Erzählungen über Religion und Kultur des ägyptischen Volkes, die auf verschlungenen Pfaden in die Stadt gelangt waren, konnte man nur in wenigen Fällen Glauben schenken. Aus diesem Grunde lud man Hekataios, Demeas und Aristarch zu Vortrags- und Diskussionsabenden ein. So bekam der Astronom und neue Erdvermesser Zutritt zu zahlreichen Zirkeln von Philosophen und Literaten. Die Gelehrten und solche, die sich dafür hielten, beschäftigten sich mit allem und jedem. Sie diskutierten die Frage, wo das sagenhafte Atlantis gelegen haben mochte, ob sich Platons Staat verwirklichen ließe, ob die Tragödien des Sophokles denen des Euripides vorzuziehen seien, und viele andere wichtige Probleme. Die Religion spielte bei diesen Disputen keine große Rolle. In Alexandria akzeptierte jeder weitgehend den Glauben des anderen. Die Siedler aus Makedonien und dem übrigen Hellas hatten aus ihrer Heimat unterschiedliche Ausprägungen der olympischen Götterwelt mitgebracht und in der neuen Stadt eingerichtet. Doch schon die Kinder der ersten Einwanderer hatten keinerlei Bindung mehr an die Heimat ihrer Väter und vergaßen die Kulte ihrer Vorfahren.

Das Königshaus unterstützte die Verehrung einiger Gottheiten, rief öffentliche Feiertage aus und schmiedete so das Volk zusammen. Dabei vergaß es natürlich nicht, sich selbst mit einzubinden. Es schwor seine Untertanen mit dem Alexander-Kult auf sich ein und ließ sich als Nachfahre des einst mächtigsten Mannes der Erde feiern. Auch die Königin war ein Teil dieses dynastischen Kults.

Aber es gab auch den Widerspruch einiger Philosophen, der Atheisten. Sie beriefen sich auf Protagoras von Abdera, den man wenige Jahrzehnte zuvor in Athen der Gottlosigkeit angeklagt hatte und der auf der Flucht nach Sizilien im Meer ertrunken war. Von den Bürgern Athens forderte man daraufhin öffentlich die Herausgabe aller Schriften des Protagoras und verbrannte diese auf dem Marktplatz.

Ptolemaios hingegen ließ die kleine Gruppe der Gottesverneiner gewähren. Sei es, weil er sie nicht ernst nahm, sei es, weil er meinte, durch eine öffentliche Anklage nur unnötig auf sie und ihre Lehren aufmerksam zu machen. Einen von ihnen, Theodoros von Kyrene, der wegen Gotteslästerung Athen verlassen musste, hatte er sogar an seinen Hof geholt und als Botschafter bei König Lysimachos von Thrakien angestellt.

Einer der führenden Köpfe der Atheisten in Alexandria war Euhemeros von Messene. Er hatte einen kleinen Kreis von Gelehrten um sich versammelt und war stadtbekannt, vornehmlich für seine provokanten Zwischenrufe bei philosophischen Debatten im Museion. Von ihm hatten Aristarch, Demeas und Hekataios eine Einladung zu einem abendlichen Disput erhalten. Euhemeros hatte Hekataios' Schriften über Ägypten intensiv studiert und war an neuen Berichten sehr interessiert. Sinnigerweise hatte ihm, dem Atheisten, ein gewisser Parmenion eine Wohnung ausgerechnet auf dem Gelände des Serapis-Tempels zur Verfügung gestellt. Hier trafen die drei Ägyptenreisenden an einem stürmischen Winterabend ein. Der Regen peitschte durch die Straßen, während sich im Haus bereits eine illustre Gesellschaft versammelt hatte.

Euhemeros wirkte gebrechlich, seine Haut schien zu brüchigem Leder gegerbt, das schlohweiße Haar sträubte sich erfolgreich gegen jede Art der Züchtigung. Aber ein wacher Geist blickte aus klaren, schelmisch blitzenden Augen. Hekataios begrüßte ihn und stellte ihm seine beiden Schützlinge vor. Schnell kamen sie ins Gespräch und fanden sich nach kurzer Zeit als Mittelpunkt der Gesellschaft wieder.

Zu später Stunde trug Euhemeros einige Passagen aus seinem jüngsten Werk vor, in denen er von einer Reise in das sagenhafte Land Panchaia berichtete. Auf süffisante Weise erzählte er darin einen Mythos, laut dem den ewigen Göttern keineswegs eine ewige Existenz beschieden war. Sie waren geboren wie Menschen und starben auch wie diese. «Sie sind ein Mythos», endete der Philosoph, «Hirngespinste unwissender Menschen und nicht mehr. Es gibt sie gar nicht.»

Hekataios und seine jungen Freunde diskutierten über diese Geschichte, als plötzlich hinter ihnen eine dünne Stimme zischelte: «Vielleicht kann man es noch krasser sagen.»

Erschrocken drehten sie sich um.

«Entschuldigt bitte, dass ich mich in euer Gespräch einmische. Mein Name ist Hegesias.»

Der Mann war sehr groß und hager, sein Gesicht von tiefen Furchen durchzogen, die dunklen, fast schwarzen Augen wirkten wie zwei Löcher in einem knorrigen Baumstamm. Auf Aristarch machte er einen wehleidigen Eindruck, ein Wesenszug, den er nicht ausstehen konnte.

«Ist es nicht eher so, dass die Macht einen Mann in den Augen der Menschen zum Gott werden lässt? Wir haben dafür doch jede Menge Vorbilder.» Erwartungsvoll blickte er die drei aus seinen Schädellöchern an und fuhr, als von ihnen keine Reaktion kam, fort: «Jeder ägyptische Pharao hat sich selbst zum Gott ernannt, und das Volk hat es ihm geglaubt. Nun könnte man sagen, die Ägypter, die wussten es damals eben nicht besser. Aber wie steht es denn mit Alexander? Hieß man ihn nicht einen Gott, nachdem er die ganze Welt erobert hatte? Der Sohn Amuns sollte er plötzlich sein. Und das ist noch keine fünfzig Jahre her», sagte er weinerlich und hob drohend den knochigen Zeigefinger.

«Der Mächtige wird zum Gott. Und ihr werdet sehen, dass auch Ptolemaios sich noch selbst zum Gott erheben wird. Und wenn nicht er, dann sein Sohn. Der ganz gewiss. Ihr werdet es erleben, ihr werdet es erleben!»

Bei den letzten Worten hatte er sich derart ereifert, dass sich seine ohnehin schon brüchige Fistelstimme überschlug und ihm der Speichel zwischen den Zahnstumpen heraussprühte. Die Augen weit aufgerissen, ähnelte er mehr einer Leiche als einem Lebenden. Plötzlich drehte er sich um und lief mit schlotterndem Gewand und mahnend in die Luft gestrecktem Finger davon.

Verdutzt und sprachlos blieben die drei Freunde zurück. Aristarch fand als Erster die Sprache wieder. «Ein ulkiger Kauz, dieser Hegesias. Aber vielleicht gar nicht einmal so dumm. Dann hätten die Menschen also lediglich Männer zu Göttern erhoben, die ihnen rätselhafte Dinge erklären konnten. Das bedeutet natürlich, dass ein König die besten Aussichten hat, zum Gott erhoben zu werden, wenn sein Volk möglichst dumm bleibt.»

Hekataios und Demeas hörten kommentarlos zu.

«Mein Lehrer Straton», fuhr Aristarch fort, «glaubt nicht an die olympischen Götter. Wenn es überhaupt einen Gott gibt, dann ist es die Natur. Vielleicht erscheint uns aber auch die Natur nur als Gott, weil wir sie nicht verstehen, ebenso wie die einfachen Menschen Wissen und Macht ihres Königs nicht begreifen. Vielleicht täuschen auch *wir* uns. Vielleicht werden kommende Generationen die Rätsel der Natur entschlüsseln und somit auch den letzten Gott entthronen.»

«Deine Phantasie geht wieder einmal mit dir durch, mein Freund», unterbrach ihn Demeas. «Im Grunde genommen wissen wir doch herzlich wenig von der Natur. Ihr Astronomen bestimmt die Positionen der Gestirne und deren Lauf am Himmel, aber über ihre Natur wisst ihr nichts. Wie weit sind sie entfernt, wie groß sind sie? Nichts wisst ihr.»

«Vor hundert Jahren hatten die Menschen auch keine Ahnung von der Größe der Erde», erwiderte Aristarch. «Heute kennen wir eine Methode, um sie zu ermitteln.»

«Ich gebe zu, dass wir immer mehr erfahren. Aber Erde und Himmel sind voneinander geschieden. Die Erde ist die Welt der Menschen, die Gestirne die der Götter, und jene ist uns Menschen nicht zugänglich. Überhaupt solltest du deine Gedanken öffentlich besser nicht zu laut äußern. Eine Anklage wegen Gotteslästerung hat man schnell am Hals, wenn sich nur der rechte Kläger findet. Aber lasst uns zurück in den Saal gehen. Mein Becher ist schon wieder bedenklich leer.»

Im Vortragssaal hatten sich die Männer zu kleineren Gruppen zusammengefunden und diskutierten. Hekataios ging mit seinen beiden Freunden zu Euhemeros, den sie umringt von Neugierigen in einer Ecke des Zimmers entdeckten. Sie gratulierten ihm zu dem schönen Vortrag und wollten von ihm wissen, was er mit der Geschichte von Zeus und den anderen sterblichen Bewohner des Olymp sagen wollte. Nichts als eine vernünftige Begründung für den Glauben an die Götter wolle er liefern, erklärte er. Und darüber disputieren solle man, was ihm ja wohl durchaus gelungen sei.

Als plötzlich der dürre Hegesias wie ein Gespenst an ihnen vorbeischlich, fragte Hekataios, ob er diesen eigenartigen Mann kenne.

«Er kam vor einigen Jahren aus Kyrene. Ein unangenehmer Zeitgenosse. Hat keine Freunde, weil bekannt ist, dass er Bekanntschaften nur eingeht, wenn er sich davon einen persönlichen Nutzen verspricht. Ein durch und durch pessimistischer Mensch. Und da er der Meinung ist, dass auch kein anderer Mensch in seinem Leben je glücklich sein kann, predigt er den Freitod. Man nennt ihn deswegen auch Peisithanatos, zum Tode ratend. Als Anwalt des Selbstmordes bezeichnen ihn andere.»

Die letzten Worte hatte Euhemeros geflüstert. Die vier schauten dem Gespenst unauffällig nach, das sich wie ein Fremdkörper durch die Menge schob und schließlich im Dunkel der Ausgangstür verschwand.

❂

Einige Wochen später befand sich Aristarch im Hause eines reichen Geschäftsmannes, der hin und wieder Politiker und Gelehrte zu sich einlud.

Der junge Astronom war als Hekataios' Freund in diese Gesellschaft gelangt, langweilte sich und schlenderte unentschlossen durch die Zimmer, als er plötzlich aus einem Nebenraum eine aufgeregt lamentierende Stimme vernahm. Es war unverkennbar die von Hegesias. Zwar stieß ihn diese Person ab, aber da er ohnehin nichts Besseres zu tun hatte, konnte er sich auch die Reden dieses Wirrkopfes anhören.

Umringt von einer dicht gedrängten Zuhörerschar stand das graue Gerippe mitten im Raum und redete auf sie ein. Gebannt folgten die Umstehenden seinen Worten und raunten immer wieder im Chor oder stöhnten, wenn er ihnen plötzlich klarmachte, wie schlecht es ihnen eigentlich gehe und dass das Leben wahrlich nicht lebenswert sei. Aristarch blieb im Türrahmen stehen und verfolgte das Spektakel aus sicherer Entfernung.

«Ihr stimmt also mit mir überein», fuhr der Paisithanatos fort, «dass es zwei Seelenzustände gibt: den Schmerz und die Lust. Jeder Mensch strebt nach der Lust, doch den Schmerz meidet er wie die schlimmste Krankheit», krächzte er wie ein Rabe. «Die Lust ist unser Ziel. Denkt doch bloß an eure Kindheit. Suchtet ihr nicht damals stets nach der Lust, ohne dass euch die Eltern darauf hinweisen mussten? Und meidet ihr im Gegenteil nichts mehr als die Schmerzempfindung? Ist dies nicht der beste Beweis für meine Behauptung?» (Kopfnicken und beipflichtendes «genau» oder «so ist es» aus dem Publikum.) «Dabei spielt es gar keine Rolle, ob die Quelle der Lust rein oder unrein ist. Einzig und allein entscheidend ist für euch, ob ihr Lust empfindet oder nicht. Sie ist ein um ihrer selbst willen erstrebenswertes Gut.»

Hegesias machte eine kurze Pause, in der er sich mit einem Schluck Wasser für die nächste Runde rüstete, während die Zuhörer nervös warteten, dass es weiterging.

«Reicht uns bereits die bloße Erinnerung an etwas Gutes oder die Hoffnung auf Zukünftiges, um Lust zu empfinden? Nein. Denn jede Empfindung schwindet mit der Zeit. Überhaupt steht die Empfindung der körperlichen Lust über derjenigen der geistigen. Keinen Einfluss auf die Lust haben Armut oder Reichtum, denn die Lust des Reichen hat keinerlei Vorzug vor der Lust des Armen. Auch Knechtschaft oder Freiheit sind ebenso bedeutungslos für das Maß der Lust wie hohe oder niedere Geburt oder irgendwelche anderen Attribute gesellschaftlicher Stellung. Bedeutet aber vielleicht bereits allein die Beseitigung des Schmerzes die Erlangung der Lust?» (Erwartungsvolles Schauen in die ratlos schweigende Runde.) «Nein! Genauso wenig ist die Beseitigung der Lust bereits Schmerz. Vielmehr befindet man sich dann in einem empfindungslosen Zwischenzustand, einem schlaffen, öden Einerlei, das vielleicht einem Affen zukommt. Ich frage nun dich und dich und auch dich: Willst du in einem solchen Leben wie ein Tier dahindämmern?» (Energisches Kopfschütteln der Angesprochenen.)

«Das Ziel ist also die Lust, und dieses ist prinzipiell von jedem erreichbar. Aber sie ist immer nur ein kurzfristiges Ziel. Für ein wahrhaft erfülltes Leben bedarf es der Glückseligkeit.» (Wissendes Schauen in die Runde.) «Die Glückseligkeit ist die Summe aller im Leben erfahrenen Lustempfindungen. Der Weise wird also stets die vollkommene Glückseligkeit erstreben.» (Ehrfurchtsvolles Schweigen bei Redner und Publikum.)

«Ich behaupte nun aber: Die Glückseligkeit ist eine reine Unmöglichkeit!» (Überschlagene Stimme und gehobener Zeigefinger des Redners, erschrockenes Einziehen der Köpfe im Auditorium.) «Zu viele äußere Umstände beeinflussen unser Leben, ohne dass wir einen Einfluss darauf haben. Unser Leib wird unversehens von einer Krankheit heimgesucht, und mit dem Leibesschmerz leidet selbstredend auch die Seele. Hat nicht so mancher von euch bereits einen Sohn als Soldat in der Schlacht oder als Seefahrer auf dem Meer verloren? Oder habt ihr nicht schon Leid und Beschwerden auf euch genommen, einzig und allein, um einen geliebten Freund aus einer Notlage zu befreien? Deswegen hütet euch vor Freundschaft, Dankbarkeit oder Wohltätigkeit. Sie nützen dem Weisen nichts. Mir scheint es unser unausweichliches Schicksal, dass sich die Lust sehr oft nur durch vorhergehende Unlust erkaufen lässt. Vollkommene Glückseligkeit ist eine Illusion. Wir Menschen können die vollkommene Glückseligkeit nicht erlangen und sind zum Scheitern verurteilt.» (Andächtiger Blick des Redners auf den Boden, betretenes Schweigen im Publikum.)

«Und was, liebe Freunde, müssen wir aus alledem schließen? Nicht, dass uns der Tod schmerzlich von dem Guten trennt, wie wir meistens zu hören bekommen. Im Gegenteil. Er erlöst uns von dem Übel! Haben wir nach dem Gesagten nicht guten Grund, freiwillig aus dem Leben zu scheiden?»

Ein Raunen ging durch die dicht gedrängte Gruppe. Man begann zu tuscheln, blickte sich schüchtern um, einige verließen den Raum.

«Liebe Freunde und Leidensgenossen», erhob der Anwalt des Selbstmordes erneut die dünne Stimme, «wenn ihr mir auf meinem Weg folgen wollt, so kommt in mein Haus. Seid meine Gäste und meine Schüler. Wenn ihr euch zunächst mit meinen Worten weiter vertraut machen wollt, so könnt ihr gegen eine geringe Aufwendung meine kleine Schrift *Der Faster* erstehen, von dem ich hier einige Exemplare mitgebracht habe. Sie erzählt von einem Mann, der durch Nahrungsentzug seinem Leben ein Ende bereiten will.»

Viele der Zuhörer drängten nach vorne, kauften eine der Papyrusrollen, andere schienen sich nach den Lehrkursen zu erkundigen. Angewidert wendete sich Aristarch ab. Alles Geschwätz, dachte er, während er wieder durch die Gänge schlenderte. Warum sollte das Leben nur dann einen Sinn haben, wenn man die Glückseligkeit erreicht? Noch nie hat ein Mensch ohne Sorgen und Probleme gelebt. Stets muss er die Erfahrung machen, dass die Eltern sterben oder eine geliebte Freundin einen anderen heiratet. Natürlich, er hat recht, oft vergällt einem der Schmerz die Lebensfreude. Aber auf den Schmerz folgen auch wieder Freude und Lust, ebenso wie auf den kargen Winter der blühende Frühling folgt. Wie sollte der Mensch die Freude überhaupt als Freude empfinden können, wenn er nicht zuvor den Schmerz verspürt hat. Geschwätz, alles Geschwätz!

Damit war für Aristarch die Lebens- oder besser die Sterbensphilosophie erledigt. Aber der Anwalt des Selbstmordes hatte sehr wohl regen Zulauf. Schon wenige Wochen später kam Demeas aufgeregt zu ihm und erzählte ihm, ein bekannter Kaufmann der Stadt habe sich zu Tode gehungert. In seinem Testament habe man lesen können, dass er die Einsicht, den Tod zu wählen, dem Philosophen Hegesias verdanke und ihm deswegen einen Teil seines Vermögens vermache. Aristarch konnte es nicht fassen. Doch dieser Kaufmann blieb nicht der einzige Fall. Immer wieder hörte man von Menschen, die sich vergiftet, ertränkt oder erhängt hatten, alle auf Geheiß des Paisithanatos. Einer hatte sich gar vom Pharos zu Tode gestürzt.

«Eine für den Lehrer etwas ungünstige Philosophie, finde ich. Eigentlich versucht man ja, durch seine Lehre Schüler zu gewinnen. Bei Hegesias bewirkt sie eher genau das Gegenteil», meinte Demeas sarkastisch.

✿

Der Winter ging vorüber, für Aristarch folgte ein ruhiges Jahr, in dem er zusammen mit Timocharis im Observatorium des Museions Himmelsbeobachtungen anstellte. Aus dem Lauf des Mondes und der Planeten wollten sie die Umlaufzeiten dieser Körper um die Erde berechnen und aus den Bahnen ein stimmiges Bild des Kosmos ableiten.

Es war ein mühsames Geschäft, die verwirrenden Schleifen und Kurven, denen die Planeten am Himmel folgten, in das komplizierte Bahnensystem umzusetzen. Geometrie und Arithmetik wurden zunehmend Aristarchs Handwerkzeug, das er nach wie vor bei Euklid erlernte. Doch trotz aller Geschicklichkeit, die er sich im Laufe der Zeit angeeignet hatte, wollte es nie perfekt gelingen, das göttliche Himmelswirrwarr zu entknoten. Stets blieben Ungereimtheiten.

Einige Planeten fügten sich leidlich gut, aber Mars, Merkur und vor allem Venus brachten unüberhörbare Missklänge in die Harmonie der kristallenen Sphären. Häufig standen sie zu früh oder zu spät an einer vorausberechneten Position, oder sie erschienen gerade dann besonders hell, wenn sie nach der Theorie blass schimmern sollten.

Allerdings konnte sich Aristarch sehr zu seinem Verdruss nicht genügend um die Lösung dieses göttlichen Mirakels kümmern. Vielmehr waren dem menschlichen Leben näher stehende Aufgaben zu erledigen. So war er damit beauftragt, über den Kalender zu wachen, der den Rhythmus der Tempelzeremonien diktierte. Der Kalender bestimmte, an welchen Tagen die religiösen Riten abgehalten werden mussten und wann die natürlichen Zeitmarken, wie die Sonnenwenden oder die Tagundnachtgleichen, stattfanden. Zwar sagte im Alltag der Nil dem Bauern, wann er mit der Aussaat zu beginnen habe, aber die Götter der Fruchtbarkeit verlangten astronomische Pünktlichkeit bei den Opferzeremonien.

An einem lauen Frühlingstag – Aristarch besuchte gerade Ktesibios in dessen Werkstatt, um mit ihm den Bau eines neuen astronomischen Messgerätes zu besprechen – stürzte plötzlich Demeas herein.

«Habt ihr schon das Neueste gehört?» fragte er noch ganz außer Atem. Die beiden zuckten nur mit den Schultern. «Ptolemaios hat seinen Sohn zum Mitregenten ernannt. Gerade eben hat es der Herold auf dem Versammlungsplatz verkündet.»

Die drei blickten sich stumm an. Nach 38 Jahren legte einer der letzten und mächtigsten Nachfolger von Alexander die Regierung nieder. Von den rund zehn Heerführern, die damals das Erbe des Welteroberers angetreten hatten, waren einzig noch Lysimachos und Seleukos übrig geblieben.

Die drei Freunde hatten zwar keine genaue Vorstellung, welche Auswirkungen die Machtübergabe auf Ägypten und die Menschen in Alexandria haben würde. Aber alle hatten das Gefühl, dass von nun an ein anderer Wind wehen würde. Aristarch konnte sich nur zu gut an den Eindruck erinnern, den der Thronfolger damals bei der Übergabe der *Elemente* an den König auf ihn gemacht hatte. Kalt und machtlüstern hatte er gewirkt.

Ein erster Schachzug erfolgte sogleich: Ptolemaios gab die Vermählung seines Sohnes mit der Tochter des Lysimachos von Thrakien bekannt. Damit sicherte sich das ägyptische Königshaus Freundschaft und Beistand des mächtigen Königs. Der kluge Ptolemaios hatte sogar ein doppeltes Band geknüpft, denn schon Jahre zuvor hatte er seine damals erst fünfzehnjährige Tochter an Lysimachos selbst verheiratet. So wurde durch die jüngste Vermählung die Schwester von Ptolemaios II. gleichzeitig zu seiner Schwiegermutter.

Hochzeit und Machtübernahme sollten in der prunkvollsten Zeremonie begangen werden, die die Stadt je gesehen hatte. Ktesibios musste umgehend alle Arbeiten für Aristarch zurückstellen, weil er vom Hof den Auftrag für den Bau einer imposanten und einfallsreichen Statue bekam. Sie sollte an einem geplanten Prachtumzug teilnehmen. Die Zeit hierfür war so knapp bemessen, dass der arme Mechaniker vorgab, nicht einmal mehr die Weinschenke besuchen zu können.

«Ich werde nur noch an Tagen dort erscheinen, an denen ich einen besonders guten Einfall gehabt habe, als Belohnung gewissermaßen», teilte er jedem mit, der es wissen oder auch nicht wissen wollte. Glücklicherweise steckte der Mann voller Ideen. Das wussten alle.

Die Feierlichkeiten waren auf drei Tage festgelegt. Am ersten Tag bewegte sich ein nahezu endlos langer Umzug zu Ehren der Götter und der Königsfamilie durch die Stadt. Immer wieder hielt die Prozession vor Tempeln, um dem entsprechenden Gott zu opfern. Am zweiten Tag hielt der König eine Truppenparade ab, die nicht zuletzt auch den ausländischen Gästen die Stärke Ägyptens demonstrieren sollte. Fast 60 000 Soldaten marschierten unter dem Getöse schriller Fanfarenstöße und donnernder Trommeln durch die Stadt. Ihnen folgten 23 000 Reiter auf Pferden und schließlich als besondere Attraktion 200 Kampfelefanten. Den Höhepunkt bildeten eine Opferzeremonie im großen Serapis-Tempel und die anschließende Krönung und Hochzeit.

Hiernach begann die Stadt zu feiern; die ganze Nacht hindurch und den ganzen folgenden Tag bis in die späten Nachtstunden hinein wurde getanzt, gesungen und getrunken, bis die Krüge und Fässer keinen Tropfen mehr hergaben.

Aristarch hatte schon viel an Prunk und Protz in Alexandria gesehen, aber der Umzug überstieg alles je Dagewesene. Unruhig saß er mit Demeas, Nikeratos und Ktesibios auf den Stufen des Stadions, das bis auf den letzten Platz gefüllt war. Ihnen gegenüber hatte man mit bunten Tüchern, einem offenen Zelt ähnlich, die Loge der Königsfamilie errichtet, in der auch die Herrscher befreundeter Staaten saßen. Auf den umliegenden Rängen hatten die Adligen, hohen Beamten, Heerführer und reichen Kaufleute Platz genommen, den Rest bildeten Gelehrte und andere geladene Gäste mit Reputation.

Der Umzug sammelte sich außerhalb der Stadtmauer und zog durch das östliche Kanopos-Tor in die Stadt ein. Dann wand sich die Wagenschlange durch die Stadt, zog durch das Stadion und endete schließlich am westlichen Stadttor. Gespannt warteten die jungen Leute auf den ersten Wagen und selbstverständlich auf Ktesibios' Meisterwerk.

Dann begann das Spektakel. Als Erstes zogen junge Männer einen Wagen mit einer Statue der Eosphoros, des Morgensterns, herein. Die mit weißen Flügeln versehene Figur hielt eine brennende Fackel in der Hand, um den Anbruch eines neuen Tages und eines neuen Zeitalters zu symbolisieren. Danach verging alles wie im Rausch. Silenen in weißen Leinenkleidern tanzten und trugen vergoldete Fackeln und Efeuzweige, Satyrn mit riesigen buschigen Schwänzen und erigierten Phallusattrappen hetzten in die Arena. Es folgten: Nike mit goldenen Schwingen auf einem Altar, der mit vergoldetem Efeulaub und einer mit weißen Bändern umwundenen Krone aus Weinblättern bedeckt war und auf schweren Holzrädern über den gestampften Boden rumpelte; Knaben in wehenden Gewändern, die auf 120 goldenen Tafeln Weihrauch, Myrrhe und Safran trugen; weitere Satyrn, die Körper gefärbt mit Purpur, Zinnober und anderen Farben; Priester und Priesterinnen, Dichter, Musiker, Schauspieler; erneut Satyrn in scharlachroten Gewändern mit Weinkrügen; eine fünfzehn Fuß hohe Statue des Dionysos, bekleidet mit einer durchscheinenden, safranfarbenen Robe und darüber einem purpurfarbenen, mit Gold bestickten Mantel, auf einem von 180 Männern gezogenen Wagen; dahinter Priesterinnen des Dionysos, ein Schwarm von Thiasoi, makedonische Frauen, genannt Mimallonen, sowie Bassarai und Lydierinnen mit offenem Haar, von denen einige Dolche, andere Schlangen trugen; ein dreißig Fuß langer Karren, gezogen von 300 Männern, mit einer riesigen, mit reifen Trauben gefüllten Weinpresse, in der sechzig Satyrn von Silenen auf Flöten begleitet tanzten, dass der Saft aus dem Fasse lief, wovon sich jeder nehmen konnte, doch der überwiegende Teil auf die Straße floss; ein 38 Fuß langer und 21 Fuß breiter Wagen, gezogen von 600 Männern, darauf ein enormer, 3000 Maß Wein fassender Schlauch, gefertigt aus Leopardenfell; dahinter 120 hüpfende und springende Satyrn mit Weinkrügen, um jedem, der wollte, aus dem Schlauche abzufüllen; danach ein Karren, gezogen von weiteren 600 Männern, mit einem weingefüllten Krater aus reinem, fein ziseliertem Silber; weiter 500 junge Mädchen in purpurfarbenen Chitons, gehalten von goldenen Gürteln; 1600 Knaben in weißen Gewändern mit goldenen und silbernen Sandalen; weitere Wagen mit Trankopfergefäßen aus Lakonien, Korinthos und mit weit ausladenden Schalen, angefüllt mit Obst.

Plötzlich sprang Ktesibios auf. Hektisch deutete er auf den Stadioneingang und schrie: «Da ist sie!»

Neugierig schauten die Freunde dort hinüber, wo 60 Männer einen schweren Wagen hereinzogen, auf dem eine überlebensgroße Statue der Nysa saß. Die Amme des kleinen Dionysos war mit einem gelben, von goldenen Fäden durchwirkten Chiton bekleidet. Aristarch glaubte zuerst an eine Täuschung, als er meinte, die Figur würde sich bewegen. Dann aber wurde es deutlich. Die Nysa erhob sich langsam von ihrem Sitz, wobei die linke Hand, in der sie als Zeichen des Dionysos einen mit Efeu umwundenen Stab hielt, offensichtlich an der Thronlehne befestigt war. In der rechten Hand, die ebenfalls an der Lehne blieb, hielt sie eine goldene Phiale. Jedes Mal, wenn sich die Nysa ganz erhoben hatte, war ihr rechter Arm lang ausgestreckt, und aus der Phiale floss ein Schwall Milch als Trankopfer für Dionysos. Dann setzte sie sich langsam wieder, und der Ablauf begann von Neuem.

Die Freunde staunten nicht wenig über die mechanische Statue und klopften dem Krauskopf unablässig auf die Schulter.

«Wie funktioniert das bloß?» fragte Nikeratos und fügte ungläubig hinzu: «Da sitzt doch jemand drin und bewegt die Glieder der Puppe.»

«Ich muss doch sehr bitten!» fauchte Ktesibios ihn an. «Die Bewegung funktioniert ganz automatisch und basiert auf mechanischen und pneumatischen Gesetzen. Aber das dir erklären zu wollen dürfte ja wohl verschwendete Liebesmüh sein!»

«Lass gut sein», beruhigte ihn Aristarch. «Wir wissen doch alle, dass niemand außer dir so etwas fertigbringen kann. Es wirkt aber auch zu fantastisch», fügte er hinzu und beobachtete die gespenstisch auf- und niedergehende Nysa.

Ktesibios versuchte nun doch, den Freunden das Prinzip der Maschine zu erklären. Es war wirklich verschwendete Mühe. Nicht nur, weil Ktesibios besser bauen als erklären konnte, sondern auch, weil der Lärm im Stadion seine Worte übertönte. Vielleicht war es den drei jungen Männern in diesem Moment auch ganz egal, warum sich die Nysa bewegte. Sie tat es jedenfalls, und das forderte sogar den hohen Herrschaften in der Königsloge Anerkennung ab.

«Seht ihr, seht ihr?» schrie Ktesibios, der sich gar nicht mehr beruhigen konnte. «Ptolemaios applaudiert wegen meiner Statue. Bei den anderen Figuren hat er nicht geklatscht. Seht doch nur!»

«Ist ja gut, nun beruhig dich bloß wieder. Wirst uns sonst noch vor lauter Aufregung tot auf die Bank kippen», neckte ihn Nikeratos. Zwei Tage lang sprach Ktesibios kein Wort mehr mit ihm.

Langsam wurde die Nysa durchs Stadion gezogen und verschwand schließlich durch das Westtor. Inzwischen hatte eine Schar junger Männer das Stadion betreten, jeder einen großen Weinkrug in den Armen, aus denen sie den Gästen nach Belieben einschenkten. Der Zug schien kein Ende nehmen zu wollen, wobei eine Schar teils exotischer Tiere das Volk zu wahren Begeisterungsstürmen hinriss: 2400 Hunde aus allen Ländern, 2000 Stiere mit vergoldeten Hörnern, Onyxantilopen, Papageien, Pfauen, Perlhühner, Fasane, ethiopische Vögel, Leoparden, Löwen, Schimpansen, eine Giraffe, ein ethiopisches Nashorn und – ein weißer Bär.

Den Abschluss bildete ein Wagen mit zwei überlebensgroßen Statuen von Ptolemaios und Alexander. Beide, geschmückt mit vergoldeten Efeukronen, wurden in der Mitte des Stadions platziert. Neben sie stellte man anschließend eine Statue von Arete, einer Personifizierung der Tüchtigkeit und Tugend, sowie von Priapos, dem Sohn des Dionysos. Anschließend gesellte sich hierzu eine reich gekleidete Frau mit einem goldenen Diadem, die die Stadt Korinthos darstellte. Um diese Gruppe versammelten sich bunt gekleidete Frauen. Sie repräsentierten hellenische Städte, die einst unter persischer Herrschaft gewesen waren. Ptolemaios und seine Priester demonstrierten auf diese Weise die ideelle Verbundenheit des Königs mit dem großen Alexander, der mit der Liga von Korinth die hellenischen Städte von der persischen Knechtschaft befreit hatte. Priapos stellte die Verbindung zu dem Gott Dionysos her, von dem Alexander abzustammen vorgab.

Nun trat ein Priester vor diese Gruppe, begrüßte feierlich die Königsfamilie und hob mit lauter Stimme zu einer Lobrede auf ihren König, Ptolemaios Soter, den Retter, an. Der fast nicht enden wollende Redeschwall mündete in eine Genealogie, die die göttliche Abstammung der Ptolemäer festschrieb.

«Unserem neuen König Ptolemaios, Sohn der Berenike und des Ptolemaios Soter, Sohn des Lagos, Sohn des Meleagros, Sohn des Balakros, Sohn des Amynthas, Sohn des Alketas, Sohn des Aeropos, Sohn des Philippos, Sohn des Perdikkas, Sohn des Tyrimmas, Sohn des Koinos, Sohn des Karanos, Sohn des Aristodamidas, Sohn des Akoon, Sohn des Thestios, Sohn des Maron, Sohn des Keisos, Sohn des Temenos, Sohn des Aristomachos, Sohn des Kleodaimos, Sohn des Hyllos, Sohn des Herakles und der Dianeira, Tochter der Althaia und des Dionysos! Heil und Segen sei mit ihm!»

Damit endete die Litanei des Priesters, und das Volk stimmte in lauten, anhaltenden Jubel ein.

«Glaubt er eigentlich wirklich, dass wir ihm die Abstammung von Dionysos abnehmen?» fragte Aristarch seine Freunde.

«Ich hoffe nicht, er müsste uns sonst schon für ziemlich dumm halten. Und ich hoffe, die hier applaudieren Gäste glauben auch nicht daran», antwortete ihm Ktesibios, während Demeas und Nikeratos verständnislos die Köpfe schüttelten.

Der Thronfolger fügte sich schnell in seine neue Rolle. Nikeratos hatte von Herophilos erfahren, dass es Ptolemaios I. sehr schlecht ging. Er war ans Krankenlager gefesselt, so dass sein Sohn bereits sämtliche Amtsgeschäfte übernommen hatte. Dieser hatte sich offensichtlich vorgenommen, die Zügel straffer anzuziehen. Eine seiner ersten Taten, mit denen er in der Öffentlichkeit für Aufsehen sorgte, war ein Lehrverbot für Hegesias, den Anwalt des Selbstmordes – ein bis dahin einzigartiger Vorgang für die Gelehrten, die freizügiges Arbeiten und Lehren gewohnt waren. Der junge Ptolemaios begründete diesen Schritt mit seiner Verantwortung für die Menschen seines Reiches und insbesondere für die Hellenen in Alexandria. Wenn es einem Sophisten gelänge, den Geist einiger Menschen so zu umnebeln, dass diese sich das Leben nähmen, so sei es seine Pflicht, dagegen vorzugehen.

Wenige Monate darauf zeigte der Tiger seine Krallen bereits offener und demonstrierte unmissverständlich, wer der neue Herrscher im Lande war. Fest entschlossen, seine eigenen Vorstellungen durchzusetzen, entließ er Theodoros. Der Atheist setzte sich in seine Heimat Kyrene ab, wo ihn König Magas mit Ehren empfing.

Es folgten weitere Entlassungen, an deren Ende schließlich sogar Demetrios von Phaleron gehen musste. Er war einer der engsten Vertrauten und Berater seines Vaters gewesen und hatte einen erheblichen Anteil an der Gründung des Museions gehabt. Doch Demetrios war dafür eingetreten, dass der ältere Sohn von Ptolemaios I. die Thronfolge übernehmen sollte.

Im Jahre darauf erhielt der 25 Jahre alte Ptolemaios II. endgültig freie Hand, als sein Vater starb. Am 7. Hathyr im Jahre 1 des Ptolemaios II., später genannt Philadelphos, ließ sich der junge König zum Pharao krönen.

Das Universum so weit

20 Hathyr im Jahre 13 des Ptolemaios II. Philadelphos

Die Herrschaft des jungen Königs begann mit einer Trauerfeier. Sein Vater wurde eingeäschert und im Alexander-Mausoleum beigesetzt. Damit hatte Ptolemaios II. eine weitere Botschaft an die anderen Diadochen gesandt: Seht her, hier liegen sie Seite an Seite, der einstige Welteroberer und sein General. Durch eine geschickte Kriegspolitik hatte Ptolemaios I. einen Schutzschild um sein Reich errichtet, der ihn vor fremden Übergriffen schützte. Er hatte die Provinz Syrien in sein Imperium eingegliedert, Zypern eingenommen, Sidon und Tyros besetzt, eine Hegemonie im Bereich der Kykladen aufgebaut und schließlich ganz Lykien unter seine Herrschaft gebracht. Gleichzeitig hatte sich Ptolemaios damit wichtige Rohstoff- und Handelszentren gesichert: Zypern war reich an Metallen, Syrien verfügte über riesige Bestände an Zedern, deren Holz für den Schiffsbau dringend benötigt wurde. Innerhalb von vier Jahrzehnten hatte Alexanders einstiger Gefolgsmann ein Imperium geschaffen, das zur führenden Weltmacht aufgestiegen war. Auf diesem Weg schritt der Sohn unbeirrt weiter voran.

Als der Seleukidenkönig Antiochos den größten Teil seiner Armee aufbieten musste, um gegen kriegerische Feinde an seiner Nordgrenze vorzugehen, stießen Ptolemaios' Truppen in das weitgehend ungeschützte Reich in Kleinasien vor. Ohne große Gegenwehr eroberten sie die westlichen Provinzen Pamphylien, Kilikien, Lykien und Karien. Gleichzeitig besetzten sie die vor der Küste gelegene Insel Samos, Aristarchs Heimat. Dieses kleine Eiland hatte bis dahin Lysimachos gehört. Dabei störte es Ptolemaios ganz und gar nicht, dass er mit Lysimachos' Tochter und seine Schwester mit Lysimachos selbst verheiratet waren. Die Insel blieb also in der Familie.

Aristarch hingegen machte sich Sorgen um seine Familie. Erst ein

Brief des Vaters beruhigte ihn. Die Einnahme war ohne schwere Kämpfe vonstatten gegangen, und die neuen Herrscher waren nicht besser oder schlechter als die alten.

Gleichzeitig hatten sich die einstigen Mitstreiter von Ptolemaios I. in Alexanders Heer einen unerbittlichen Krieg geliefert. In den verwirrenden Handlungssträngen tauchte immer wieder eine Person auf: Arsinoë, die Schwester von Ptolemaios II. Nachdem sie an Lysimachos von Thrakien verheiratet worden war, erwies sie sich dort als herrschsüchtige Person, die rücksichtslos ihre eigenen Machtinteressen verfolgte. Als ihr Bruder in Alexandria Pharao wurde, zog sie ein listenreiches Intrigenspiel gegen Agathokles, den Sohn aus der ersten Ehe ihres Mannes und potenziellen Thronfolger, auf. Ihre Machenschaften führten Lysimachos in die Irre, bis er schließlich glaubte, sein Sohn wolle ihn töten. Dem vermeintlichen Attentat kam er zuvor, indem er ihn hinrichten ließ. Schon kurz darauf fand Lysimachos selbst in der Schlacht von Kurupedion den Tod. Damit hatte die Dynastie der alexandrinischen Generäle ihr Ende gefunden.

Keraunos nutzte ein entstandenes Machtvakuum und ließ sich als König von Makedonien ausrufen – und damit trafen sich die Wege von ihm und Arsinoë. Diese war mit ihren beiden leiblichen Söhnen ins makedonische Kassandreia geflohen und hatte sich dort verschanzt. Ihr bot Keraunos die Ehe an und versprach ihr sogar, die Macht mit ihren beiden Söhnen zu teilen – ein nicht ganz gewöhnliches Angebot, denn Keraunos war der älteste Sohn von Ptolemaios I. aus zweiter Ehe und damit Arsinoës Halbbruder.

Den makedonischen Thron vor Augen, willigte Arsinoë ein. Vor der imposanten Kulisse der Heeresversammlung setzte Keraunos seiner Gattin und Halbschwester das königliche Diadem aufs Haupt, und beide zogen unter großem Jubel in Kassandreia ein. Keraunos stand Arsinoë in Sachen Skrupellosigkeit in nichts nach. Er war keineswegs bereit, die Macht zu teilen, und ermordete ihre beiden Söhne. Doch auch ihn ereilte bereits im darauffolgenden Jahr der Tod durch das Schwert eines keltischen Kriegers.

Nach dem Mord an ihren Söhnen floh Arsinoë aus der Stadt und segelte in ihre Heimat Alexandria, wo sie Schutz am Hof ihres Bruders fand. Schon bald ging sie auch hier wieder ihrer Lieblingsbeschäftigung nach: dem Intrigenspiel. Und erneut war das Ziel die Königskrone. Geschickt wie eh und je, gelang es ihr, gegen die Königin Ränke zu spinnen. Vier Jahre benötigte sie, bis Ptolemaios seine Frau verbannte. Im neunten Jahr seiner Herrschaft heiratete Ptolemaios II. seine leibliche Schwester Arsinoë.

Ein Skandal! Zumindest für die Hellenen. Unter ihnen galt die Ehe zwischen blutsverwandten Geschwistern als empörend. In Ägypten dagegen waren inzestuöse Verbindungen unter den Pharaonen nichts Ungewöhnliches, sah man in ihnen doch ein Symbol für die göttliche Gemeinschaft von Isis und Osiris. Mit diesem geschickten Schachzug gewannen Ptolemaios und Arsinoë das ägyptische Volk für sich, auch auf die Gefahr hin, bei den Hellenen verschrien zu sein.

Die Reaktionen in Alexandria ließen nicht lange auf sich warten. Sotades aus Maroneia, ein stadtbekannter respektloser Zyniker, der schon ein ums andere Mal den Zorn des Hofes auf sich gezogen hatte, brachte einen scharfen Spottvers in Umlauf mit der Zeile: «Den Stachel stößt du, Ptolemaios, in ein unerlaubtes Loch.» Lange Zeit hatte der König das Treiben des Komödianten geduldet, doch jetzt hatte dieser den Bogen überspannt. Kurz bevor Ptolemaios' Häscher Sotades festnehmen konnten, floh er aus der Stadt.

In diesem Fall hatte Sotades jedoch den Zorn des Königs und vor allem der Schwester-Gattin unterschätzt: Königslästerung war gleichbedeutend mit Gotteslästerung. Arsinoë beauftragte ihren Admiral Patroklos, den verhassten Dichter zu verfolgen, bis er gestellt sei. Auf der kleinen Insel Kaunos stöberte Patroklos ihn schließlich auf. Kurzerhand steckte er ihn in eine bleierne Tonne, fuhr aufs Meer hinaus und versenkte ihn in den Fluten.

Doch einmal im Volke unterwegs, ließen sich die Schmähverse nicht mehr zurückholen. Da kam dem Herrscherpaar das Gedicht eines gewissen Theokrit gerade recht. Vergeblich hatte der verarmte Lyriker versucht, mit schmeichlerischen Oden das Herz des Tyrannen Hieron II. von Syrakus und eine Anstellung an dessen Hof zu gewinnen. Nun nahm er einen neuen Anlauf bei Ptolemaios, dessen Museion noch viel Platz für Gelehrte bot. Geschickt knüpfte Theokrit in einem langen Loblied mit salbungsvollen Worten eine Verbindung zwischen dem Königspaar und dem Götterpaar des Olymp, Zeus und Hera. Auch sie waren Geschwister gewesen, wie ihre Eltern Kronos und Rhea.

«Im Schlosse vermochte kein bessres Weib
als dieses den Ehemann innig und fest zu umarmen,
herzliche Liebe widmend dem Bruder wie auch dem Gatten.
Derart wurde vollzogen die heilige Ehe der Götter,

die einst die machtvolle Rhea zu Herrn des Olympos geboren.
Glück Dir, Fürst Ptolemaios! Wie anderer Halbgötter
werde Deiner ich stets gedenken und Unverächtliches sicher
künden der Nachwelt;
Zeus hat Dich zu großen Taten berufen.»
Das wirkte. Theokrit wurde ans Museion gerufen.

Arsinoë indes begnügte sich keineswegs mit der Rolle der repräsentativen Pharaonin. Sie wusste genau, was sie wollte: die Herrschaft. Schon bald nahm sie Einfluss auf die politischen Entscheidungen, griff selbst ins Kriegshandwerk mit ein. Als es wenige Jahre nach ihrer Thronbesteigung zum Feldzug gegen Antiochos ging, begab sie sich ins Frontgebiet, um das Heer zu organisieren. Unter ihrer starken Hand wurde fast das gesamte Gebiet Phönikiens eingenommen. Ihr zu Ehren entstanden reich geschmückte Tempel, die Plateia wurde nach ihr umbenannt.

Die Hegemonie des Reiches unter dem jungen Herrscherpaar verschaffte der Metropole des Landes weiteren Auftrieb. Es entstanden neue herrschaftliche Villen, Tempel und andere Prachtbauten. Sogar einen großen Tierpark ließ Ptolemaios errichten, in dem das Volk Löwen, Leoparden, Giraffen, Nashörner, indische Büffel und jede Menge anderes wildes Getier bestaunen konnte. Die absolute Attraktion war der Eisbär, den es bereits bei der großen Prozession bestaunt hatte. Eine Expedition hatte ihn aus dem fernen Thule mitgebracht.

Das Handwerk blühte auf, es konnten gar nicht so viele Baumeister und Sklaven aufgetrieben werden, wie nötig waren. Auch Ktesibios profitierte von dem Aufschwung. Als Aristarch mit einem Auftrag für eine neue Wasseruhr zu ihm kam, winkte er ab: «Ich habe überhaupt keine Zeit. Ptolemaios lässt für seine Frau einen Tempel errichten. Figuren aus teuerstem Marmor, ein großes Wasserbecken aus Rosengranit, Wände mit Gold belegt und was weiß ich. Das Ganze soll eine komplizierte Bewässerungsanlage bekommen mit Springbrunnen, Fontänen, Becken in verschiedenen Ebenen und, und, und. Damit hat er natürlich mich beauftragt. Du musst dich leider gedulden.»

Mit diesen Worten war er schon wieder in seinem Schuppen verschwunden, wo er frisch eingestellten Arbeitern ungeduldig Befehle erteilte. Aristarch ließ sich von der Absage nicht die Laune verderben. Es war ein sonniger Tag, eine kühle Brise wehte vom Meer herauf. Beschwingt schritt er durch die belebten Gassen zurück zum Museion. Seit 16 Jahren lebte er nun hier, kannte jeden Winkel und jeden Verkaufsstand auf dem Weg zwischen dem Königsviertel und der Werkstatt seines Freundes Ktesibios.

Sein Verhältnis zu Timocharis hatte sich leicht gebessert, wenngleich von Harmonie und Eintracht nach wie vor keine Rede sein konnte. Immerhin hatten sich die beiden auf ein Programm geeinigt, das sie seit einiger Zeit gemeinsam verfolgten. Die Länge des Jahres immer genauer zu vermessen und verlässliche Kalender aufzustellen war eine Sache. Die eigentliche Faszination aber lag in der Vision, den Kosmos zu vermessen, seine innere Harmonie und Struktur zu entdecken. Aus Babylonien waren Schriften in die Bibliothek gekommen, die alte astronomische Beobachtungen beschrieben. Sie eigneten sich, um periodisch wiederkehrende Ereignisse zu erkennen und für die Zukunft vorherzusagen. Die Priester des Gottes Bel in einem Tempel Babylons nutzten diese Fähigkeiten, um Horoskope zu erstellen. Dieses mystische Gewerbe hatte sich von dort aus bis nach Makedonien verbreitet, wo es zunehmend Anhänger fand.

Aristarch hielt das für Aberglauben. Weder die Sterne noch die Planeten waren für ihn göttliche Wesen. Wie aber sollten unbelebte Himmelskörper Einfluss auf sein Leben nehmen? Doch mit der babylonischen Zahlenastronomie ließen sich recht gut Ereignisse, etwa eine Mondfinsternis, vorhersagen – ein Zeichen dafür, dass die Beobachtungen der Babylonier genau waren. Die Aufgabe lag klar vor ihm: Es musste ein räumliches Modell geschaffen werden, das die Bewegungen aller Himmelskörper und der Fixsternsphäre fehlerfrei erklärte. Völlig unbekannt war auch die Ausdehnung des Kosmos. Jetzt, wo die erste Größe in diesem System, nämlich der Erdumfang, bekannt war, musste es doch auch möglich sein, weiter voranzuschreiten und die Entfernungen zu den Gestirnen zu messen. Aber wie?

Nachdem sich Aristarch als scharfsinniger Mathematiker und geschickter Astronom einen Namen gemacht hatte, durfte er innerhalb des Museions aus seinen zwei kargen Zimmern in eine geräumigere Wohnung umziehen. Hier hatte er genügend Platz zum Arbeiten oder um Freunde zu empfangen. Vor allem gelangte er binnen weniger Minuten in die höher gelegene Sternwarte.

❂

Es war ein klarer Abend, als Aristarch wieder einmal in die Sternwarte eilte. Timocharis erwartete ihn bereits und richtete soeben die Instrumente für die Nacht ein. «Was steht heute auf dem Programm?» fragte er Aristarch, der schon lange die Koordination übernommen hatte.

«Der Mars. Er sollte nach den Berechnungen im Laufe der Nacht so nahe an den zweithellsten Stern im Sternbild Stier heranlaufen, dass er ihn fast bedeckt. Diese enge Begegnung wird uns eine weitere genaue Koordinate auf der Bahn des Planeten liefern», erklärte Aristarch.

Der Plan sah mehrere Stoßrichtungen vor. Zum einen beobachteten die beiden Astronomen Mondfinsternisse, die sich am besten dafür eigneten, die Mondbahn festzulegen. Interessant, aber sehr selten waren Konstellationen, bei denen sich der Mond im Laufe der Nacht vor einen Stern schob. Das ermöglichte es, die Himmelskoordinaten dieses Sterns festzulegen. Im Verhältnis dazu maßen die beiden Astronomen dann die Abstände umgebender Fixsterne. Auf diese Weise entstand nach und nach ein Netz von Sternen mit festgelegten Koordinaten. Dieses bildete das Bezugssystem, in dem die Planeten ihre rätselhaften Bahnen zogen.

«Übrigens werden wir heute einen neuen Schüler bekommen», sagte Timocharis unvermittelt. «Er wird bei uns das astronomische Handwerk lernen und uns sicher bald gute Dienste leisten. Ich erwarte ihn jeden Augenblick. Sein Name ist Aristyllos. Ich gehe davon aus, dass auch du ihm freundschaftlich begegnen wirst.»

«Gewiss», antwortete Aristarch, überrascht darüber, dass Timocharis ihm nicht früher von dem Schüler erzählt hatte.

In dem Moment öffnete sich die Tür, und ein untersetzter Jüngling von vielleicht zwanzig Jahren trat zögerlich auf die Turmplattform. Dann ging er zu Timocharis hinüber und begrüßte ihn überschwänglich wie einen alten Freund. Erst als Timocharis ihn auf Aristarch aufmerksam machte, ging er zu ihm hinüber. Sie begrüßten einander und kamen gleich ins Plaudern. Dabei stellte es sich heraus, dass Aristyllos ein echter Alexandriner hellenischer Abstammung war. Er gehörte also zu der Einwanderergeneration, die die Heimat ihrer Eltern nie kennengelernt hatte.

Als die Dämmerung einbrach, wurde es Zeit, das Gespräch zu beenden. Die Visiere an den Winkelmessgeräten mussten gerichtet und die Wasseruhr gefüllt werden. Langsam zog die Dunkelheit von Osten kommend über den Himmel gen Westen, wo bald nur noch ein schwacher hellblauer Streifen am Horizont von der untergegangenen Sonne zeugte. Der Pharos drehte seinen Lichtzeiger über das Meer und wies den Seefahrern den Weg. Die Sterne des Orion und des Stiers, in dem der Mars rötlich schimmerte, funkelten am Firmament.

Timocharis und Aristarch vermaßen Sternpositionen, notierten Zeiten und richteten immer wieder die Instrumente ein, während Aristyllos die Rolle des stummen Zuschauers blieb. Im Laufe der Nacht wurde es bitterkalt, die wollenen Umhänge boten nur leidlich Schutz, so dass immer wieder einer der Astronomen ins Haus ging, um sich mit einem Schluck heißen Kräuteraufgusses zu wärmen. Timocharis rieb sich das Gesicht mit einer Zwiebel ein. Ein altes Hausmittel, das angeblich gegen die Kälte schützte.

Die ganze Nacht harrten sie aus, doch der Mars rückte dem Stern in der Stirn des Stiers nur unmerklich näher. Auch in den kommenden zwei Nächten blieb der Abstand zwischen den beiden Gestirnen mindestens so groß wie der Vollmonddurchmesser. Von der dritten Nacht an entfernte sich der Mars wieder von dem Stern. Wieder einmal verhielt sich dieser Planet ganz anders, als Aristarch es vorausberechnet hatte.

Seit Jahren schon hatten Timocharis und Aristarch die Bewegungen der Planeten, des Mondes und tagsüber auch der Sonne aufgezeichnet. Die Umsetzung in ein Modell blieb Aristarch überlassen. Sie erforderte einen sehr geschickten Umgang mit der Geometrie, die er bei niemandem besser als bei Euklid hätte erlernen können. Dennoch gelang es ihm nicht, die beobachteten Planetenbahnen zufriedenstellend zu berechnen. In Momenten der Niedergeschlagenheit erinnerte er sich manchmal an seine erste Begegnung mit Timocharis. Wir werden unsere Messinstrumente immer weiter verfeinern, bis wir das endgültige System gefunden haben, in dem sich der göttliche Schöpfungsplan offenbart, hatte er damals gesagt. Sechzehn Jahre später waren sie diesem Ziel keinen Schritt näher gekommen.

«Ihr könnt einem wirklich leid tun», sagte Demeas, der zu einem festen Assistenten von Hekataios aufgestiegen war. Er hatte eine nette Frau gefunden, mit der er ein Haus in der Nähe des Hafens bewohnte. Ihr gemeinsamer Freund Nikeratos war auch bei seinem Lehrmeister geblieben. Er unterstützte Herophilos bei dessen anatomischen Studien, verlegte sich selbst aber mehr auf die praktische Heilkunst, worin er sich in der Stadt einen guten Ruf erworben hatte.

«Ihr gebt euch so viel Mühe, harrt nächtelang selbst bei dieser Kälte auf dem Dach aus, und doch führt es zu nichts», fuhr Demeas fort.

«Ja, leider. Es ist zum Verzweifeln. Der Himmel narrt uns.» Nach kurzem Schweigen fuhr Aristarch fort: «Und es wird immer schlimmer. Je genauer wir messen, desto weniger entsprechen die Vorhersagen den tatsächlichen Erscheinungen. Dabei könnte alles so einfach sein: Die Sonne, der Mond und die fünf Planeten laufen mit gleichbleibender Geschwindigkeit auf Kreisbahnen um die Erde. Dann müssten wir diese Bewegungen am Himmel auch als gleichförmiges Fortschreiten der Gestirne beobachten.»

«Und das tut ihr offenbar nicht?»

«Es fängt schon bei der Berechnung des Kalenders an. Nimm einmal die vier Jahreszeiten. Nach unseren Messungen sind diese unterschiedlich lang. Frühling, Sommer, Herbst und Winter dauern jeweils 93, 94, 90 und 89 Tage. Warum? Beim Mond genau das Gleiche. Ein gesamter Zyklus von Vollmond zu Vollmond dauert immer 29 ½ Tage, die Zeiträume zwischen den vier Phasen sind aber unterschiedlich lang. Zum Beispiel haben wir in diesem Monat die Dauer zwischen dem zunehmenden Halbmond und Vollmond zu 6 ¾ Tagen gemessen, während zwischen Vollmond und abnehmendem Halbmond 7 ⅙ Tage vergangen sind. Und erst die Planeten. Von einer gleichförmigen Bewegung am Himmel kann gar keine Rede sein. Mars zum Beispiel wanderte im letzten Jahr über Monate hinweg von West nach Ost durch die Sternbilder. Dann blieb er plötzlich stehen, schlug einen Bogen und wanderte wieder zurück. Nach einigen Wochen hielt er wieder an und nahm seine ursprüngliche Bewegungsrichtung auf. Egal wo man hinschaut, immer nur Unregelmäßigkeiten.»

«Von harmonischer Gleichförmigkeit keine Spur, da muss ich dir recht geben», pflichtete Demeas seinem Freund bei.

«Was unsere Vorfahren auch schon gewusst haben, allen voran dein Aristoteles», sagte Aristarch und griente sein Gegenüber an.

«Wir haben uns ja schon oft darüber unterhalten. Von Eudoxos über Kallippos bis zu Aristoteles ist das kosmische Räderwerk immer komplizierter geworden.»

«Ein wahrhaft labyrinthischer Mechanismus. Darin würde sich selbst unser lieber Freund Ktesibios verirren. Wie kannst du dich nur darin zurechtfinden?»

«Labyrinthisch ist der richtige Ausdruck. Zumal auch die 49 Sphären immer noch nicht ausreichen, um alle Phänomene zu beschreiben, die Helligkeitsschwankungen der Planeten zum Beispiel.»

«Warum in alles in der Welt haben die Götter den Himmel mit so vielen Kreisen und Kugeln verstellt, wenn es auch einfach gegangen wäre?»

«Das, lieber Demeas, ist die entscheidende Frage. Warum so kompliziert?»

Die beiden blickten sich eine Weile schweigend an, dann sagte Aristarch:

«Erinnerst du dich noch, was Straton am ersten Tag, an dem wir uns kennengelernt haben, sagte? Die Natur richtet alles so einfach wie möglich ein. Darin war er sich sogar mit Aristoteles einig.»

Er steckte fest. Es war nicht nur ein Kampf mit der verzwickten Geometrie. Es fehlten auch weitere verlässliche Messungen, markante Eckpunkte, an denen er seine Himmelsmechanik hätte verankern können. Ein weiteres Ereignis stand nach seinen Berechnungen kurz bevor: eine totale Mondfinsternis.

❂

Einen Monat nach der Beobachtung der Marskonstellation warteten die drei Astronomen im Observatorium auf das große Ereignis. Alles stand bereit: Winkelmessgeräte, Wasseruhr, Papyrus mit Federkiel für die Notizen und Kerzen. Es war wieder ein wolkenfreier, frischer Tag gewesen, so dass die Männer auf eine klare Nacht hoffen konnten. Von ihrem erhöhten Standpunkt aus lag ihnen die Stadt zu Füßen. Nach Osten hin dehnte sich das gewaltige Nildelta aus, über dem kurz nach Sonnenuntergang der rote Vollmond aufstieg. Nichts deutete auf eine Finsternis hin. Immer höher stieg der Mond auf und überstrahlte bald fast alle Sterne.

Doch dann wurde die Mondscheibe etwas blasser. Die wenigen Menschen, die noch auf der Straße waren, bemerkten hiervon nichts, aber die geübten Beobachter Timocharis und Aristarch nahmen die Veränderung rasch wahr und machten den Neuling Aristyllos darauf aufmerksam.

«Der Mond ist in den Halbschatten der Erde eingetreten», erklärte Timocharis.

Es dauerte noch über eine Stunde, bis am rechten Rand der Mondscheibe plötzlich ein kleines Stück verschwunden zu sein schien.

«Der Beginn der Totalität!» freute sich Aristarch über die gelungene Vorhersage. «Jetzt wandert der Mond in den Schatten der Erde hinein.» Ein paar Wolken waren aufgezogen, die aber die Sicht auf das Schauspiel kaum behinderten. Im Gegenteil, sie verliehen der Szenerie eine unheimliche Atmosphäre. Das Mondlicht ließ die Zackenränder des Gewölks weißlich erstrahlen. Immer weiter breitete sich der schwarze Erdschatten über den Mond aus, bis nur noch eine schmale Sichel übrig blieb.

«Wie du siehst, besitzt der Schatten eine Rundung», wandte sich Timocharis an Aristyllos. «Ein weiterer Beweis dafür, dass die Erde eine Kugel ist, denn der Schatten einer Kugel ist ein Kreis.»

Schließlich glänzte nur noch ein winziger Lichtstreif. Als auch der verschwunden war, gewahrten die Astronomen an der Stelle des Mondes jedoch keineswegs eine schwarze Scheibe, wie man es von einem lichtlosen Körper erwarten würde. Der Mond war nach wie vor zu sehen, nur glomm er in einem kupferfarbenen Rot.

«Woher kommt dieses geheimnisvolle Licht?» fragte Aristyllos.

«Darüber sind wir uns nicht einig», antwortete Aristarch.

«Wir sind fest davon überzeugt, dass der Mond ein fester Körper ist, der sein Licht von der Sonne erhält. Auf ihm gibt es vielleicht ähnliche Landschaften wie auf der Erde mit hohen Bergen und weiten Meeren», fuhr Timocharis seinem Assistenten ins Wort. «Es hat den Anschein, als würde der gesamte Körper anfangen zu glühen.»

«Das halte ich allerdings nicht für die richtige Erklärung», fuhr nun Aristarch fort. «Warum sollte er ausgerechnet in dem Moment zu glühen beginnen, da er in den Schatten der Erde eintritt? Ich muss aber zugeben, dass ich keine Erklärung für dieses Phänomen habe.»

Die Faszination des Himmelsschauspiels hätte die Astronomen fast ihre Messungen vergessen lassen. Rasch holten sie das Versäumte nach. Eineinviertel Stunden lang dauerte das Spektakel, als sich plötzlich am linken Rand ein heller Fleck zeigte.

«Seht doch. Der Mond tritt aus dem Schatten heraus. Bitte notier die Zeit, ich messe die Position», sagte Aristarch zu Aristyllos. Sie warteten noch alle weiteren Phasen der Finsternis ab. Dann beglückwünschten sie sich zu der gelungenen Beobachtung und gingen müde und frierend zu Bett.

«20. Choiak im Jahre 13 des Ptolemaios II., totale Mondfinsternis über Alexandria. Beginn der Totalität 5 Stunden 32 Minuten nach

❂❂❂❂❂❂❂

Sonnenuntergang, Ende der Totalität 6 Stunden 50 Minuten nach Sonnenuntergang», notierte Aristarch. Es folgten die Positionsangaben und einige Bemerkungen zu den Beobachtungsbedingungen.

Aristarch hatte das Ereignis zwar nicht auf die Minute pünktlich, aber doch recht genau vorhersagen können. Allerdings war dies auch wesentlich einfacher als beispielsweise die Berechnung der Marsbewegung. Mondfinsternisse boten nicht nur die Möglichkeit, die Himmelsbahnen zu berechnen, sie ließen auch Schlüsse auf die Größe des Mondes zu. Aristarch nahm sich ein herumliegendes Blatt Papyrus und skizzierte die drei Gestirne: in der Mitte die Erde, links die Sonne und auf der gegenüberliegenden Seite der Mond.

Wenn der Mond in 29½ Tagen einmal die Erde umkreist, dachte er, dann legt er in den 78 Minuten der Finsternis etwas mehr als seinen eigenen Durchmesser zurück. Diesen Durchmesser muss also der Erdschatten am Ort des Mondes haben. Aber wie groß ist der Schatten dort im Vergleich zur Erde?

Er skizzierte unterschiedliche Möglichkeiten. Steht die Sonne der Erde sehr nahe, so weitet sich ihr Schatten hinter der Erde aus und reicht unendlich weit in den Kosmos hinaus. Das kann nicht sein, dachte er. Dann müssten nämlich auch die Planeten irgendwann in ihn hineinlaufen und nicht mehr sichtbar sein. Planetenfinsternisse sind aber noch nie eingetreten. Also läuft der Schatten hinter der Erde wie ein Kegel zusammen. Aber wie sieht der Kegel aus? Je weiter Erde und Sonne voneinander entfernt sind, desto lang gestreckter ist er. Sicher ist die Erde mindestens doppelt so groß wie der Mond. Außerdem wissen wir, rekapitulierte Aristarch für sich, dass sich der Mond bei einer Sonnenfinsternis vor die Sonne schiebt. Der Mond ist uns also näher als die Sonne. Da uns aber beide am Himmel etwa gleich groß erscheinen, muss der Mond kleiner als die Sonne sein.

Das waren die Tatsachen. Aber wie groß waren Mond und Sonne wirklich? Es war zum Verzweifeln. Alles scheiterte an der alten Frage: Wie weit sind die Gestirne von der Erde entfernt? Missmutig kritzelte Aristarch auf dem Papyrus herum, zeichnete andere Konstellationen ein, Neumond, Vollmond, abnehmender und zunehmender Mond. Bis er plötzlich beim Halbmond innehielt.

Diese Phase trat ein, wenn die Sonne von der Erde aus gesehen genau senkrecht auf die rechte oder linke Seite des Mondes schien. Er zeichnete die drei Himmelskörper an die Spitzen eines Dreiecks. In

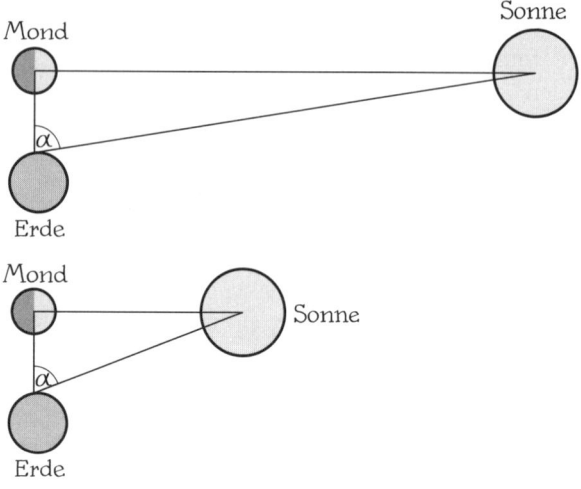

dieser Phase entstand am Mond genau ein rechter Winkel. Der Winkel alpha zwischen dem Mond und der Sonne hing aber von deren Entfernung zur Erde ab. Je größer die Distanz, desto größer der Winkel. Wenn es gelänge, diesen Winkel am Himmel zu messen, so könnte ich die Sonnenentfernung ermitteln, schloss er. Das müsste möglich sein, schließlich ist alle zwei Wochen Halbmond. Er war von der Idee völlig begeistert und wollte damit sofort zu Timocharis laufen. Doch dann fiel ihm ein Problem auf. Bei der Beobachtung mussten Mond und Sonne gleichzeitig am Himmel stehen, nur so ließ sich der Winkel zwischen ihnen messen. Der Zeitpunkt des Halbmondes musste deshalb so fallen, dass einerseits die Sonne am Himmel stand, es andererseits aber nicht so hell war, dass der Mond unsichtbar blieb. Nur wenn das Ereignis kurz vor Sonnenuntergang oder kurz nach Sonnenaufgang eintrat, bestand die Möglichkeit, beide Gestirne gleichzeitig zu beobachten.

Sofort machte er sich daran, die Mondphasen für die nächsten Monate zu berechnen, so gut es sein Himmelsmodell zuließ. Mehrere Tage kam er kaum noch aus seiner Wohnung heraus. Hin und wieder schickte er den in die Jahre gekommenen Dolios, der ihm immer noch treu ergeben war, los, wenn Besorgungen zu machen waren. Ansonsten sah man Aristarch nur beim Essen und hin und wieder in der Bibliothek.

Endlich hatte er das Ergebnis. Wie befürchtet, trat die Konstellation selten ein. Innerhalb der nächsten zwölf Monate nur zweimal. Aber diese beiden Tage waren schon innerhalb der nächsten Mondphase. Sollte die Messung fehlschlagen, musste er über ein Jahr auf die nächste Gelegenheit warten.

Zwei Dinge waren zu tun. Zum einen musste er die Geometrie ausarbeiten, und zum anderen brauchte er eine Vorrichtung, mit der er bestimmen konnte, wann der Mond genau halb beleuchtet war.

«Kein Problem», beruhigte ihn Ktesibios dieses Mal.

Die mathematischen Probleme erwiesen sich indes als erheblich hartnäckiger, als Aristarch erwartet hatte. Wieder einmal fand er Rat bei Euklid. Der Mathematiker war sichtlich gealtert, doch schien sich dieser Vorgang auf den Körper zu beschränken. Sein Geist war nach wie vor hellwach.

«Deine Idee ist brillant», lobte er Aristarch. Angestrengt beugten sich beide im schummrigen Licht eines Bibliothekszimmers über Aristarchs Skizzen und diskutierten.

«Wenn dir dieses Kunststück gelingt, wirst du der erste Mensch sein, der versucht, mit Mitteln der Geometrie den Kosmos zu vermessen», sagte Euklid endlich. «Aber du wirst viele Gegner und Kritiker gegen dich haben. Wenn du denen den Wind aus den Segeln nehmen willst, musst du deine Vorgehensweise hieb- und stichfest und für jeden nachvollziehbar darlegen. Die Arbeit muss einen klaren Aufbau haben, ähnlich wie ich es in den *Elementen* getan habe. Beginne mit den Voraussetzungen, die du für deine Berechnungen benötigst, und gehe dann Schritt für Schritt voran. Wenn du willst, werde ich dir gerne dabei behilflich sein.»

Euklid hatte sicher recht. Er musste mit Ungläubigen und Neidern rechnen, die versuchen würden, seine Arbeit zu verspotten. Ihnen durfte er keine Blöße bieten.

Ktesibios hatte währenddessen das Beobachtungsgerät fertiggestellt und es zusammen mit Aristarch im Observatorium aufgebaut. Es war nicht mehr als ein viereckiger, aufrecht stehender Holzrahmen, dessen obere Leiste mehr als einen Klafter maß. An deren Ende war eine halbkreisförmige Blende angebracht, die wie eine exakt halbierte Münze aussah. Diese Vorrichtung diente als Visier, über das Aristarch den Mond anpeilen konnte. Die Blende war so bemessen, dass sie vom anderen Ende des Stabes aus gesehen den Mond genau abdeckte. Wenn Mond und Blende haarklein übereinanderpassten, war Halbmond.

«Und jetzt zeige ich dir noch einen kleinen Kunstgriff», sagte Ktesibios mit kindlicher Freude, nachdem er Aristarch alles erklärt hatte. «Du kannst die Blende drehen, so dass der Buckel entweder rechts oder links ist. Siehst du? So kannst du das Instrument bei zunehmendem wie bei abnehmendem Mond benutzen.»

«Ktesibios, du bist der Größte», freute sich Aristarch. Einen kurzen Moment überlegte er, dann fragte er ihn: «Hättest du Lust, mir bei der Messung zu helfen?»

«Nein, nein. Ich habe überhaupt keine Zeit. Du weißt, wie gut mein Geschäft läuft.»

«Niemand kennt das Instrument so gut wie du, und allein fühle ich mich damit etwas unsicher.»

Der Hintergrund für diese Schmeichelei war der Umstand, dass Timocharis zusammen mit Aristyllos für einige Zeit verreist war und Aristarch die Messung nur schwer alleine ausführen konnte.

«Komm schon, das wäre doch einmal etwas anderes als das Hämmern und Sägen in deiner verstaubten Bude.»

«Also bitte, wie sprichst du von meiner königlichen Werkstatt! Na gut, weil du es bist. Aber nur für einen Abend», sagte er nach einigem Zögern.

«Sehr schön. Dann sehen wir uns in sechs Tagen hier im Observatorium.»

«Gehab dich wohl», sagte Ktesibios und wandte sich zum Gehen.

«Du auch. Ach, Ktesibios», rief ihm Aristarch nach. Der Freund drehte sich noch einmal mit fragendem Gesicht um.

«Das Ereignis ist nicht am Abend.»

«Sondern?»

«Morgens, kurz nach Sonnenaufgang. Du solltest aber schon zwei Stunden vorher hier sein, damit wir alles in Ruhe vorbereiten können», sagte Aristarch grinsend.

Ktesibios stockte und hob schon zu einer bissigen Antwort an. Dann warf er aber die Arme kapitulierend nach vorne und verschwand mit unverständlichem Brummeln im dunklen Treppenabgang.

❂

Am Abend vor der entscheidenden Nacht hatte Aristarch den treuen Dolios beauftragt, ihn rechtzeitig zu wecken – unnötigerweise, denn er fand ohnehin kaum Schlaf. Immer wieder stand er von seinem Bett auf und ging ans Fenster, das er trotz der Kälte geöffnet hatte. Tiefschwarz lag der Himmel über ihm, Sterne funkelten. Allerdings nicht am ganzen Firmament. Dunkle Wolken schienen Teile aus dem Sternenmeer herauszuschneiden, wanderten über den Himmel und verhießen nichts Gutes. Immer dichter zog sich der dichte Vorhang vor die Sternenkulisse, bis schließlich kein einziges Gestirn mehr durch eine Lücke hindurchblinzelte. Wenig später begann es zu regnen.

Enttäuscht legte sich Aristarch auf die Liege und beobachtete weiter das dunkle Fenstergeviert, das wenig Hoffnung machte. Als es dämmerte, sah Aristarch eine graue Wolkendecke, die sich bis zum Horizont zog. Dies war nicht der Tag, an dem sich der Kosmos vermessen ließ. Ktesibios kam gar nicht erst.

In vier Wochen ergibt sich die nächste Gelegenheit, machte er sich Mut. Doch wenn es dann wieder nicht klappen würde, müsste er über ein Jahr warten. Mit der Hoffnung auf den nächsten Halbmond schlief er ein.

In der verbleibenden Zeit feilte er weiter an seiner Theorie, immer wieder beriet er sich mit Euklid, der ihm dabei half, mathematische Untiefen zu umschiffen. Immer klarer zeichnete sich die kosmische Geometrie ab, nur die Messwerte fehlten noch.

Das Wetter besserte sich. Schon strahlte der nächste Vollmond hell und tauchte das Königsviertel, auf das Aristarch von seinem Observatorium hinabblickte, in ein weißlich blaues Licht. Es kam die Halbmondphase, das Wetter blieb beständig. Einen Tag vor dem ersehnten Ereignis ging er zu Ktesibios, um ihn erneut um Unterstützung zu bitten.

«Dieses Mal ist es auch viel bequemer», lockte er ihn. Die Messung ist vor Sonnenuntergang. Wir könnten uns schon mittags treffen, zusammen essen und dann auf dem Turm die Beobachtung vornehmen.»

Ktesibios konnte nicht Nein sagen. Den Weingenuss beim Essen verbot ihm Aristarch jedoch. «Wir brauchen einen klaren Verstand und ein ungetrübtes Auge», schärfte er ihm ein.

Auf dem Turm war es angenehm warm. Die Sonne hatte den ganzen Tag über geschienen, und dieses Mal konnte nichts mehr schiefgehen. Keine einzige Wolke zeigte sich am azurnen Himmel.

Die beiden Freunde hatten die halbkreisförmige Blende montiert, und Aristarch peilte bereits seit geraumer Zeit den abnehmenden Mond an, wobei er die Rundung des Mondes und der Blende genau zur Deckung brachte. Es war erheblich schwieriger als gedacht, den Moment zu bestimmen, da der Mond exakt halb erschien.

«Was ist?» fragte Ktesibios immer wieder ungeduldig.

«Ich bin mir nicht sicher, schau selbst einmal», antwortete der.

Doch auch Ktesibios vermochte nicht zu entscheiden, ob die Mondscheibe noch ein klein wenig über den geraden Rand der Blende hinausschaute oder nicht.

Die Sonne war schon zum Horizont abgesunken, als Aristarch den Eindruck hatte, dass Maske und Mond genau übereinanderpassten. Ktesibios, der zur Kontrolle an das Visier musste, stimmte zu. Es war genau Halbmond. Nun kam der zweite entscheidende Teil der Beobachtung: Der Winkel zwischen Mond und Sonne musste gemessen werden. Auch hierfür gab es eine besondere Vorrichtung.

Das Winkelmessgerät bestand aus zwei langen Holzleisten, die an einem Ende mit einem Scharnier verbunden waren. Der untere Schenkel war drehbar auf einem Podest gelagert, während sich der obere hochklappen ließ. Über ihn peilte Aristarch den Mond an. Dieser Stab lief an einem Viertelbogen entlang, der eine feine Gradeinteilung besaß. Auf ihm ließ sich der Winkel zwischen den beiden Schenkeln ablesen. Das Gerät war so eingestellt, dass der Visierstab bei null Grad auf den Horizont wies.

Mit diesem Instrument peilte Aristarch nun die Sonne an und maß den Winkel zwischen ihr und dem Horizont. Dann schwenkte er das Instrument und bestimmte den Winkelabstand des Mondes zum Horizont. Die Differenz dieser beiden Werte ergab die gesuchte Größe: den Abstand des Mondes von der Sonne.

Die Messung erwies sich als sehr knifflig. Aristarch wiederholte sie deshalb mehrmals und rief Ktesibios die Werte zu, der sie notierte. Der Mechaniker hatte seine anfängliche Lustlosigkeit abgelegt und zeigte sich mehr und mehr von der Kunstfertigkeit seines Freundes im Umgang mit dem Instrument fasziniert.

Nach mehreren Messdurchgängen war Aristarch zufrieden. Langsam trat er von dem Gerät zurück und besah sich die Werte, die sein Freund auf einem Papyrus notiert hatte.

«Die Werte sind nicht alle gleich», sagte er nachdenklich, «aber im Großen und Ganzen deuten sie auf einen Winkel um 87 Grad hin, drei Grad weniger als ein rechter. Damit werde ich meine Rechnung ausführen. Ich danke dir ganz herzlich für das wundervolle Instrument, das du mir gebaut hast, und für deine Hilfe. Ohne dich hätte ich es nicht geschafft.»

«Keine Ursache. Das habe ich doch gern getan», entgegnete Ktesibios ungewöhnlich weich gestimmt. Zwar hatte er schon viele Instrumente für die Astronomen gebaut, aber jetzt hatte er erstmals an einer Beobachtung teilgenommen. Es hatte ihn tiefer berührt, als er sich eingestehen wollte. Intuitiv war ihm klar, dass er Zeuge einer großen, vielleicht sogar einer historischen Tat geworden war.

Pausenlos arbeitete Aristarch in den folgenden Tagen und Nächten an seinen geometrischen Berechnungen. Er ging Schritt für Schritt vor. Aus dem gemessenen Winkel von 87 Grad konnte er die Länge der Seiten in dem Dreieck berechnen, an deren Spitzen Erde, Mond und Sonne saßen. Das Ergebnis war: Die Sonne war etwa 19-mal weiter von der Erde entfernt als der Mond. Beide Körper erschienen am Himmel gleich groß, wie man bei einer Sonnenfinsternis leicht sehen konnte. Damit musste die Sonne auch einen 19-mal größeren Durchmesser besitzen als der Mond. Nun benötigte er die Annahme, dass der Erdschatten bei einer Mondfinsternis etwa doppelt so groß ist wie der Mond. Daraus errechnete er, dass die Sonne einen rund 6⅓-mal größeren Durchmesser besitzt als die Erde. Aus den beiden Größenverhältnissen ergab sich unmittelbar, dass die Erde rund dreimal größer ist als der Mond. Die Durchmesser von Mond, Erde und Sonne standen demnach in einem Verhältnis von 1:3:19.

Rasch rechnete Aristarch die Rauminhalte der drei Himmelskörper aus. Die Erde, die so gewaltig war, dass man Jahre benötigte, um sie mit einem Schiff zu umrunden, würde mehr als 250-mal in die Sonnenkugel hineinpassen. Eine überwältigende Vorstellung für Aristarch. Der Mond wiederum würde 27-mal in der Erdkugel Platz finden.

Nun galt es, seine Methode und die Ergebnisse säuberlich aufzuschreiben. *Über die Größen und Entfernungen der Sonne und des Mondes* schrieb er auf den Papyrus. Er musste ganz grundlegend beginnen. Also schrieb er: «1. Hypothese: Der Mond erhält sein Licht von der Sonne.» Einige weitere Hypothesen waren klar, so definierte er die geometrischen Verhältnisse bei Halbmond und legte fest, «dass die Breite des Erdschattens gleich zwei Mondbreiten ist».

Blatt um Blatt reihte er Hypothese an Hypothese, führte komplizierte Berechnungen aus, definierte Winkel und Dreiecke, die er mit diffizilen Zeichnungen erläuterte. Einige von ihnen waren so vertrackt, dass er selbst den Überblick zu verlieren drohte. Die Kritiker werden ihre Freude daran haben, dachte er, während er frühmorgens nach durchwachter Nacht am Fenster stand und den glühenden Sonnenball anlächelte, der über dem östlichen Horizont aufstieg.

❂

Nach vier Wochen war das 30 Blätter umfassende Werk vollendet. Es schloss mit der Berechnung der Größen von Erde und Mond. Der Mond war zwar um einiges kleiner als die Erde. Dennoch war er so groß, dass man ein ganzes Jahr benötigte, um ihn mit einem Schiff bei ununterbrochener Fahrt zu umrunden. Groß genug, um Lebewesen ausreichend Platz zu bieten, dachte Aristarch. Über diese Möglichkeit hatten schon Philosophen vor ihm spekuliert, er wollte sich damit nicht befassen. Die Veröffentlichung seiner Arbeit würde schon für genügend Wirbel sorgen.

Timocharis und sein Schüler Aristyllos waren gerade von ihrer Reise zurückgekehrt, als Aristarch um eine dringende Unterredung bat. «Wie du siehst, bin ich noch vollauf damit beschäftigt, meine Sachen, die ich von der Reise mitgebracht habe, zu sortieren, aber wenn du dich kurz fassen möchtest», empfing er Aristarch.

Doch der achtete überhaupt nicht auf die abweisenden Worte, sondern unterrichtete ihn, so rasch es möglich war, über die Geschehnisse und das wunderbare Ergebnis, das er erhalten hatte. Je länger ihm Timocharis zuhörte, desto mehr versteinerte seine Miene. Zwar erklärten sich ihm nicht alle mathematischen Details, aber sein scharfer Verstand erschloss sofort die Tragweite dieser revolutionären Tat. Wenn Aristarch keinen grundlegenden Fehler gemacht hatte, musste er erstmals die himmlische Sphäre vermessen haben. Was würde Aristoteles wohl dazu sagen, fragte er sich.

«Wie ich sehe, warst du also nicht müßig in meiner Abwesenheit. Nun leg deine Arbeit dort auf den Tisch, sobald ich Zeit habe, werde ich sie mir ansehen», sagte Timocharis betont unaufgeregt.

«Aber …», setzte Aristarch an. Doch Timocharis hatte sich bereits wieder anderen Dingen zugewandt und erwartete, allein gelassen zu werden.

Umgehend schrieb Aristarch einen Brief an seinen verehrten Lehrer Straton und legte ihm eine Abschrift seiner Arbeit bei. Doch auf eine Antwort würde er mindestens drei Wochen warten müssen. Rat suchte er auch bei Euklid. Der empfahl ihm, Geduld zu haben. Timocharis sei wahrscheinlich neidisch, weil er nicht selbst auf diesen Gedanken gekommen war. Er könne die Sache zwar hinauszögern, nicht aber auf Dauer totschweigen.

So kam es auch. Obwohl die beiden Astronomen wie gewohnt zusammen die Gestirne beobachteten, vermied Timocharis jedes Gespräch über die Arbeit, nicht einmal andeutungsweise ließ er sich darauf ein. Stattdessen traf die Antwort von Straton ein.

«Gleich nach dem Erhalt Deines Briefes habe ich alle Arbeiten hintangestellt und mich ganz Deinem Werk gewidmet», schrieb er. «Jetzt bedaure ich es ein wenig, so gar keine Fähigkeiten eines Poeten zu besitzen. Dann nämlich könnte ich meiner Begeisterung angemessen Ausdruck verleihen. So groß ist das Universum. Endlich haben wir die Mittel gefunden, es zu vermessen.»

Nichts hätte Aristarch in dieser Phase mehr ermutigen können, als diese Worte seines ehemaligen Lehrers, der die Zeilen aus aufrichtiger Bewunderung geschrieben hatte. Bei der nächsten Gelegenheit sprach Aristarch Timocharis in dessen Büro an. Nachdem er ihm von Stratons Brief erzählt hatte, lehnte sich der Astronom in seinem Stuhl zurück und sagte knapp:

«Ich habe deine Ausführungen eingehend studiert. Man erkennt sofort meine lenkende Hand, unter der du dich zu einem ganz passablen Astronomen und Mathematiker entwickelt hast. Ich denke, die neuen Erkenntnisse sind es durchaus wert, in einem ausgewählten Kreis von Gelehrten des Museions diskutiert zu werden. In diesem astronomischen Streitgespräch wollen wir herausfinden, ob unsere neue Methode ein einmaliger Erfolg wissenschaftlicher Anstrengungen ist oder ob sie uns einen Weg für weitere zukünftige Untersuchungen weisen kann.»

Aristarch wollte ihn unterbrechen, weil er um sein Privileg der Entdeckung fürchtete, doch Timocharis fuhr energisch fort:

«Ich werde dafür Sorge tragen, dass die bedeutendsten Gelehrten an dem Disput teilnehmen, und werde dich rechtzeitig über den Termin informieren. Nun lass mich bitte allein, ich habe noch zu arbeiten.»

Aristarch wusste aus Erfahrung, dass jeder Versuch eines Widerwortes zum Scheitern verurteilt war. Doch so leicht ließ er sich nicht unterkriegen – nicht in dieser Angelegenheit. Dafür war er seit seiner Erdvermessung zu bekannt in der Stadt. Sofort informierte er seine beiden Freunde Demeas und Nikeratos, die ihren Einfluss bei Hekataios und Herophilos geltend machten. Sie waren zwar mit der Astronomie nicht sehr gut vertraut, und insbesondere Hekataios zweifelte ständig an den Methoden der Himmelsforscher. Aber auf der Reise durch das ägyptische Hinterland hatte er Aristarch als klugen Kopf kennengelernt. Er vertraute seinen Fähigkeiten.

Hekataios und Herophilos und schließlich auch Euklid, dessen Ruf über jeden Zweifel erhaben war, sorgten dafür, dass alle Gelehrten im Museion von dem geplanten Streitgespräch erfuhren. Innerhalb kurzer Zeit hatte jeder von der wundersamen Vermessung des Kosmos gehört und wollte mehr darüber erfahren. Selbst der König verlangte einen ausführlichen Bericht über die Debatte. Damit war es Timocharis unmöglich geworden, das Auditorium ausschließlich mit Kollegen zu besetzen, die ihm gewogen waren und dafür hätten sorgen können, dass ihm der Erfolg zugesprochen wurde.

Die Diskussion fand in dem Versammlungssaal des Museions statt. Zusätzliche Stühle hatten für die erschienenen Gelehrten aufgestellt werden müssen, und die sonst hier übliche Ruhe war einem lauten Stimmengewirr gewichen. Timocharis hatte die Leitung übernommen, übergab aber rasch das Wort an Aristarch. Der begann nervös mit seinen Ausführungen, steigerte sich dann aber rasch in eine ungeahnte Begeisterung hinein. Mit großer Hingabe erklärte er seine Methode, die Beobachtungen und schließlich die Ergebnisse. Er nahm sich sehr viel Zeit, Unklarheiten auszuräumen, ging auf jeden Einwurf ein, beantwortet alle Fragen und versuchte, auch den hartnäckigsten Zweifler zu überzeugen, wobei ihm seine Freunde den Rücken stärkten. Als sich letztlich auch Euklid vor den Astronomen stellte und dessen Leistung mit für ihn ungewohnt blumigen Worten lobte, gab es keinen Zweifel mehr an dem Gewinner. Es war Aristarch. Von Timocharis sprach niemand mehr.

Niemand wird dir glauben

24 Pamenoth im Jahre 13 des Ptolemaios II. Philadelphos

Über Nacht war der Frühling in die Stadt eingezogen. Obstbäume erblühten und verwandelten die Plateia in ein weiß und rosafarben leuchtendes Meer. Die Menschen verlagerten ihre Aktivitäten wieder nach draußen, das Palaver der Handwerker und Hausfrauen belebte jeden Winkel der Metropole. Schwere Umhänge, die in dem ungewöhnlich langen und unwirtlichen Winter die Menschen gedrückt hatten, wichen endlich luftigen Gewändern, die locker in der warmen Meeresbrise flatterten. Der frische Wind hatte Aristarch in seinem 38. Lebensjahr auf den Zenit seiner Karriere getragen. In ganz Alexandria sprachen die Gelehrten über ihn und wurden nicht müde, die Frage zu diskutieren, ob man mit irdischer Geometrie den göttlichen Himmel vermessen könne. Was Aristarch selbst betraf, so hatte er dieses Problem schon lange weit hinter sich gelassen. Er saß in seinem Arbeitszimmer, die Fenster weit geöffnet, und war froh darüber, endlich die Öllampen löschen zu können, die ihm in den letzten Monaten spärliches Licht gespendet hatten. Jetzt konnte er wieder frei atmen. Seit Wochen befasste er sich nur noch mit der Frage, wie er den Bauplan des Kosmos entschlüsseln könne. Warum nur fügten sich die Planetenläufe nicht in das System, das so viele Astronomen und Philosophen vor ihm ersonnen hatten?

Immer wieder erinnerte er sich an Straton und dessen ungewöhnliche Eigenart, Naturphänomene unter Rückgriff auf Alltagsgegenstände zu veranschaulichen. Irgendwann kam ihm die Idee, sich die Größenverhältnisse der drei von ihm vermessenen Himmelskörper greifbar vor Augen zu führen. Er wählte eine Erbse für den Mond, einen rundlichen Stein als Erde und eine Melone als Sonne. Nun lag das kleine kosmische System vor ihm auf dem Tisch.

Gedankenverloren kollerte er abwechselnd die Erbse und dann die Melone um den Stein herum. Doch brachte ihn das auch nicht weiter. Wenn einer einen Rat wusste, dann Euklid. Also machte er sich auf in die Bibliothek, wo er den Alten wie immer über Papyri sitzend vorfand. Doch in diesem Fall wusste auch er keine Lösung. Stattdessen verwies er ihn auf eine neue Lieferung philosophischer Werke, die vor Kurzem angekommen war.

«Unter den vielen Büchern sollen einige von Herakleides Pontikos sein. Ein Schüler von Aristoteles mit vielen krausen Ideen zwar, aber wohl auch einigen klugen Gedanken über den Himmel, wie man so munkelt», sagte Euklid. «Vielleicht schaust du dir die Papyri einmal an.»

Also ging Aristarch in den Bibliotheksraum, wo er Kallimachos zwischen gefährlich hoch aufgestapelten Kisten entdeckte. Als er dem wie stets grinsenden Literaten, der sich mittlerweile in der Stadt einen Namen als geistreicher Verfasser von Epigrammen gemacht hatte, seine Bitte vorbrachte, antwortete dieser gequält:

«Wie du siehst, habe ich unlängst vom Hafen eine neue Lieferung an Manuskripten erhalten. Schau dir nur diese Unordnung an. Schauderhaft. Herakleides sagtest du?» Er legte sein mondförmiges Gesicht in Denkfalten und stützte es wichtig in seine rechte Hand. «Herakleides Pontikos, jetzt kommt die Erinnerung zurück. War das nicht jener Denker, den die Athener wegen seiner umfänglichen Statur Pompikos nannten?»

Darauf wusste Aristarch keine Antwort, aber dass er lange Zeit in Athen gelebt hatte, konnte er bestätigen.

«Er hat ein wahrlich umfangreiches Werk hinterlassen. Dialoge über die Gerechtigkeit, Tugend und Glückseligkeit sowie über Vernunft und Seele, über Homer und Hesiod, Euripides und Sophokles. Einiges davon hat er im Tone der Komödie, anderes wiederum in dem der Tragödie gestaltet. Ich hatte allerdings noch keine Gelegenheit, etwas davon zu lesen. Ich kann mich nicht mit allem befassen.»

«Es müssen auch Werke über die Natur und die Himmelslehre darunter sein», unterbrach Aristarch ihn ungeduldig.

«Ach so. Du weißt, dass mich diese Dinge nicht sonderlich interessieren», antwortete Kallimachos. «Aber doch, wenn ich mich recht entsinne, gab es einige Papyrusrollen zu diesen Themen. Ich werde sie dir holen lassen. Du entschuldigst mich bitte, ich habe zu tun», sagte er, beauftragte einen Bediensteten mit der Suche und begab sich wieder an eine der Kisten. Aristarch war froh, dieses Gespräch hinter sich gebracht zu haben.

Es dauerte eine ganze Weile, bis ein junger Mann ihm mehrere Rollen brachte, mit denen sich Aristarch in eine der Nischen an einem Fenster zurückziehen konnte. Lustlos studierte er eine Schrift, die Herakleides rund 50 Jahre zuvor in Athen verfasst hatte. Die Naturansichten waren ganz deutlich von Platon geprägt, neblige Formulierungen erschwerten das Verständnis und ließen seine Meinung über Himmelserscheinungen nur erahnen. Herakleides hatte sich ganz offensichtlich nie tief gehend mit Mathematik und Astronomie beschäftigt und keine grundlegend neuen Ideen hervorgebracht. Stattdessen trug er die alten Ansichten der Pythagoreer vor, die annahmen, im Zentrum des Universums ruhe ein Feuer, die Wache des Zeus, um das sich die Erde drehe, wodurch Tag und Nacht entstünden. Und auch die längst überholte Hypothese, es gebe eine Gegenerde unsichtbar hinter dem Feuer stehend, griff Herakleides auf. Völlig veraltet und uninteressant, dachte Aristarch. Nein, hier sprach ganz offensichtlich kein origineller Geist, der ihm hätte weiterhelfen können.

Enttäuscht brachte er die Rollen zurück, verabschiedete sich und verließ die dunklen Räume der Bibliothek. Der Tag erschien ihm zu schön, um ihn im Arbeitszimmer zu verbringen. Stattdessen schlenderte er durch das Königsviertel bis zu dem Damm, von dem aus er einen freien Blick über das Meer hatte. Er liebte diese Aussicht über alles. Hier flogen seine Gedanken ungebunden ins Grenzenlose und verhakten sich nicht unablässig in den Hypothesen der unzähligen Philosophen, deren Schriften er studiert hatte.

Die Sonne hatte sich schon weit dem Horizont genähert, als sich Aristarch wieder auf den Weg machte. Er genoss die letzten wärmenden Sonnenstrahlen und schlenderte noch ein wenig ziellos durch die Stadt. Viel hatte sich verändert seit seiner Ankunft vor 18 Jahren. Überall waren neue, saubere Wohnhäuser entstanden, Tempel konnte es gar nicht genug geben, und auch in der Zahl der Theater, Bäder und Thermen hatte Alexandria längst jede andere Stadt übertroffen.

Doch über das rein Bauliche hinaus hatte sich auch der Geist in dieser jungen Metropole gewandelt. Ptolemaios II. hatte Expeditionen ausgerüstet, die bis in die entlegensten Winkel der bewohnten

Welt vorgedrungen waren. Beschreibungen des Lebens der Nordmenschen in Thule und der Schwarzen in der verbrannten Zone kursierten in der Stadt. Herophilos hatte Nervenbahnen im menschlichen Körper entdeckt, und Ktesibios baute eine pneumatische Maschine nach der anderen. Auch wenn diese nicht alle als nützlich zu bezeichnen waren, so zeigten sie doch die oft erstaunliche Wirkung von Wasser- und Luftdruck. Aufseiten der Wissenschaften hatte Euklid mit seinen *Elementen* ein mathematisches Lehrbuch ohnegleichen geschaffen, und schließlich hatte er selbst, Aristarch, die Erkenntnisse über den Kosmos überraschend erweitert. Auch die Künstler gingen neue Wege. Die meisten Bildhauer verdienten ihr Geld nach wie vor mit Statuen der Götter und des Herrscherpaares. Aber erstmals modellierten sie auch Alltagsmenschen, Bauern und Handwerker bei der Arbeit, ja sogar Krüppel mit abstoßenden Fratzen. Sämtliche Grenzen der Darstellung schienen gefallen zu sein. Nicht nur das Schöne erschien künstlerisch erstrebenswert, sondern auch das Hässliche. Hier erwies sich Ptolemaios II. als tolerant. Auch neue religiöse Strömungen und Gruppen ließ er gewähren. So siedelte sich in einem Stadtviertel eine seltsame Vereinigung von Gläubigen an, die sich Juden nannten. Sie übersetzten ein Buch mit dem Namen Septuaginta, Buch der Siebzig, aus dem Hebräischen ins Griechische. Sollten sie nur. Über kurz oder lang würden sie sich ohnehin wie die vielen anderen unbedeutenden Sekten auflösen, dachte der König.

Aristarch lebte in einer Zeit des Umbruchs. Nie hatte er dies so deutlich gespürt wie in den Tagen und Wochen, die seit dem Streitgespräch über die Entfernungen von Sonne und Mond vergangen waren. Diese Gedanken schwirrten ihm im Kopf herum, während er die Prachtstraße entlangspazierte, dem Westtor entgegen, durch das er ein paar kleine, faserige Wölkchen erblickte. Die untergehende Sonne tauchte sie in ein zartes Rosa und ließ sie wie schwebende Kirschblüten vor dem blassblauen Himmel erscheinen.

✪

Anderntags saß er wieder an seinem Schreibtisch, zeichnete Dreiecke und Winkel, vermaß Strecken, doch er kam nicht voran. Nach wie vor stimmten die berechneten Bahnen der Planeten nicht mit den beobachteten am Himmel überein. Er war früh aufgestanden, um am

Schreibtisch die aufgehende Sonne sehen zu können und die angenehme Stille des frühen Vormittags zu genießen. Doch seit einiger Zeit drang Kinderlärm vom Hof herauf. Eine ungewohnte Situation, denn in seinem Viertel spielten normalerweise keine Kinder. Anfangs hatte er das Gejohle überhört, doch nun störte es ihn so sehr in seiner Konzentration, dass er aus dem Fenster schaute.

Direkt unter ihm spielten fünf Jungs das beliebte Scheibenschießen. Hierbei wurde ein flacher, scheibenförmiger Stein irgendwo hingelegt. Dann musste jeder Spieler versuchen, die Scheibe mit einem kleinen Stein zu treffen. Den schlechtesten Werfer erwartete eine Strafe. Der Gewinner kletterte auf den Rücken des Verlierers und hielt diesem die Augen zu. Nun musste der ‹blinde Esel› so lange mit seiner strampelnden Last umherlaufen, bis er mit einem Fuß die Scheibe fand, die die anderen Jungs zuvor an unbekannter Stelle hingelegt hatten. Selbstverständlich gingen sowohl das Scheibenschießen als auch das Reiten des Gewinners nicht ohne ausgelassenes Kreischen und Lachen vor sich.

«Wollt ihr wohl etwas leiser sein!» rief Aristarch den Jungs zu. «Ich muss arbeiten.»

Die fünf Beklagten sahen sich erschrocken an, schrien dann aufs Neue los und machten munter weiter wie bisher. Die Eltern oder Kinderfrauen der Ruhestörer waren nicht zu sehen, und selbst mochte Aristarch die Burschen nicht vertreiben. Womöglich handelte es sich um Kinder hoher Beamter des Königs, dachte er, dann hatte er ohnehin keine Chance.

Eine Weile arbeitete er weiter in der Hoffnung, das Spektakel ignorieren zu können. Aber bald gab er es auf. Wütend packte er einige Unterlagen und machte sich auf den Weg in die Bibliothek, wo es noch ruhige Plätze gab.

Sein Weg führte ihn zu Euklid, der ihn schon von ferne kommen sah und heranwinkte.

«Lieber Freund, wie kommst du voran?»

«Ehrlich gesagt, überhaupt nicht. Unsere Beobachtungen werden zwar immer genauer, aber meine Berechnungen wollen nicht zu ihnen passen.»

«Ja, die Götter lassen sich eben nicht so leicht ins Handwerk schauen. Da habe ich es mit der Mathematik in gewisser Weise einfacher. Sieh hier, ich habe eine interessante Proposition gefunden. Sie beschreibt in großer Allgemeinheit ein Phänomen, das dir auch schon begegnet ist, über das du aber sicher nicht weiter nachgedacht hast.»

Euklid arbeitete seit der Fertigstellung der *Elemente* an einem neuen fundamentalen Werk, in dem er sich mit der Wahrnehmung beschäftigte. In der *Optik* stellte er Hypothesen und Regeln für eine Theorie des Sehens auf.

«Stell dir vor, du stehst am Strand und beobachtest ein Schiff, das parallel zum Ufer an dir vorbeifährt. Über seinen Bewegungszustand würdest du dann sagen: Es fährt und legt – sagen wir einmal – in jeder Minute die Strecke von einem Stadion zurück. So weit ist noch nichts Ungewöhnliches an dieser Situation.»

Aristarch nickte mit dem Kopf, war sich aber sicher, dass Euklid es nicht bei dieser trivialen Feststellung belassen würde.

«Nun stell dir vor, du verfolgst das Schiff mit deinen beiden Augen. Des Weiteren sei der Horizont völlig glatt, der Himmel blau und wolkenlos und das Ufer gänzlich eben, ohne Felsen oder Bergvorsprünge. Kurzum, du hast keinen Anhaltspunkt für deine Augen. Wie würdest du nun über die Bewegung des Schiffes urteilen?»

Aristarch überlegte, während sich Euklid merklich freute über sein seltsames Rätsel.

«Ich weiß nicht …», murmelte Aristarch, während er sich die Situation vorstellte. «Wenn ich gar keinen Bezug für das Schiff hätte, könnte ich nicht mit Bestimmtheit sagen, ob es fährt oder nicht», entgegnete er schließlich.

«Fast richtig. In Wirklichkeit kann man es nicht nur nicht mit Bestimmtheit sagen, sondern gar nicht. Als Mathematiker kann ich mir ja sogar die gesamte Umgebung wegdenken. In dem Fall gäbe es keine Möglichkeit, die Bewegung festzustellen.»

Aristarch leuchtete die Argumentation ein. Allerdings fragte er sich, welchen Sinn es ergab, sich die gesamte Natur wegzudenken.

«Noch offensichtlicher wird die Situation vielleicht, wenn du dir vorstellst, auf hoher See zu reisen. Nun begegnet euch ein anderes Schiff, ihr bewegt euch aneinander vorbei. Kann es nicht sein, dass das fremde Schiff ankert und nur ihr euch bewegt oder dass euer Schiff ankert und das andere an euch vorbeifährt? Ich habe diesen Gedanken noch weiter gesponnen und mehrere Schiffe ins Spiel gebracht. Daraus habe ich ein ganz allgemeines Gesetz der sinnlichen Wahrnehmung abgeleitet, das nicht mehr auf spezielle Situationen oder Gegenstände abzielt. Als Proposition 51 meines Buches liest es sich so: Wenn verschiedene Körper sich in dieselbe Richtung bewegen, jeder mit seiner eigenen Geschwindigkeit, und sich das Auge auch in diese Richtung bewegt, so scheinen die Körper, die sich mit derselben Geschwindigkeit bewegen wie das Auge, stillzustehen. Jene Körper, welche sich langsamer bewegen, scheinen zurückzueilen, und jene, welche sich schneller bewegen, scheinen vorauszueilen.» Aristarch war verblüfft. Ganz offensichtlich hatte Euklid recht. Er setzte sich zu ihm an den Tisch, und es entspann sich ein langes Gespräch über Bewegungen und Perspektiven. Viele Phänomene, die jeder aus dem Alltag kannte und unbewusst als selbstverständlich annahm, hatte Euklid aus ihrer natürlichen Umgebung herausgeschält und in eine klare mathematische Landschaft transformiert. So auch die 52. Proposition: Ein unter mehreren bewegten Körpern ruhender Körper bewegt sich scheinbar in entgegengesetzter Richtung nach hinten. Oder zwei Propositionen weiter: Bewegen sich mehrere unterschiedlich weit von uns entfernte Körper mit gleicher Geschwindigkeit, so erscheinen diejenigen, welche weiter entfernt sind, langsamer als die näheren.

Die beiden Freunde diskutierten noch eine Weile über diese Sammlung perspektivischer Regeln, so dass Aristarch die Zeit darüber vergaß. Erst die Abenddämmerung erinnerte ihn daran, dass er seit dem Frühstück nichts mehr gegessen hatte. Er verabschiedete sich und ging allein in den Essssaal des Museions. Noch in seinen Gedanken versunken, entdeckte er auf dem Weg dorthin überall Beispiele für Euklids Propositionen: wandelnde Gruppen diskutierender Männer, die sich unterschiedlich schnell bewegten, oder zwei hintereinander verlaufende Säulenreihen, die sich beim Vorbeigehen gegeneinander zu verschieben schienen – obwohl sie natürlich ruhten.

In der folgenden Nacht schlief er sehr schlecht. Mehrmals wachte er auf, wälzte sich von einer Seite auf die andere, streifte die Decke ab, zog sie wieder hoch, bis es ihm zu bunt wurde. Lange vor Sonnenaufgang stand er auf, erfrischte sich mit klarem Wasser und setzte sich an den Tisch. Eine Öllampe brannte ruhig vor sich hin, kein Lufthauch kräuselte ihre Flamme.

Wieder hockte er vor einem Papyrus, auf dem er in einer Tabelle die Himmelspositionen der Planeten notiert hatte. Sie wollten einfach nicht in das System passen, das Eudoxos, Aristoteles und all die anderen vor ihm entworfen hatten. Missmutig und müde griff er zu den drei Gegenständen, die er sich als Modelle von Sonne, Erde und Mond gesucht hatte. Kurz kamen ihm die Worte von Herakleides Pontikos in den Sinn, wonach Tag und Nacht durch die Drehung der Erde um eine Achse entstehen sollten. Er spielte mit dem Stein, nahm ihn zwischen Daumen und Zeigefinger und versetzte ihn mit einem Schnipsen in Drehung, so dass der Stein gegen die Melone kollerte. Warum sollte diese riesige Sonnenmelone um die viel kleinere Steinchenerde kreisen, fragte er sich. Schon bewegte er den Stein um die Melone herum und versetzte sich in Gedanken auf die kleine Erde vor sich. Wie würde das Universum aussehen, wenn sich die Erde tatsächlich um die Sonne bewegte und nicht umgekehrt?

Es war alles nur eine Frage der Perspektive. Schaut man an den Himmel, so hat man keinerlei Anhaltspunkt dafür, wer oder was sich bewegt. Euklid hatte es ihm für Schiffe bewiesen, und genauso war es hier auch. Wenn die Erde innerhalb eines Jahres um die Sonne läuft, so sieht man in diesem Zeitraum an der Himmelssphäre, die er in Gedanken mit den Wänden, der Decke und dem Boden seines Zimmers identifizierte, auch die Sternbilder in der gewohnten Reihenfolge wechseln. Tag und Nacht könnten dann wirklich dadurch zustande kommen, dass sich die Erde zusätzlich um die eigene Achse dreht, und zwar einmal pro Tag. Dann sähe man abwechselnd die Sonne und wieder den Sternenhimmel. Es könnte in Wirklichkeit so sein, dachte er, aber das Weltbild würde dadurch nicht einfacher werden. Alles Unsinn!

Verärgert blickte er aus dem Fenster und sah die strahlend helle Venus als Morgenstern im hellblauen Dämmerschein. Sie und ihr flinker Kumpan Merkur fügten sich besonders schlecht in das Weltsystem. Anders als die anderen Planeten wanderten sie nicht über den gesamten Himmel, sondern entfernten sich immer nur bis auf eine bestimmte Distanz von der Sonne, kehrten zu ihr zurück und liefen zur anderen Seite hinüber. So wechselten sie ihr Auftreten als Morgen- und Abendsterne.

Merkur stand der Sonne meist so nahe, dass er nur sehr selten zu sehen war. Auch die Venus entfernte sich nur wenig von ihr. Könnte es nicht sein, so dachte Aristarch plötzlich, dass die beiden Planeten diese Sonnennähe nicht nur am Himmel einhielten, sondern auch im Raum? Wäre es nicht möglich, dass sie auf engen Bahnen die Sonne umkreisen?

Er setzte sich wieder an den Tisch und suchte nach weiteren Erbsen. Sie repräsentierten Merkur und Venus und die anderen Planeten.

«Die Melone also in die Mitte», sprach er leise zu sich selbst, «und um sie kreisen Merkur und Venus. Wenn nun unsere Erde auf der dritten Bahn liefe ...» Er versuchte, die Erbsen um die Melone kreisen zu lassen, was ihm nur unvollkommen gelang. Aber in Gedanken konnte er sich die Situation vorstellen: Von der Erde aus gesehen bewegten sich Merkur und Venus immer nur links und rechts von der Sonne, wobei ihre größte Auslenkung durch den Durchmesser ihrer Bahn festgelegt war. Kompliziert wurde die Situation dadurch, dass sich die Erde selbst auch um die Sonne bewegte. Doch das änderte nur etwas an den Zeiträumen zwischen zwei größten Auslenkungen, nicht aber an der Erscheinung an sich und wie sie sich am Himmel widerspiegelte.

Plötzlich war Aristarch hellwach. Mit einem Schlag war das System unglaublich einfach geworden. Aber wie ging es weiter? Wie fügten sich die andere Planeten und der Mond darein? Aristarch stellte sich die Kreisbahnen um die Sonne vor. Je größer die Kreise sind, desto länger war der Weg, den ein Planet auf ihm zurücklegen musste. Umso länger dauert auch ein Umlauf, dachte er. Die Zeiträume, in denen die Planeten entlang ihrer Bahn alle Sternzeichen durchquerten, waren bekannt. Mars benötigte etwa 22 Monate, dann kamen Jupiter und Saturn mit fast 12 und 30 Jahren.

Er legte sich das Modell zurecht: In der Mitte die Sonnenmelone, dann kamen die Ebsen Merkur und Venus, darauf folgte die Steinenerde und weiter von der Melone entfernt lagen die Erbsen Mars, Jupiter und Saturn. Nun wurde es schwierig. Er musste versuchen, die kleinen Kugeln so zu verschieben, dass sich in etwa ihre unterschiedlichen Umlaufzeiten ergaben. Das ging natürlich immer nur schrittweise, wobei die ganze Angelegenheit rasch unübersichtlich wurde. Schon nach kurzer Zeit versagte Aristarch die Vorstellungskraft.

Es war schon längst Mittag geworden, die Lampe brannte immer noch, als er entnervt aufstand und mit einem ungewohnten Wutanfall alle Kugeln vom Tisch fegte. Was tue ich hier eigentlich? Habe ich den Verstand verloren? Wie ein kleines Kind spiele ich mit Steinen und führe mich auf wie ein Gott. Ich bin einfach nicht ausgeschlafen, dachte er und beschloss, essen zu gehen.

Wohlige Wärme und ein erfrischendes Lüftchen umfingen ihn draußen. Auf dem Weg zum Speisesaal versuchte er sich zu entspannen, seine Gedanken in neue Bahnen zu lenken. Doch es gelang ihm nicht. Immer wieder ertappte er sich dabei, wie er sich vorstellte, auf einer sich bewegenden Erdkugel zu leben. Er beschleunigte seinen Schritt und überholte einen Mann, der langsam in dieselbe Richtung ging wie er. Im Hintergrund stand die mächtige Säulenreihe der Bibliothek. Solange sich Aristarch dem Mann von hinten näherte, bewegte auch dieser sich vor den Säulen nach vorne. Nachdem ihn Aristarch aber überholt hatte, schien er gegenüber den Säulen zurückzubleiben. Wieder ein Euklidisches Verwirrspiel, dachte er. Doch dann durchzuckte es ihn wie ein Blitz. Das war es! Die Schleifen des Mars.

Wie angewurzelt blieb er stehen, machte kehrt und eilte in seine Wohnung zurück. Dort baute er erneut das Sonnensystem zusammen, beschränkte sich aber auf die Sonne, die Erde und den Mars. Dann ließ er schrittweise die Erde auf der Innen- und den Mars auf der Außenbahn um das Zentralgestirn herumlaufen. Die Erde benötigte nur ein Jahr hierfür, der Mars fast zwei. Deshalb musste die Erde den Mars irgendwann während eines Umlaufs innen überholen. Die Situation ähnelte derjenigen auf dem Vorplatz der Bibliothek, als Aristarch an dem Mann vorbeigegangen war. In dieser Phase schien sich dieser vor dem fernen Hintergrund der Säulen rückwärts zu bewegen, obwohl er mit unverändertem Schritt weitergegangen war. Ebenso müsste der Mars gegenüber der Fixsternsphäre anhalten und seine Bewegung umkehren, nachdem ihn die Erde passiert hatte.

Es war unglaublich. Mit der Sonne als Zentrum des Kosmos ließen sich alle Phänomene ganz einfach erklären: Die Nähe von Merkur und Venus resultierte einfach daraus, dass sie innerhalb der Erdbahn um die Sonne liefen, und die Marsschleifen, welche die Astronomen seit Jahrhunderten verwundert beobachteten, entpuppten sich als einfacher perspektivischer Effekt. Auch Jupiter und Saturn liefen auf solchen Schleifen. Allerdings waren sie nicht so groß wie die des Mars. Das erklärte sich leicht damit, dass sie viel weiter entfernt waren. Alles fügte sich mit einem Mal auf wundersame Weise.

Blieb nur noch der Mond. Wie passte er in das neue Weltbild hinein? Ohne Zweifel stand er von allen Gestirnen der Erde am nächsten, denn er bedeckte sie alle. Nie hatte man beobachtet, dass ein Planet vor dem Mond vorbeigezogen war. Innerhalb von nur 28 Tagen durchlief der Mond einmal den gesamten Himmelskreis. Er musste also auf einer sehr kurzen Bahn mit kleinem Radius laufen. Doch wie lag sie? Nach seiner Entfernungsmessung war der Mond viel näher an der Erde als die Sonne. Es gab deshalb nur eine Möglichkeit: Der Mond musste um die Erde kreisen. Warum auch nicht? Schließlich war er viel kleiner als die Erde.

Damit waren alle Planeten und der Mond in einem Weltsystem untergebracht, das von der Fixsternsphäre umschlossen wurde. Auf den ersten Blick erklärte es alle beobachteten Phänomene. Aber gab es deshalb auch die Wirklichkeit wieder? Waren die ewigen Wege der Planeten am Fixsternhimmel perspektivische Verwirrspiele? Konnte es wirklich sein, dass die Erde durch den Raum rast, ohne dass wir im täglichen Leben etwas davon bemerken, fragte er sich.

Es war bereits dunkel geworden, zwei Öllampen beleuchteten einen aufgeregten und gleichzeitig erschöpften Aristarch, der sich seine unübersichtlichen Skizzen auf einem Papyrus anschaute. An einem einzigen Tag hatte er ein neues Universum geschaffen.

❂

Doch bislang existierte der Plan dazu nur in Form von wüsten Kritzeleien auf einem Papyrus – und in seinem Kopf. In den kommenden Tagen war er mit nichts anderem beschäftigt, als diesem Bauplan Form zu geben, ihn so darzustellen, dass er ihn der Gelehrtenwelt präsentieren konnte. Eines war ihm klar: Dieses Weltsystem war so umstürzlerisch, dass man ihm jeden Fehler unbarmherzig vorhalten und als Grund für die Ablehnung des Ganzen nutzen würde.

Berauschender Sieg oder vernichtende Niederlage, etwas anderes konnte es in dieser Sache nicht geben. Aristarch schwindelte bei dieser Vorstellung. Die Menschen, oder besser gesagt die gebildeten Menschen, hatten es akzeptiert, dass die Erde keine Scheibe ist, sondern eine Kugel. Doch dass diese Kugel mit irrsinniger Geschwindigkeit durch den Kosmos rasen sollte, würde zunächst niemand hinnehmen können. Sie würden ihn für diese Behauptung verlachen – bestenfalls. Alles kam darauf an, die Kritiker zunächst davon zu überzeugen, dass sein Modell die Beobachtungen der Planetenbahnen am Himmel besser erklärte als alles bisher Vorgeschlagene. Sie sollten es zumindest als interessante theoretische Denkmöglichkeit in Betracht ziehen. Über die physischen Auswirkungen einer bewegten Erde konnte man später diskutieren.

Als Aristarch sich daranmachte, eine Arbeit darüber zu verfassen, wurde ihm rasch klar, dass er sehr viel Zeit benötigen würde, um die gemessenen Himmelsbewegungen der Planeten wirklich Punkt für Punkt quantitativ im Rahmen seines Modells zu beschreiben. Der Rechenaufwand hierfür war enorm. Also beschloss er, das heliozentrische System zunächst einmal nur qualitativ vorzuführen. Viel mehr war ohnehin nicht möglich, weil er nur die Entfernungen von Mond und Sonne zur Erde kannte, nicht jedoch die der Planeten. War dies in ausreichender Klarheit geschehen, wollte er die rätselhaften Himmelsphänomene, wie die Marsschleifen und die engen Bewegungen von Merkur und Venus um die Sonne herum, mit einbeziehen.

Dieses Unterfangen war schon schwierig genug und kostete ihn viele Wochen. Als er mit seinem Werk zufrieden war, wollte er es einigen ausgewählten Personen vorführen, bevor er sich damit an die Öffentlichkeit wagte.

Die Reaktionen waren ernüchternd. Der alte Euklid erwies sich dabei noch als der Toleranteste. Schon nach kurzer Zeit begriff er die Vorzüge des heliozentrischen Weltbildes. Dennoch konnte er sich nicht dazu durchringen, in dem Konzept die wahre Beschreibung der Natur zu erkennen.

«Aus mathematischer Sicht ist es eine sehr elegante Lösung der astronomischen Probleme. Deshalb könnte dein System zukünftig vortreffliche Dienste leisten, um bestimmte Himmelskonstellationen vorherzusagen», sagte er. «Aber ob der Kosmos wirklich dieses Aussehen hat? Ich kann es einfach nicht glauben.»

Zumindest interessierte ihn das Modell als intellektuelle Herausforderung, und er machte Aristarch auf einige Punkte aufmerksam, die sorgsamer ausgearbeitet werden mussten.

Entschiedener war die Reaktion von Timocharis. «Eine geometrische Spielerei. Zugegeben sehr phantasievoll, aber mehr auch nicht», war sein knapper Kommentar. Sein Adlatus Aristyllos hatte keine Meinung. Nikeratos und Demeas erklärten ihn für verrückt, und Ktesibios wollte sich mit ihm über «solchen Unsinn» gar nicht erst unterhalten, bot ihm aber großzügig an, mit der Freundschaft dennoch nicht zu brechen.

Im Grunde hatte Aristarch mit Ablehnung gerechnet. Ein neues Weltsystem akzeptiert man nicht von heute auf morgen. Er hoffte aber darauf, dass sich zumindest Euklid gedanklich weiter damit beschäftigen würde. Aristarch war ernüchtert, aber nicht niedergeschmettert.

Noch einmal setzte er sich an seine Arbeit und besserte jene Stellen aus, die der Mathematiker kritisiert hatte. Nach einer weiteren Woche war er fertig. Doch bevor er damit an die Öffentlichkeit gehen würde, ließ er eine Abschrift anfertigen, die er an Straton schickte.

Vier Wochen später kam die Antwort. Wie erhofft, hatte sich Straton umgehend und intensiv mit Aristarchs Arbeit auseinandergesetzt. Auch er sah die Vorteile des heliozentrischen gegenüber dem geozentrischen System. Während Euklid sich vorwiegend über die geometrischen Aspekte ausgelassen hatte, ging Straton auf die naturphilosophischen Fragen ein.

«Bedenke, dass du dich hiermit der Aristotelischen Bewegungslehre widersetzt, wonach alles Erdartige und Schwere zum Weltzentrum tendiert. Das Kreisen der Erde um die Sonne ist damit nach Aristoteles völlig ausgeschlossen.»

Er führte noch weitere Argumente an, die die Aristoteliker gegen ihn ins Felde führen würden. Aber schließlich hatte Straton selbst sich gegen die Lehre des alten Philosophen aufgelehnt, dessen Schule er jetzt leitete. Straton erinnerte Aristarch auch an die Stunden im Museion, in denen sie über die Philosophie der Atomisten diskutiert hatten. Diese würde eine Bewegung der Erde, möglicherweise als Folge und Nachwirkung eines ursprünglich chaotisch bewegten Kosmos, zulassen. Straton schien also Aristarchs System als eine mögliche reale Beschreibung des Universums nicht grundsätzlich abzulehnen. Dennoch endete der Brief mit einer ernsten Mahnung:

«Als alter Freund muss ich Dir von einer öffentlichen Verteidigung dieses heliozentrischen Systems abraten. Selbst wenn Du damit in Zukunft die Planetenbewegung beschreiben könntest, würde Dir niemand glauben.»

Diese Mahnung seines einstigen Lehrers nahm er ernster als alle Äußerungen der anderen Freunde und Kollegen zusammen. Einige Tage zweifelte er an dem Vorhaben, die neue Arbeit zu veröffentlichen. Doch je länger er sich mit der Idee einer heliozentrischen Welt beschäftigte, desto mehr verliebte er sich in sie. Ausgerechnet eine Prämisse von Aristoteles war es, die ihm den kurzfristig geschwundenen Glauben zurückgab: «Die Natur richtet alles so einfach wie möglich ein.» Und das sonnenzentrierte System war eben erheblich einfacher als das erdzentrierte. Es gab nur noch die Bahnen der Planeten und des Mondes und die alles umfassende Fixsternsphäre. Es waren keine zusätzlichen Sphären nötig, die das Weltengebäude bislang so hoch kompliziert machten. Sein Weltmodell war endlich der göttlichen Natur würdig, es war genial einfach.

Weil sich diesem Argument seiner Meinung nach niemand würde entziehen können, entschloss er sich letztlich, seine Arbeit *Über den Bau des Kosmos* zu veröffentlichen. Hinter dem harmlosen Titel verbargen sich die provozierenden Hypothesen:

1. Die Sonne bildet das Zentrum des Kosmos und ruht in ihr.
2. Alle Planeten umkreisen die Sonne, auch die Erde. Mit zunehmendem Radius der Umlaufbahnen sind dies: Merkur, Venus, Erde, Mars, Jupiter und Saturn.
3. Der Mond kreist um die Erde.
4. Die äußerste Fixsternsphäre steht still.

Dem schlossen sich Folgerungen aus diesen Hypothesen an, wie die scheinbare jährliche Umdrehung der Fixsternsphäre oder die Schleifenbewegung des Mars – beides eine Konsequenz aus der Erdbewegung. Am Schluss kam die Hypothese, dass die Erde nicht nur die Sonne umläuft, sondern sich zudem einmal am Tag um ihre eigene Achse dreht. Hiermit erklärte er den Wechsel von Tag und Nacht.

In den kommenden Wochen hielt er im Museion Vorträge und diskutierte mit Kollegen. Zur selben Zeit hatte Straton im fernen Athen ohne Aristarchs Wissen dessen Hypothesen veröffentlicht. Schon bald waren sie *das* Gesprächsthema in den Gelehrtenzirkeln dieser beiden Metropolen. Von dort verbreitete sich die Kunde wie ein Lauffeuer, ohne dass Aristarch etwas davon erfuhr. Und so entging es ihm zunächst auch, dass in Athen ein Philosoph namens Kleanthes seine Stimme erhob und sich öffentlich empörte über diesen Frevel, der da aus dem fernen Alexandria kam, wo die Leute wohl glaubten, sie seien etwas Besseres und könnten sich alles erlauben.

«Man muss den Mann anklagen, der es wagt, die Erde als Herd und Tempel des Kosmos aus dessen Mitte stoßen zu wollen», rief Kleanthes.

Im Peripatos ebenso wie auf offener Straße lamentierte der Philosoph lauthals und schürte das Feuer gegen Aristarch. Auch in Alexandria meldeten sich immer mehr Philosophen, die verlangten, Aristarch solle seine unerhörten Behauptungen widerrufen und zur Vernunft kommen. Nicht wenige erklärten ihn für verrückt und forderten seine Entlassung aus der ehrwürdigen Gemeinschaft der Gelehrten des Museions.

«Er zieht den guten Ruf unserer Institution in den Schmutz!» – «Er schadet dem Ansehen der Stadt in der gesamten Oikumene!» war hier und dort zu hören. Die Wellen schlugen bald so hoch, dass der König als oberster Herr des Museions selbst gefordert war. Nach kurzen Beratungen mit Arsinoë und einigen hohen Beamten kam er zu dem Schluss, dass ein Streitgespräch stattfinden solle.

«In dieser Veranstaltung möge Aristarch seine Thesen vortragen und gegen seine Kritiker verteidigen. Aus Athen erwarten wir Kleanthes von Assos, daneben mögen alle Philosophen, Astronomen und Mathematiker des Museions erscheinen, die an diesem Disput interessiert sind.»

Das anfangs laue Lüftchen hatte sich zu einem tosenden Sturm entwickelt.

Das Streitgespräch

8 Phaophi im Jahre 14 des Ptolemaios II. Philadelphos

Nasskalte Windböen tosten durch die verlassenen Straßen von Alexandria. Wer nicht unbedingt etwas zu besorgen hatte, zog sich in sein Haus zurück. Auch Aristarch saß in seinem Arbeitszimmer und bereitete sich auf das Streitgespräch vor, das für den kommenden Tag angesetzt war. Seit Wochen brütete er über einer Strategie, mit der er gegen Kleanthes vorgehen und die Gelehrten im Auditorium von seiner Hypothese überzeugen wollte. Er wusste genau, sein Weltbild besaß Schwachstellen, die es angreifbar machten. Klarheit, Einfachheit und Harmonie sollten seine schlagkräftigen Argumente sein.

Am frühen Morgen des Tages hatte er Straton einen Brief geschrieben, in dem er ihm von seinen Zweifeln und Ängsten wegen des Streitgesprächs, aber auch von seinem festen Willen, es durchzustehen, berichtet hatte. Jetzt war der Brief bereits auf einem Handelsschiff nach Athen unterwegs. Den Rest des Tages war Aristarch noch einmal seine Argumente durchgegangen und saß nun an seinem Schreibtisch, als das Poltern eiliger Schritte und laute Stimmen ihn aus seinen Gedanken rissen. Kurz darauf klopfte es auch schon an seiner Tür. Es waren Nikeratos, Demeas und Ktesibios.

«Sei gegrüßt, armer Freund», sagte der lockenköpfige Pneumatiker und fuhr fort: «Wenigstens hast du es hier warm und trocken, während unsereins sich durch die ungemütlichen Gassen quälen muss. Wo soll ich das gute Stück hinstellen?»

Damit meinte er eine Kiste, die er vor seinem Bauch trug.

«Ktesibios, sei gegrüßt. Stell den Kasten bitte hier vor den Tisch», sagte Aristarch. «Schön, dass dein Kunstwerk noch rechtzeitig fertig geworden ist. Und vielen Dank, dass ihr alle drei gekommen seid.»

«Willst du es dir nicht gleich ansehen?» drängte Ktesibios. «Ich meine, es ist ganz hübsch geworden.»

Ohne eine Antwort abzuwarten, öffnete Ktesibios die Kiste. Vorsichtig holte er mehrere Metallstäbe unterschiedlicher Länge und Holzkugeln heraus, legte alles sorgfältig nebeneinander aufgereiht auf den Fußboden und setzte sich daneben. Während die drei Freunde neugierig um ihn herum standen, griff sich Ktesibios aus der Sammlung einen fingerdicken und etwa eine Elle langen Stab.

«Gib mir bitte den Sockel», sagte er zu Nikeratos, der einen tellerförmigen Stein wie einen Diskus in der Hand hielt. Mit festem Griff steckte er den Stab senkrecht in das Loch und stellte den Teller auf den Boden. Auf dieser Achse befestigte Ktesibios dann sechs Stäbe unterschiedlicher Länge, die wie Arme eines Leuchters in den Raum wiesen. Für die Arretierung besaß jeder Stab am einen Ende eine Hülse, die Ktesibios über die Achse schob. Am anderen Ende war jeder Arm nach oben gebogen. Als schließlich alle Arme übereinander auf der Achse steckten, spießte Ktesibios Holzkugeln unterschiedlicher Größe auf deren gebogene Haken. Nur den dritten Arm ließ er aus. Auf dessen Ende schob er einen kurzen, ebenfalls gebogenen Stab, auf der er die kleinste Holzkugel platzierte. Zum Schluss versah er auch den dritten Arm mit einer Kugel.

«Fertig ist das Planetenmodell!» rief Ktesibios, sichtlich erfreut über sein Werk. «Ich habe lange darüber nachgedacht, wie sich die Arme über einen pneumatischen Mechanismus bewegen ließen. Aber in der Kürze der Zeit war mir das leider nicht möglich.»

«Sei deswegen nicht betrübt. Das Modell ist wunderbar, es reicht vollkommen aus, mein Weltsystem zu erklären», sagte Aristarch.

«Schön wär's», sagte Ktesibios, «denn verstehen tue ich es immer noch nicht.»

Aristarch stellte das schwere Modell auf den Tisch und erklärte den Freunden seine Hypothese. Die zentrale große Kugel symbolisierte die Sonne, die fünf kleineren Kugeln an den Enden der Arme stellten die Planeten dar. An dritter Stelle befand sich die Erde, die zudem der kleine Mond umkreiste. Mit den beweglichen Armen führte Aristarch die Planeten um die Sonne herum und veranschaulichte die rätselhaften Himmelsphänomene. Fasziniert schauten ihm die Freunde zu und stellten unablässig Fragen.

«Ich weiß, es ist kaum vorstellbar, dass unsere Erde um die Sonne herumläuft und zudem um die eigene Achse wirbelt», sagte Aristarch.

«Aber dieses Modell erklärt zum ersten Mal einige Erscheinungen, die wir bislang einfach nicht verstanden haben.» Er blickte die drei Freunde an und fragte dann: «Habt ihr etwas über Kleanthes in Erfahrung gebracht?»

«Man erzählt sich so allerhand über ihn», antwortete Demeas. «Er soll Faustkämpfer gewesen sein, bevor er mit nur vier Drachmen in der Tasche seine Heimat Assos verließ und nach Athen wanderte. Dort hat er seinen Lebensunterhalt als Tagelöhner verdient, mal als Wasserschöpfer in den großen Gärten, dann wieder als Teigkneter bei Bäckern. Das hat er alles nachts erledigt, weil er tagsüber in Zenons Schule fleißig lernte und dafür auch noch täglich einen Obolos als Honorar entrichtete.»

«Kleanthes soll so sparsam gewesen sein, dass er seine Notizen auf Topfscherben und Schulterknochen von Ochsen eingeritzt hat», warf Nikeratos ein.

«Ja, und nach einiger Zeit soll Zenon seine Schüler zusammengerufen und ihnen die gesammelten Oboli gezeigt haben mit den Worten: Seht her, Kleanthes könnte noch einen zweiten Kleanthes ernähren, wenn er nur wollte. Aber er zügelt seine Bedürfnisse und lebt ausschließlich für die Philosophie.»

«Ein harter und zäher Kämpfer also», sagte Aristarch nach einer kurzen Pause. «Trotzdem frage ich mich, warum er sich so lauthals und leidenschaftlich für diese Anklage eingesetzt hat.»

«Übersteigerter Ehrgeiz», ergriff Demeas erneut das Wort. «Manche machen sich in Athen nämlich über ihn lustig, weil er Zenon völlig kritiklos, ja geradezu hündisch ergeben folgt. Mit eigenen Gedanken konnte er die Philosophie offenbar nicht bereichern. Einige Mitschüler bezeichneten ihn als Esel, der geduldig Zenons Gedanken schleppt. Für mich sieht es ganz danach aus, als wolle Kleanthes später einmal Zenons Erbe antreten und dessen Schule übernehmen. Wie könnte er sich hierfür besser in Szene setzen als mit einem Prozess, den die ganze Oikumene gespannt verfolgt?»

Es trat eine Pause ein, in der Aristarch gedankenversunken auf das Modell starrte. Noch immer saß er auf dem Fußboden, während seine Freunde ihn umringten. Schließlich sagte Demeas:

«Bist du sicher, dass du dich auf diesen Disput einlassen willst?»

«Wie meinst du das?» fragte Aristarch. «Selbstverständlich bin ich sicher.»

«Ich spreche jetzt nicht als Aristoteliker, der dein Weltbild nicht akzeptieren kann, sondern als Freund. Kannst du überhaupt gewinnen? Glaubst du wirklich, dass nach diesem Streitgespräch alle Gelehrten umdenken?»

«Sicher nicht alle, aber vielleicht doch einige. Und wenn ich noch mehr Beweise für meine Hypothesen finden kann, werden vielleicht immer mehr die Vorzüge dieses Weltmodells begreifen und zu mir umschwenken», entgegnete Aristarch.

«Ich sehe das nicht so optimistisch wie du. Bedenke doch, was du aufs Spiel setzt – nur für diese eine Idee. Was hast du nicht schon alles erreicht: Du hast ein schwieriges mathematisches Problem gelöst, was dir die Zuneigung Euklids sicherte. Dann hast du mit deiner Skaphe ein neues astronomisches Instrument entwickelt und mit ihr den Erdumfang gemessen. Eine Leistung, die dir ungeteilte Anerkennung unter allen Gelehrten des Museions sicherte. Und schließlich hast du die Größen und Abstände der Sonne und des Mondes gemessen. Niemandem vor dir ist dies gelungen. Damit wirst du in die Geschichte eingehen. Innerhalb von nur achtzehn Jahren bist du in eine Höhe aufgestiegen, die keiner von uns je erreichen wird. Du bist ganz oben angekommen – stürze jetzt nicht ab.»

Stille senkte sich über die Freunde. Gedanken an die möglichen Konsequenzen bemächtigten sich Aristarchs und ließen ihn kurz in seinem Vorhaben schwanken. Würde der König die Anklage auf Gotteslästerung bestätigen? Was würde er dann mit ihm tun? Ihn aus dem Museion entfernen, ins Gefängnis werfen oder des Landes verweisen? Müsste er, Aristarch, vielleicht alles zurücklassen und ganz von vorne beginnen? Nur, wer würde ihn noch aufnehmen, nach einem solchen Skandal?

«Und für wen tust du das alles?» fragte Ktesibios. «Ich halte mich nicht gerade für einen Dummkopf, auch wenn ich von eurem Aristoteles oder Epikur nur wenig gelesen habe. Aber dein Bild vom Kosmos, in dem du das Oberste nach unten kehrst, verstehe ich nicht. Wem soll es etwas nützen? Kann der König deshalb besser Kriege gewinnen oder der Bauer reichere Ernten einfahren? Nein, das können sie nicht. Lohnt es sich dann, für diese Ideen zu kämpfen, zumal sie unbewiesen sind?»

«Ausgerechnet du nimmst mir den Mut?» sagte Aristarch. «Du hast doch meine Anstrengungen über all die Jahre hinweg miterlebt. Du hast meine Instrumente gebaut, und du hast jetzt auch dieses wunderbare Planetenmodell angefertigt. Du weißt, mit welcher Begeisterung ich für die Astronomie lebe. Nicht das Berechnen von Kalendern für die religiösen Feste oder Aussaat und Ernte interessieren mich. Mich interessiert einzig die Frage: Wie sieht das Universum aus, in dem wir leben, und haben wir Menschen überhaupt die Möglichkeit, es in seiner ganzen Schönheit und Größe zu erforschen? Diese Fragen bewegen die Philosophen und Gelehrten seit Thales, Pythagoras, Platon und Aristoteles. Das wird auch in tausend Jahren noch so sein. Und du fragst nach dem Sinn dieser Gedankenleistungen? Es geht hier um Erkenntnis und Wahrheit. Nicht um Macht und Wohlstand.»

«Du hast ja recht», sagte Ktesibios, «aber ich mache mir eben Sorgen um dich.»

«Ich danke dir», sagte Aristarch gerührt und nahm den Krauskopf in die Arme. Die Freunde unterhielten sich noch eine Weile, dann bat Aristarch sie zu gehen.

«Ich brauche noch Zeit für die Vorbereitung und möchte mich etwas mit dem Modell beschäftigen», sagte er. Bis tief in die Nacht hinein hantierte er mit den Kugeln, drehte die kleinen Globen und betrachtete das Modell von allen Seiten. Sie werden es nicht verstehen, dachte er. Niemals.

✪

Als Aristarch am nächsten Morgen von Dolios geweckt wurde, hatte er nur kurz geschlafen. Dennoch war er sofort hellwach, wäre aber am liebsten im Bett geblieben. Warum tat er das, warum setzte er sich diesem Streit aus, der leicht in einer vernichtenden Niederlage enden konnte? Genügte es nicht, wenn er allein von seinem Weltsystem überzeugt war? Nein, der Fortschritt war nicht aufzuhalten, auch wenn dafür alte Autoritäten von ihren Podesten gestoßen werden mussten.

Der Disput fand im größten Vortragssaal des Museions statt. Als Aristarch eintrat, verstummten die Gelehrten auf den Rängen, die wie in einem Amphitheater halbkreisförmig um das zentrale Podest angeordnet waren. Aristarch kam sich vor wie ein Schauspieler, der zur Premiere eines umstrittenen Stückes die Bühne betritt. Alle schauten ihn an, niemand begrüßte ihn. Nach einer kurzen Pause des Schweigens nahmen die Männer ihre Gespräche wieder auf. Aristarch kannte sie alle, wenn auch manche nur vom Sehen. Timocharis und sein Schatten Aristyllos standen in der ersten Reihe. Kleanthes war noch nicht da.

Auf dem Podest standen zwei Tische, an denen die beiden Kontrahenten Platz nehmen sollten, wie ihm ein Diener zuvor erklärt hatte. Aristarch stellte das Modell auf einen der Tische und legte einen Stapel Papyri daneben, Berechnungen und Skizzen für seine Beweisführung. Dann setzte er sich auf den Stuhl und beobachtete das Auditorium. Endlich kamen seine drei Freunde. Sie gehörten zur Gruppe der Zuschauer, die sich nicht an dem Disput beteiligen durften. Sie winkten ihm zu, versuchten ihm mit Handbewegungen Mut zu machen.

Die Ränge füllten sich, die Gespräche wurden lauter, als plötzlich ein Raunen durch die Menge ging; einige Anwesende deuteten auf das Tor, das sich im Rücken von Aristarch befand. Als er sich umdrehte, sah er eine unbekannte Gestalt auf das Podest zukommen. Der Mann, gekleidet im klassischen weißen Chiton, war untersetzt. Mit krummen Beinen stampfte er kräftig auf und fiel bei jedem Schritt nach vorne. Sein Gesicht wirkte wie aus vielen kleinen Knollen zusammengesetzt, zwischen denen die schwarzen Augen verschwanden. Die Nase war platt, die Ohren wie verdrehte Knorpel, ungebändigte Locken standen ihm vom Haupt wie bei der Medusa. Unter dem einen Arm trug er ein dickes Bündel an Papyri: die gesammelten Argumente des Boxerphilosophen.

Ohne Aristarch eines Blickes zu würdigen, marschierte er entschlossen auf den freien Tisch zu, setzte sich und breitete seine Schriften aus. Dann saß er regungslos und stierte vor sich hin.

Die Sitzreihen waren bis auf den letzten Platz gefüllt, als ein Diener eintrat und das Königspaar ankündigte. Umgehend verstummten die Gespräche, alle Anwesenden erhoben sich und blickten auf eine Loge, die ihnen gegenüber auf zwei reich verzierten Pfeilern stand. Dann öffnete sich ein Vorhang, und es trat das geschwisterliche Ehepaar ein, dem das Auditorium seinen Gruß entbot.

Ptolemaios begrüßte die Gelehrten, resümierte den Grund des Disputes und erklärte dann den Entscheidungsmodus.

«Beide Parteien, der Angeklagte Aristarch von Samos und sein Kläger Kleanthes von Assos, werden zunächst ihre Argumente vorbringen. Ist dies geschehen, so bekommen die hier anwesenden ehrwürdigen Gelehrten unseres Museions die Gelegenheit, selbst zu fragen und zu diskutieren. Abschließend werden 99 ausgewählte Gelehrte über die Hypothese des Aristarch abstimmen. Wir wünschen uns einen fairen Wettstreit in dieser bedeutenden Frage, die nicht nur die Astronomie, sondern auch die Philosophie und Theologie betrifft.»

Nun war es an den beiden Streitenden, Königspaar und Auditorium zu begrüßen. Kleanthes begann mit den Worten:

«Ich grüße Euch, edles Herrscherpaar von Ägypten, im Namen des einen Gottes Zeus, dem Herrscher im Donnergewölk, dem Ordner der Welt und blitzeschleudernden Gebieter des Äthers.»

«Ich grüße Euch, verehrtes Herrscherpaar, Könige von Ägypten und Hüter des Museions, im Namen der Wahrheit», sagte Aristarch. Damit waren die Positionen geklärt. Nach der Begrüßungszeremonie begann der Disput. Kleanthes als Kläger trat als Erster auf.

«Was ist der Kosmos?» fragte er und fasste dabei die versammelten Gelehrten im Halbrund fest ins Auge. «Zenon sagt, dass die ganze Welt und der Himmel die Substanz des Gottes Zeus sind. Gott ist die Natur. Er hält die Welt zusammen und lässt die Dinge auf Erden wachsen. Die Welt verhält sich nach seinen Gesetzen, und all ihre Geschöpfe sind nach seinem unübertrefflichen Plan gestaltet. Ich habe dies in meinem lyrischen Zeus-Hymnus besungen, den ich Euch nun vortragen möchte.»

Kleanthes stellte sich vor dem Königspaar in Pose und begann mit weit geöffneten Armen seine Verse:

«Heil Dir, erhabenster Gott, mit zahlreichen Namen Verehrter,
stets Allmächtiger, Zeus, Du Fürst der Natur, der Du alles
lenkst nach dem Gesetz, Dich dürfen sämtliche Sterblichen grüßen.
Unser geordnetes Weltall, das rings um die Erde sich breitet,
folgt Dir, wohin Du es führst, lässt gerne von Dir sich beherrschen.
Derart hältst Du bereit in unbezwinglichen Händen
Deinen zweischneidigen, feurigen, ewig zuckenden Blitzstrahl.»

So ging es immer weiter fort. Als Kleanthes seinen Hymnus beendet hatte, wandte er sich wieder dem Auditorium zu und fuhr fort:

«Was ist der Kosmos, so fragte ich eingangs. Nun, der Kosmos bildet eine organische Einheit wie Pflanzen und Tiere, ja er ist selbst eine beseelte, vernunftbegabte Wesenheit. Zenon hat dies mit einfachen Worten logisch bewiesen: Von nichts, was selbst ohne Empfindung ist, kann ein Teil Empfindung haben. Teile der Welt, nämlich Menschen, Tiere und Pflanzen, haben aber Empfindung. Also ist die Welt nicht empfindungslos. Lasst es mich noch einmal mit anderen Worten erklären: Die Natur, die alle Einzelwesen in sich umschließt, muss auch die vernunftbegabten einschließen. Wisset also, dass die Natur, die auch die vernunftbegabten Wesen umschließt, selbst vernunftbegabt sein muss.»

Es folgten lange Ausführungen über diesen Punkt, in denen sich Kleanthes immer wieder auf seinen Lehrer Zenon bezog. Dann kam er zu einem weiteren zentralen Punkt seiner Philosophie, dem Status der Gestirne und vor allem der Sonne.

«Die Welt, darin sind sich die Gelehrten einig, ist von kugelförmiger Gestalt. Innerhalb der Welt gibt es keinen leeren Raum, andernfalls wäre der Kosmos keine Einheit. Und wenn die Substanz des Alls nicht kontinuierlich in sich verwachsen wäre, könnte die Welt nicht von einer einheitlichen Naturkraft zusammengehalten und durchwaltet werden. Diese Naturkraft ist das göttliche, ewige Feuer.»

Kleanthes legte eine kurze Pause ein, um seinen Worten mehr Gewicht zu verleihen und den Zuhörern Zeit zum Verarbeiten der Ausführungen zu geben. Dann fuhr er fort:

«Auch die Gestirne sind kugelförmig. Sie bestehen aus Feuer. Nicht aus dem verzehrenden und verderblichen irdischen Feuer, sondern aus göttlichem, ewigem Feuer. Auch die Sonne besteht aus diesem Feuer, wie wir leicht erkennen können. Strahlt der Glanz der Sonne nicht heller als der irgendeines Feuers? Und erleuchtet er nicht die ganze Weite der unendlichen Welt? Und ist seine fühlbare Wirkung nicht so stark, dass er nicht nur erwärmt, sondern oft auch verbrennt? Ein jeder von euch kennt diese Wirkung. All dies wäre nicht möglich, wenn die Sonne nicht feurig wäre.»

Erneute Pause.

«Kein Feuer aber besteht ohne Nahrung, auch das der Sonne nicht. Wir sagen, dass die Sonne sich von den Meeresausdünstungen ernährt und durch Entzündung selbiger das Feuer lodern lässt. Dieses ewige Feuer ist der Odem, der das Leben beseelt. Es brennt in jedem Lebewesen, weswegen auch die Sonne eines ist. Wisset also, dass der Kosmos ein beseelter Körper ist, ähnlich wie der Mensch. In jedem Menschen herrscht ein oberstes Prinzip, der vernünftige Geist. Auch im Kosmos existiert eine höchste, richterliche Vernunft: Zeus. Die Sonne ist sein Sitz, der Ort der Weltseele. Die von ihr ausgehende durchdringende Wärme ist Prinzip des beseelten Lebens, ihre regelmäßige und gleichförmige Bewegung regelt die Zeiten des Tages und der Jahre auf der Erde.»

Pause.

«Ich sagte, *ihre* Bewegung. Denn eines ist klar: Die Sonne und alle Gestirne bewegen sich, und die Erde steht still. So sagen es mir alle Gelehrten, so sagen es mir alle Sinne. Und was sollte mich davon abbringen, meinen Sinnen zu vertrauen? Warum sollte ich glauben, die Sonne ruhe im Mittelpunkt des Kosmos, und die Erde rase um sie herum und wirbele zudem um die eigene Achse wie ein Kreisel, den ein spielendes Kind mit der Peitsche antreibt?»

Kleanthes ging an seinen Tisch zurück, nahm sich einige der zuoberst liegenden Papyri, die er im Folgenden immer wieder bedeutsam dem Auditorium entgegenstreckte.

«Die bisherigen Ausführungen über das Wesen der Gestirne und der Sonne gehen auf meinen verehrten Lehrer Zenon zurück, der sie in seiner Athener Schule lehrt. Wir üben dort einen regen und beizeiten recht heftigen Disput mit anderen Schulen, insbesondere mit dem von Aristoteles gegründeten Peripathos. Doch in einem Punkte sind wir uns alle einig: Die Sonne kann unter keinen Umständen der Mittelpunkt des Kosmos sein.»

Nun führte Kleanthes seine Philosophie der Elemente und der Bewegung vor, die im Kern der Aristotelischen Lehre entsprach.

«Als der Weltenlogos die Materie gestaltete, wies er den schweren Elementen und den ihrer Natur nach abwärts neigenden Elementen, der Erde und dem Wasser, den Platz in der Mitte des Kosmos zu. Die Luft und das Feuer streben auch zur Mitte, können sich aber wegen ihrer Leichtigkeit über Erde und Wasser emporheben. Deshalb befindet sich die Erde im Zentrum der Welt. Auf ihr liegt als zweite Schale das Wasser, also der Okeanos, und darüber breitet sich die Luft als dritte Schale aus. Die Bewegung der Luft nach oben endet an der Sphäre der Gestirne, wo eine seitliche Bewegung des noch leichteren Feuers einsetzt. Hier beginnt die kreisförmige Bewegung des Äthers. Der Äther ist reines Feuer, das – wie ich bereits ausgeführt habe – den Himmel bildet. Im Äther läuft an äußerster Stelle die Sphäre der Fixsterne, darunter die der Planeten, des Mondes und der göttlichen Sonne.»

Nach weiteren weisen Worten seines Lehrers Zenon über die göttlichen Gestirne wandte sich Kleanthes dem Königspaar zu:

«Edles Herrscherpaar von Ägypten, verehrte und weise Gelehrte. Ihr habt meine Ausführungen vernommen. Auch wenn wir Philosophen in einigen Punkten uneins sind, so kommen wir doch alle zu dem Ergebnis, dass die Erde im Zentrum des Kosmos ruht und die Gestirne sich in der obersten, göttlichen Sphäre bewegen. Nur Atheisten, wie der dort sitzende Aristarch von Samos, widersprechen dieser Wahrheit! Sie vergehen sich an den heiligen Prinzipien und wollen die Erde in rastlose Bewegung versetzen. Sie reihen die Erde, den Herd des Kosmos, in die Reihe der Planeten ein. Pah, ebenso gut könnte sich der König unter das Bauernvolk mischen. Atheisten verneinen das allmächtige und vollkommene Schaffen des einen Gottes Zeus.»

Damit hatte er den Nerv vieler Zuschauer getroffen.

«Die Atheisten propagieren die Geburt der Welt aus dem Chaos», fuhr Kleanthes fort. «Sie meinen, die Zweckmäßigkeit und Schönheit des Kosmos sei das Werk bloßen Zufalls. Lächerlich! Ebenso gut könnte man glauben, die Ilias sei durch ein zufälliges Ausschütten von Buchstaben entstanden!»

Kleanthes hatte während seiner Ausführungen das Publikum fest im Blick. Einige Anwesende nickten zustimmend mit dem Kopf, andere lachten über die gelungenen Scherze des Anklägers. Derart angestachelt, wurde Kleanthes immer leidenschaftlicher in seinen Anschuldigungen und steigerte sich in eine Euphorie hinein.

«Nein, verehrte Anwesende», fuhr er fort. «Menschen, die dieses Gedankengut in sich tragen und verbreiten, sind Lügner. Sie verleugnen den hohen und gütigen Herrscher, sie treten alle weise Erkenntnis der Jahrhunderte in den Staub und verderben damit unsere Jugend. Diesem üblen Treiben müssen wir von Anfang an entschieden entgegentreten und es mit aller Macht bekämpfen. Deshalb, verehrtes Herrscherpaar, klage ich den hier anwesenden Aristarch der Gotteslästerung an und erwarte eine gerechte Strafe.»

✺

Mit diesen furiosen Worten endete die Rede. Kleanthes verneigte sich vor dem Königspaar und den Gelehrten und nahm dann hinter seinem Tisch Platz. In der Loge erhob sich Ptolemaios und sagte:

«Wir danken Euch, verehrter Kleanthes, für Eure Ausführungen. Nun ist es an unserem Astronomen Aristarch, sich zu verteidigen und seinen Standpunkt darzulegen.»

Aristarch erhob sich. Für einen Moment versagten ihm die Beine, so dass er sich auf dem Tisch abstützen musste. Doch dann trat er in die Mitte der Bühne und begann:

«Verehrtes Herrscherpaar, edle Gelehrte. Was ist die Wahrheit, und wie können wir sie erkennen? Kleanthes hat uns soeben seine Vorstellung von der Natur und dem Kosmos vorgetragen. Doch worauf beruht sie? Auf nichts weiter als auf Glauben. Doch an keiner Stelle hören wir etwas zu der Frage, worauf sich dieser Glaube gründet. Auf diesem Weg wandeln die Philosophen seit Jahrhunderten und kommen darauf kaum voran. Nehmt als Beispiel die Hypothesen zur Gestalt der Erde. Thales glaubte, sie sei eine auf dem Okeanos schwimmende Scheibe, während etwa zur selben Zeit Anaximander und Anaximenes meinten, die Erde sei ein frei schwebender, flacher Zylinder. Ein halbes Jahrhundert später erkannte Pythagoras, dass die Erde eine Kugel ist. Dem stimmte Parmenides zu. Doch dann wendete sich das Blatt wieder, und hundert Jahre danach proklamierten Leukipp und Demokrit erneut die Scheibengestalt der Erde. Erst seit Platon sind sich die Gelehrten darin einig, dass die Erde kugelförmig ist. Dem wird heute wohl niemand mehr widersprechen wollen. Warum? Weil uns unsere Sinneseindrücke untrügliche Beweise dafür liefern.»

So wie er viele Jahre zuvor auf der Ägyptenreise seinem Freund Demeas Phänomene vor Augen geführt hatte, die nur mit der Kugelgestalt der Erde vereinbar waren, belehrte er jetzt das Auditorium. Für diese Ausführungen nahm er sich viel Zeit, denn er wollte die Zuhörer von der Möglichkeit überzeugen, dass sie eine räumliche Vorstellung von der Welt bekommen können, sofern sie die Vorgänge am Himmel aufmerksam verfolgen. Vor allem aber wollte er von der Frage nach Gott ablenken.

«Keiner von euch wird die Kugelgestalt der Erde leugnen. Dennoch scheint sie in gewisser Hinsicht der Alltagserfahrung zu widersprechen. Sind wir nicht unbestreitbar davon überzeugt, unter uns die Erde und über uns den Himmel zu haben? Wie aber wäre es, wenn wir auf der anderen Seite der Erdkugel lebten? Wo wäre dann oben und unten? Müssten wir nicht unweigerlich von der Erde herunterfallen?»

Aristarch machte eine kurze Pause, um den Zuhören die Gelegenheit zu geben, sich die Situation zu vergegenwärtigen. Dann fuhr er fort.

«Nein, alles wäre genau so, wie wir es von hier kennen. Auch auf der anderen Seite der Erde würden wir fest auf dem Boden stehen und über uns das Firmament erblicken. Zweifelsfrei können wir das natürlich nicht wissen, denn es ist noch nie ein Mensch auf die andere Seite der Erde gereist. Viele Seefahrer aber sind bereits weit nach Süden bis in die verbrannte Zone vorgedrungen. Nicht einer von ihnen hat berichtet, mit seinem Schiff in eine Schieflage geraten zu sein, weil er sich an der Seite der Erdkugel befunden habe.»

Nun hatte Aristarch die Lacher auf seiner Seite.

«Die Vorstellung ist in der Tat lächerlich. Die Ursache dafür, dass niemand von der Erde herunterfällt, egal, wo er sich befindet, liegt in der Kugelgestalt der Erde. Sie stellt eine perfekte Symmetrie dar. Unten bedeutet stets zur Erde hin und oben von der Erde weg. Ihr seht, dass der Mensch in der Lage ist, durch logische Überlegungen die Natur zu ergründen. Der bloße Augenschein, das Gefühl sind oft schlechte Ratgeber.»

Das Auditorium gab Aristarch im Stillen recht, wartete nun aber auf den entscheidenden Übergang zu seinem neuen Weltbild. Würde er dies auch so überzeugend darlegen können?

«Aber nicht das Nachdenken allein bringt uns sichere Erkenntnis», hob der Astronom nach kurzer Pause an. «Nur im Zusammenspiel von Beobachtung, Erfahrung und Experiment nähern wir uns Stück für Stück der Wahrheit. So, wie uns die Beobachtungen von der Kugelgestalt der Erde überzeugt haben, so haben mich Himmelsbeobachtungen davon überzeugt, dass wir unser Bild vom Universum revidieren müssen. Nicht die Erde steht im Zentrum des Universums, sondern die Sonne.»

Die Worte waren noch nicht verklungen, als Kleanthes aufsprang: «Da habt ihr es!» schrie er. «Der Gottlose verhöhnt Zeus im Himmel!»

«Beruhigt Euch bitte», mahnte Ptolemaios. «Aristarch, fahrt mit Euren Ausführungen fort.»

«Unsere großen Gelehrten, von denen ich Euch schon einige genannt habe, waren sich nicht nur in der Form der Erde uneins, sondern hatten auch vom Aufbau des Kosmos völlig unterschiedliche Vorstellungen. Erst als Astronomen damit begannen, die Bewegung der Gestirne zu vermessen und aufzuzeichnen, war die Möglichkeit gegeben, die unterschiedlichen Modelle mit den Messungen zu vergleichen. So schuf Eudoxos vor hundert Jahren das erste Bild des Universums. Er benötigte 27 Sphären, um die Bewegungen von Sonne und Mond, der fünf Planeten sowie der Fixsterne zu beschreiben. Doch die Beobachtungen wurden genauer, und bald war klar, dass Eudoxos' Himmelswerk nicht funktioniert. Es waren weitere Sphären nötig, um die komplizierten Bewegungen wiederzugeben. Aristoteles brachte es auf nicht weniger als 49 kristallene Schalen.»

Aristarch hielt inne, wusste er doch, dass es den Zuhörern Schwierigkeiten bereitete, sich diese komplizierte Maschinerie in etwa vorzustellen. Dann drehte er sich zum Königspaar um und sagte:

«Wenn dieses himmlische Räderwerk nun alle beobachteten Bewegungen am Himmel richtig beschreiben würde, so könnten wir vielleicht damit zufrieden sein. Doch das tut es nicht.»

Jetzt drehte sich Aristarch wieder den Gelehrten zu.

«Seit vielen Jahren zeichne ich gemeinsam mit dem hier anwesenden Timocharis die Bahnen der Planeten auf, verfolge ihre Helligkeitsschwankungen, messe die Länge der Jahreszeiten und Monate und beobachte Finsternisse. Stets weichen die Vorhersagen des Aristotelischen Systems mal mehr, mal weniger von der Natur ab. Nun könntet ihr vielleicht sagen: Dann füge doch einfach noch ein paar Sphären hinzu, um die Bewegungen der Gestirne feiner regulieren zu können. Das wäre sicher möglich, sage ich, aber das System wird dadurch immer monströser. Schon jetzt muss eine der Venussphären so groß gewählt werden, dass sie die Sphären von Merkur und Sonne durchschlägt.»

Die letzte Bemerkung rief im Auditorium einige Aufgeregtheit hervor, Gelehrte tuschelten miteinander. Dann holte Aristarch zum entscheidenden Schlag aus:

«Alle Philosophen und Theologen sagen uns, dass Gott nichts Unnützes hervorbringt und er die Welt vollkommen erschaffen hat. Nun frage ich Euch: Warum sollte Gott das Universum mit mehr als 50 Sphären verbauen, wenn doch vielleicht acht ausreichen?»

Erneut machte Aristarch eine kleine Pause, in der die Gelehrten auffällig still waren. Er wusste, dass dieses Argument schwer wog.

«Wenn ich mir, wie Kleanthes es tut, das Universum als Lebewesen vorstelle, dann erscheint mir dieses – entschuldigt bitte den unziemlichen Vergleich – wie ein Krüppel. Gerade so, als habe jemand von verschiedenen Vorlagen die Hände, die Füße, den Kopf und andere Gliedmaßen genommen, die zwar jedes für sich von bester Beschaffenheit sind, zusammengesetzt aber nicht zueinanderpassen. Das Ergebnis ist eher ein Ungeheuer als ein wohlgeformtes Lebewesen wie der Mensch. Und noch etwas sollte uns zu denken geben. Aristoteles und alle anderen Autoritäten behaupten, dass sich die Gestirne mit gleichförmiger Geschwindigkeit bewegen. Das System der Sphären und Untersphären ist aber so weit getrieben worden, dass man kaum mehr von wirklich gleichförmigen Bewegungen sprechen kann. Ich frage euch: Kann so ein Universum aussehen, das Gott nach einem vollkommenen Plan geschaffen hat?»

«Was maßt du dir an?» brauste Kleanthes wieder auf. «Gottes Plan ist für uns Menschen unergründlich. Oder willst du Gott etwa in naiver Manier mit einem Handwerker vergleichen, der einen Stuhl herstellt? Ich spreche hier nicht von den Volksgöttern, wie Poseidon oder Hera, die sich der Mensch erdacht hat, um die Elemente Wasser und Luft mit Göttern zu identifizieren. Nein, ich spreche von der schöpferischen Urkraft, der ersten Ursache allen Seins, dem alleinigen Gott. Er ist mit der Materie unlöslich verbunden und der Welt immanent: Gott ist die Weltseele.»

«Ich behaupte nicht, Gott selbst zu erkennen», unterbrach ihn Aristarch. «Aber warum sollten wir das Ergebnis seines Planes nicht erkennen können? Genau dazu möchte ich als Nächstes kommen, wenn Ihr, verehrtes Königspaar, erlaubt.»

«Dazu sollt Ihr gleich Gelegenheit haben», sagte Ptolemaios. «Doch zuvor beantwortet mir die Frage: Wie steht Ihr zur Existenz Gottes? Wo ist sein Platz in diesem Kosmos, welche Aufgaben hat er darin?»

Vor dieser Frage hatte sich Aristarch ein wenig gefürchtet. Er versuchte es zunächst mit einer ausweichenden Antwort.

«Verehrter König. Ich bin Astronom und nicht Philosoph oder gar Priester. Daher steht mir ein Urteil über diese Fragen nicht zu.»

«Damit macht Ihr es Euch zu einfach. Kleanthes behauptet, die Gestirne und die Sonne seien Götter. Also müsst Ihr als Astronom, der die Gestirne aufmerksam beobachtet, hierzu eine Meinung haben. Und Euer Weltsystem muss im Einklang mit einer umfassenden Theologie sein. Kosmos und Gott können doch wohl nicht getrennt voneinander existieren.»

«Gewiss», antwortete Aristarch, der diese Frage so schnell wie möglich hinter sich bringen und zur Astronomie zurückkehren wollte. «Meine Hypothese steht nicht im Widerspruch zur Existenz eines alles beherrschenden Gottes. Ich werde Euch das später noch verdeutlichen. Aber ich glaube nicht an einen Gott außerhalb der Natur oder neben ihr, sondern in ihr und mit ihr eins.»

«Nun gut», sagte Ptolemaios, «fahrt jetzt in Euren astronomischen Erörterungen fort.»

«Wie Ihr wisst, ist es mir gelungen, die Größen und die Entfernungen von Sonne und Mond zu bestimmen. Das Ergebnis lautet: Die Sonne besitzt einen mehr als sechsmal größeren Durchmesser als die Erde. Das heißt, die Erdkugel würde mehr als zweihundertfünfzigmal in die Sonnenkugel hineinpassen. Der Mond ist der kleinste der drei Körper. Er würde in der Erde etwa dreißigmal Platz finden. Diese Gegenstände sollen euch die Größenverhältnisse vor Auge führen.»

Damit zeigte er auf die Erbse, den Stein und die Melone auf dem Tisch.

«Ich habe lange darüber nachgedacht, ob uns diese Größen etwas über den Bauplan des Universums verraten. Plötzlich kam mir eine Idee, die mit einem Schlag alle Probleme, die ich euch genannt habe, löst.»

Aristarch ging auf Kleanthes' Tisch zu und bat seinen Gegenspieler, sich zu erheben. Als dieser etwa in der Mitte des Podestes stand, forderte Aristarch ihn auf, sich langsam um sich selbst zu drehen, ohne den Platz zu verlassen. Den Kopf solle er dabei nicht bewegen und unverwandt nach vorne schauen. Unsicher blickte Kleanthes zur Königsloge empor und folgte dann Aristarchs Anweisung. Als er eine Umdrehung hinter sich hatte, fragte ihn Aristarch:

«Nun, was hast du gesehen?»

«Was für eine dumme Frage. Die Gelehrten natürlich und das verehrte Königspaar.»

«Kam es dir dabei nicht vor, als habe sich das gesamte Museion mitsamt dem Auditorium um dich gedreht? Im Laufe von einer Umdrehung sind an dir zuerst die Zuhörer, dann die Türen und dann die Königsloge vorbeigezogen, bis du schließlich wieder das Auditorium vor Augen hattest. Ist es nicht so?»

Kleanthes nickte stumm, dann fuhr Aristarch fort:

«Nichts anderes geschieht jeden Tag und jede Nacht, wenn die Sonne und die Gestirne über unseren Köpfen entlangziehen. So wie du dich drehst, so wirbelt die Erde um ihre eigene Achse. Ist es nicht wesentlich einfacher, eine Kugel um sich selbst rotieren zu lassen, als das viel größere Himmelsgewölbe in gewaltigem Umschwung um die Erde herumzuführen? Genauso könntest du fordern, Alexandria solle sich um dich drehen, während du auf der Spitze des Pharos stehst und eine Rundumsicht genießen willst.»

«Melonen, Erbsen, Museion, Alexandria … Alles würfelst du wirr durcheinander und willst uns damit dein neues Weltsystem erklären. Jetzt wird es auch dem letzten Anwesenden, der vielleicht noch auf deiner Seite stand, klar geworden sein, dass du verrückt bist!» «Keineswegs, Kleanthes, keineswegs. Es geht nämlich noch weiter. Wenn die Sonne so viel größer als die Erde ist, warum sollte sie dann nicht auch im Zentrum des Kosmos ruhen und sich alles um sie drehen? Das erklärt viele ungelöste Rätsel, wie die Schleifenbewegungen von Mars, Jupiter und Saturn, die engen Bindungen von Merkur und Venus an die Sonne. Das himmlische Sphärenwerk wird dadurch *wirklich* einfach: Für jeden Himmelskörper benötige ich nur eine Sphäre. Das ist – wenn du so willst – ein Plan, wie er eines Gottes würdiger nicht sein kann. Symmetrie und Harmonie sind die leitenden Prinzipien dieses Plans. Ich nenne dieses Weltbild heliozentrisch.»

Nun kam das Modell zum Einsatz, das ihm Ktesibios gebaut hatte. An ihm demonstrierte Aristarch, warum der Mars am Himmel einen Haken schlägt, sobald ihn die Erde auf der Innenbahn überholt, wie Merkur und Venus innerhalb der Erde um die Sonne kreisen, wie sich der Mond als Trabant der Erde in das himmlische Geschehen einfügt und wie Tag und Nacht entstehen. Er erläuterte Euklids Perspektivgesetz und wie dieses unseren Sinnen manche Bewegungen nur vortäuscht. Dabei wandelte er an der Brüstung der Zuhörerränge entlang, erklärte den vorne Sitzenden Details. Immer weiter in seine Demonstration vertieft, bemerkte er nicht die aufkommende Unruhe und vereinzeltes Gelächter im Auditorium. Vielen ging dieses Spiel mit den Kügelchen zu weit, es überstieg ihren Horizont. Es langweilte oder belustigte sie. Schließlich sprang Kleanthes auf und rief dem Königspaar zu:

«Da seht Ihr, wie er Gott und sein Werk verhöhnt. Eine Melone als Sonne und ein Stein als Erde! Dieser Mann ist verrückt und gefährlich. Verbannt ihn aus den Hallen des Museions!»

Das wiederum ging einigen der Gelehrten eindeutig zu weit. Sie erhoben sich von ihren Plätzen und ermahnten Kleanthes, er solle sich nicht als Richter aufspielen, sich nur zu Dingen äußern, von denen er wirklich etwas verstehe, schließlich dürfe man Aristarchs brillante Errungenschaften nicht vergessen. Andere pflichteten Kleanthes bei, vereinzelte Vorwürfe der Gotteslästerung wurden laut. Die Diskussion auf den Rängen nahm langsam tumultartige

Züge an, so dass der König eingreifen musste. Er sorgte für Ruhe und schlug vor, den Disput für zwei Stunden zu unterbrechen. Zeit genug, damit die Gemüter sich bei einem Mittagessen beruhigen konnten.

✪

Gemeinsam mit seinen drei Freunden ging Aristarch in den Speiseraum. Sie machten ihm Mut, doch seine Gedanken konnten sich nicht von dem bisherigen Ablauf des Streitgesprächs lösen. Nach dem Essen würden die Gelehrten zu Wort kommen. Ob das für ihn von Vorteil sein würde, wusste er nicht.

Am frühen Nachmittag kam das Auditorium wieder zusammen. Der König eröffnete den zweiten Teil des Disputs. Zunächst durfte Kleanthes noch einmal seine Kritik vorbringen, dann gab Ptolemaios die Diskussion für alle frei. Zunächst blieben die Gelehrten still, bis sich einer von ihnen meldete, ein Mathematiker, den Aristarch aus dem Umkreis von Euklid kannte.

«Ich denke, ich spreche im Namen aller Anwesenden, wenn ich sage, dass uns die Hypothesen des Aristarch zutiefst verstören. Nur unsere Hochachtung vor seinen bisherigen Leistungen gebietet es uns, ernstlich darüber zu diskutieren. Wenn ich die Ausführungen richtig verstanden habe, so soll sich die Erde einmal pro Tag um ihre eigene Achse drehen, so wie eine Spindel oder ein Kreisel. Das ist grotesk, wie jeder sich leicht klarmachen kann. Du, Aristarch, hast selbst herausgefunden, dass der Umfang der Erde 300 000 Stadien beträgt. Der Umkreis auf der Höhe von Alexandria liegt dann, wie meine Kollegen und ich gerade berechnet haben, bei etwa 260 000 Stadien. Das bedeutet, jeder Punkt auf Alexandrias Umkreis, also auch das Museion und wir alle hier, wird in jeder Sekunde um drei Stadien in östlicher Richtung weitergewirbelt. Warum bemerken wir von dieser rasenden Achsendrehung nichts? Warum werden wir von diesem mächtigen Umschwung nicht von der Oberfläche in die Luft geschleudert?»

Andere Gelehrte unterstützten die Kritik, Zurufe kamen von allen Seiten. Dann hob der Mathematiker seine Arme, um die Kollegen zu beruhigen, und wandte sich wieder an Aristarch: «Ich möchte diesen Aspekt noch weiter ausführen und mit einem Experiment, zu dem du ja so innig neigst, demonstrieren.»

Fragend blickte der Mathematiker zum König hinauf, der ihm mit einer Handbewegung bedeutete, auf das Podest vorzukommen. Dort nahm er sich von Aristarchs Tisch den Stein und fuhr fort: «Wenn ich diesen Stein senkrecht nach oben werfe, wird er nach wenigen Sekunden wieder in meine Hand zurückfallen. Jeder weiß, dass es nur so sein kann, aber zur Sicherheit führe ich es hier vor.»

Damit warf er den Stein nach oben und fing ihn wieder auf.

«Wie lange war der Stein in der Luft, zwei, drei oder vier Sekunden? Die genaue Zeitdauer spielt keine Rolle, sagen wir drei Sekunden. In dem Augenblick, wo der Stein meine Hand verlässt, hat er mit mir und damit auch mit der Erde keinen Kontakt mehr. Er nimmt somit auch nicht mehr an der behaupteten Erddrehung teil. Wenn sich, wie du sagst, in dem Zeitraum, den der Stein in der Luft verbringt, die Erde nach Osten dreht, warum landet er dann nicht tausend Stadien westlich von mir? Müsste nicht diese Wand dort mit rasender Geschwindigkeit auf den Stein zukommen und mit ihm zusammenstoßen?»

Wieder begannen die Gelehrten aufgeregt durcheinanderzurufen:

«Und warum pfeift uns nicht unablässig ein Sturm aus dem Osten entgegen, wenn sich die Erde in diese Richtung dreht?» rief einer. «Außerdem würde sich die Erde doch auch unter den Wolken hinwegdrehen. Also müssten diese immer gen Westen ziehen. Wir alle wissen aber, dass sie meistens nach Osten, manchmal auch nach Süden oder Norden ziehen», warf ein anderer ein.

Von allen Seiten kamen Einwürfe, auf die Aristarch gar nicht reagieren konnte. Von einer geordneten Diskussion war keine Rede mehr, alle riefen durcheinander, gestikulierten und beschimpften Aristarch, bis Ptolemaios seine Gelehrten zur Ruhe rief und Aristarch das Wort gab.

«Liebe Freunde und Kollegen …»

«Wir sind die längste Zeit deine Freunde gewesen», rief einer aus den Rängen.

«Das alles sind schwerwiegende Einwände, die mir auch gekommen sind. Ich habe lange darüber nachgedacht und habe eine Erklärung gefunden, die ich euch gerne vorführen möchte. Nach deiner Lehre, Kleanthes, und der des Aristoteles gibt es eine natürliche Bewegung: Alles Schwere sinkt zum Mittelpunkt des Universums. Aus diesem Grunde, so sagt ihr, müsse die Erde als schwerer Körper in diesem Zentrum ruhen. Nun haben wir Astronomen viele Gründe zu der Annahme, dass der Mond von erdartiger Substanz ist. Die Phasen des Mondes, seine Verdunklung bei Mondfinsternissen und seine Schwärze bei Sonnenfinsternissen sprechen eindeutig dafür, dass er nicht selbst leuchtet, sondern sein Licht von der Sonne erhält. Wenn nun aber der Mond ein erdartiger Körper ist, warum sinkt er dann nicht auch zum Weltzentrum? Hätte er uns nicht schon längst auf den Kopf fallen müssen?»

Wieder ging ein Raunen durch das Auditorium, das dieses Argument nachvollziehen konnte. Aristarch nutzte die kurze Unterbrechung, um einen Schluck Wasser zu trinken. Der lange Vortrag strengte ihn zunehmend an, seine Stimme wurde langsam heiser. Dann fuhr er fort:

«Die Ursache für das Verharren des Mondes auf seiner Sphäre ist sein sausender Umschwung. Dieser wirkt der Schwere entgegen und hindert ihn am Fallen. Dieses Verhalten will ich Euch demonstrieren. Schaut her.»

Aristarch ging an den Tisch zurück, nahm den Stein in die Hand und wandte sich wieder an das Auditorium.

«Ich werde mich nun so schnell wie möglich um mich selbst drehen, die Arme ausbreiten und den Stein in dem Moment loslassen, wo ich die Königsloge sehe. Dann verfolgt bitte die Flugbahn des Steins.»

Aristarch drehte sich wie angekündigt, und als er den Stein losließ, flog dieser von ihm fort. Er landete jedoch nicht unterhalb der Loge, sondern weit davon entfernt in Richtung seiner Drehung. Dann erklärte er den Gelehrten.

«Ihr seht, dass sich die Bewegung meines Umschwungs auf den Stein übertragen hat und ihn in die Drehrichtung gelenkt hat. Ihr alle kennt dies bereits von Steinschleudern. Genauso erhält der Mond Schwung in die Richtung seiner Kreisbewegung, was ihn am Herunterfallen hindert. Anders als bei meinem Versuch oder dem Wurf einer Schleuder wirkt dieser Schwung aber unaufhörlich weiter, in jeder Sekunde kämpft die Schwere gegen den Schwung an, und stets geht dieser Kampf unentschieden aus. Der Mond fliegt deshalb nicht wie ein Stein von der Erde fort, sondern verharrt auf der Kreisbahn. Was aber hat das nun mit euren Fragen zu tun?»

Erneut ging Aristarch an den Tisch zurück, um Wasser zu trinken.

«Wenn der hochgeworfene Stein nicht westlich von uns wieder herunterfällt, uns nicht beständig ein schneller Ostwind entgegenweht und die Wolken nicht unentwegt nach Westen ziehen, so hat das alles ein und dieselbe Ursache: Stein, Wind und Wolken bekommen den Schwung der Erddrehung vermittelt und wirbeln ebenso schnell mit ihr herum wie sie selbst. Das Gleiche gilt auch für uns Menschen, die wir auf der Oberfläche stehen.»

Aristarch hatte seine Ausführungen kaum beendet, als einige Zuhörer aufsprangen, um ihre Kritik vorzubringen. Völlig undenkbar sei es, dass sich ein Umschwung dauernd auf einen Körper übertrage, obwohl es zwischen den beiden Körpern keinen Kontakt mehr gebe. Selbst wenn die Luft mit der Erde zusammen herumgeführt würde, in derselben Richtung und gleich schnell, so müssten doch alle Teile, die in die Luft geraten, gegenüber diesen beiden Bewegungen zurückbleiben. Und was Aristarch überhaupt einfalle, die irdische Mechanik und die Bewegungen im göttlichen Himmel zu vergleichen, ja sogar mit denselben Gesetzen zu behandeln. Ein Frevel sei dies und eine Schande für das Ansehen des Museions. Kleanthes lehnte sich entspannt zurück und schaute dem Treiben vergnügt zu.

Mit aller Anstrengung versuchte Aristarch, den Vorwürfen entgegenzutreten, sie zu entkräften und mit Gegenbeispielen zu widerlegen. Seine Stimme ähnelte der eines Marktschreiers, krächzend und sich überschlagend. Nur langsam beruhigten sich die Gelehrten, als sich schließlich Timocharis zu Wort meldete, der sich bis dahin zurückgehalten hatte.

«Ich kenne dich nun seit vielen Jahren, habe deine Fähigkeiten durchaus zu schätzen gewusst. Doch jetzt enttäuschst du mich. Wie kannst du dich gegen die alten Autoritäten in dieser Weise erheben, mit diesen unsinnigen Thesen und unbegreiflichen, geradezu kindischen Versuchen? Mit einer beispiellosen Arroganz versuchst du, die edlen, schon vor langen Zeiten gegründeten Wissenschaften in Verwirrung zu bringen und die von ihnen verbreiteten Werte zu untergraben. Ich denke, das ist allen hier Anwesenden bereits klar geworden. Dennoch will ich ein letztes Argument vorbringen, das du bislang außer Acht gelassen hast. Wenn sich die Erde wirklich nicht nur um die eigene Achse dreht, sondern, wie du weiter behauptest, auch um die Sonne herumfliegt, so müssten wir das doch bereits bemerkt haben. Ich meine hiermit gar nicht die Tatsache, dass die Erde mit wahnwitziger Geschwindigkeit kreisen müsste, sondern ich denke an ein anderes Phänomen, das wir Astronomen bereits beobachtet haben müssten: die Parallaxe.

Die Kreisbahn, auf der sich nach deiner Meinung die Erde um die Sonne dreht, müsste einen gewaltigen Durchmesser besitzen. Wir würden deshalb im Laufe eines Jahres die Planeten und Fixsterne von unterschiedlichen Positionen aus, betrachten. Dies müsste unweigerlich dazu führen, dass uns die Gestirne am Himmel beispielsweise im Frühjahr an anderen Positionen erscheinen als im Herbst. Da dieses Phänomen, das wir Astronomen Parallaxe nennen, nur wenigen unter euch geläufig ist, so möchte ich es euch kurz veranschaulichen. Streckt einen eurer Arme aus, und richtet den Daumen nach oben. Nun betrachtet ihr den Daumen abwechselnd mit dem rechten und dem linken Auge. Dies soll zwei unterschiedlichen Positionen der Erde auf ihrer Bahn entsprechen. Nun werdet ihr den Eindruck haben, der Finger springe vor dem Hintergrund hin und her. Eine solche Bewegung der Fixsterne oder auch der Planeten müsste im Laufe eines halben Jahres auftreten, wenn sich die Erde bewegt, wie du, Aristarch, es behauptest. Wir haben dieses Phänomen aber nie beobachtet. Daraus folgt: Die Erde bewegt sich nicht.»

Sichtlich befriedigt nahm Timocharis wieder Platz. Die Gelehrten schwiegen, weil die meisten von ihnen diese Ausführungen gar nicht verstanden hatten. Sie blinzelten nun mit den Augen, um den Effekt zu verstehen.

«Du hast vollkommen recht», entgegnete Aristarch. «Aber auch hierfür gibt es eine einfache Erklärung. Der von dir beschriebene Effekt ist sehr ausgeprägt bei Gegenständen, die uns nahe sind. Je weiter ein Körper von uns entfernt ist, desto kleiner wird diese perspektivische Verschiebung, wie ich es einmal nennen will. Wir haben zwar unsere astronomischen Messinstrumente in den letzten Jahren sehr verbessert, die Beobachtungen wurden immer genauer, aber wir können nicht beliebig kleine Veränderungen erkennen. Wenn wir die perspektivische Verschiebung der Fixsterne im Laufe eines Jahres nicht beobachten, so liegt es daran, dass die Gestirne zu weit entfernt sind. Der Himmel ist unermesslich weit. Der Effekt ist da, aber wir erkennen ihn nicht.»

Aristarch war völlig erschöpft. Der Abend war bereits angebrochen, Diener entzündeten Fackeln und Öllampen. Die Gelehrten diskutierten untereinander, als sich einer von ihnen zu Wort meldete.

«Ich bin von deinen Ausführungen ebenso verstört wie die Kollegen hier im Raum. Deine Hypothesen sind völlig unannehmbar. Dennoch möchte ich einen Vorschlag machen. Die Aufgabe von euch

Astronomen ist es, die Phänomene am Himmel genau zu vermessen, bedeutende Konstellationen vorherzusagen und praktikable Kalender zu erstellen. Nach deiner Behauptung kannst du mit deinem Weltsystem all diese Vorgänge genauer berechnen als mit dem bisherigen. Wäre es dann nicht möglich, dein System als, sagen wir einmal, rein mathematische Möglichkeit zu betrachten und für die praktischen Berechnungen zu verwenden? Gleichzeitig würdest du aber nicht mehr behaupten, dein System sei wahr und beschreibe die Natur so, wie sie ist. Hätten wir mit dieser Lösung nicht alle gewonnen?»

Schweigend saß Aristarch an seinem Tisch, überlegte eine Weile und stand dann auf:

«Ich danke dir für den Versuch, diesen Disput gütlich beizulegen und zu einer Lösung zu gelangen, der vielleicht alle beipflichten könnten. Allein, ich kann dir auf diesem Wege nicht folgen. Ich bin fest davon überzeugt, dass es uns Menschen möglich ist, den Aufbau des Kosmos zu ergründen und uns ein Bild von ihm zu machen. Und das mit den uns zur Verfügung stehenden irdischen Mitteln. Mir ist ein erster bescheidener Schritt gelungen, und ich sehe mein heliozentrisches System als die wahre Beschreibung der Welt an. Es erfüllt die Forderung nach Einfachheit und übertrifft das alte System bei Weitem an Schönheit und Eleganz. Wir stehen heute erst am Beginn eines großen Unternehmens. Viele Generationen an Astronomen und Mathematikern werden mir auf diesem Weg folgen, bis das Ziel erreicht ist – die Entschlüsselung des kosmischen Bauplans.»

Die letzten Worte hatte er nur noch leise und mit schnarrender Stimme hervorgebracht. Er setzte sich und trank den Wasserkrug leer, während er müde in das Auditorium schaute. Der Disput war vorbei. Alles war gesagt.

«Der Tag war lang», sagte Ptolemaios. «Hiermit beende ich die Veranstaltung. Morgen Vormittag finden wir uns wieder hier zusammen und werden unser Urteil fällen.»

Der Raum leerte sich, Demeas, Nikeratos und Ktesibios holten den ausgelaugten Aristarch von der Bühne ab, begleiteten ihn nach Hause und versuchten ihn aufzumuntern.

«Ich habe viele Gelehrte gehört, die von deinen Ausführungen durchaus angetan sind», sagte Demeas. «Die Chancen stehen für dich nicht schlecht.»

Zerschlagen ging Aristarch in sein Zimmer, ließ sich auf das Bett fallen. Dennoch dauerte es Stunden, bis sich auch sein Kopf beruhigt hatte und er Schlaf fand.

✪

Am nächsten Morgen fanden sich die Gelehrten wieder ein, Aristarch und Kleanthes nahmen an ihren Tischen Platz. Nachdem der König alle Anwesenden begrüßt hatte, forderte er die Gelehrten auf, ihr Urteil über Aristarchs Lehre zu fällen. Ein Diener sollte mit einem Korb durch die Reihen gehen, in denen die Anwesenden eine weiße oder schwarze Kugel werfen sollten: Weiß bedeutete, dass man Aristarchs Lehre weiterverfolgen solle, schwarz stand für ihre Ablehnung. Nachdem der Diener alle Kugeln eingesammelt hatte, stieg er zur Königsloge hoch und übergab den Korb an Ptolemaios.

«Habt Dank für euer Votum», sagte er dem Auditorium zugewandt. «Dieser Disput, den ihr auf höchstem intellektuellem Niveau geführt habt, war mir ein großes Anliegen. Ich selbst werde deshalb die Kugeln auszählen.»

Daraufhin stellte er den Korb hinter der Balustrade auf einen Tisch und begann die Kugeln zu sortieren. Gespannt schauten die Gelehrten zur Loge hinauf, während Aristarch müde und nervös ins Auditorium blickte. Endlich erhob sich Ptolemaios und sprach:

«Gelehrte des Museions. Mit großer Anteilnahme habt ihr die Ausführungen von Kleanthes und Aristarch verfolgt, habt Argumente und Gegenargumente ausgetauscht, wie man es von der geistigen Elite erwartet. Euer Urteil wird in der gesamten zivilisierten Welt Widerhall finden und Leitlinie für zukünftige Generationen sein. Ich verkünde nun das Ergebnis der Abstimmung. Es ist eindeutig. Fünf Gelehrte befürworten Aristarchs Weltbild, vierundneunzig sprechen sich dagegen aus. Hört nun meinen Richterspruch. Ich spreche Aristarch von dem Vorwurf der Gotteslästerung frei. Der Kläger Kleanthes konnte nicht mit ausreichender Beweiskraft die atheistischen Neigungen des Aristarch darbringen. Da mich die anwesenden Astronomen von Aristarchs Fähigkeiten überzeugen konnten, bleibt dieser Angestellter des Museions. Aber es wird ihm von heute an und für alle Zukunft untersagt, seine widersinnige Hypothese vom heliozentrischen Weltbild zu verbreiten. Ihr erkennt in diesem gnädigen Urteil Weisheit und Großmut eures Königs und eurer Königin.»

Die Gelehrten klatschten Beifall, Aristarch stand hinter seinem Tisch, beide Hände aufgestützt und sichtlich erschüttert. Er hatte gar nicht erwartet, dass sie seinen Ideen zustimmen würden. Aber das Verbot, an seiner Idee weiterzuarbeiten, kam für ihn fast einem Todesurteil gleich. Niemand vermochte ihn zu trösten, verärgert und enttäuscht zog er sich in seine Wohnung zurück. Nur Dolios durfte zu ihm kommen, um etwas Essen und Wasser zu bringen.

Es gab für ihn keine Alternative zum Museion. Das Urteil würde in der gesamten Oikumene bekannt werden, kein Herrscher würde ihn als Astronom einstellen. Dann schon lieber in Alexandria bleiben. Hier war seine Existenz gesichert, hier hatte er noch Freunde, und er konnte seinen astronomischen Studien weiter nachgehen. Er bemühte sich, das Positive an seinem Zustand zu sehen.

Immer noch war es bitterkalt in der Stadt. Aristarch vermisste die Wärme und beschloss ins Iasis-Bad zu gehen. Lange war er nicht mehr dort gewesen. Er wandelte um das große runde Becken herum, besah sich die vielen bunten Mosaiken, die Statuen und Büsten. Auf einer weichen Kline ruhte er sich aus und ließ sich Wasser und Wein bringen. Als er in einer muschelförmigen Nische die kleine Statue von Eirene mit dem jungen Plutos auf dem Arm erblickte, musste er lächeln. Vor etlichen Jahren hatte sie ihn auf die Idee gebracht, die kugelförmige Skaphe zu bauen. Damals stand er ganz am Anfang seiner Laufbahn, war noch voller Tatendrang. Jetzt war er abgeklärt, müde.

«Aristarch, welch eine Freude, dich hier zu sehen.» Demeas und Nikeratos standen plötzlich neben ihm. Auch wie damals, dachte er. Sie fragten nach seinem Befinden, wie es bei ihm weitergehen würde. Nach einiger Zeit trat eine Pause ein. Aristarch spürte, dass sie noch etwas auf dem Herzen hatten, und fragte sie danach.

«Ich weiß nicht, ob ich es dir überhaupt erzählen soll», sagte Nikeratos. «Aber ich denke, du solltest die ganze Wahrheit erfahren.»

«Warum druckst du so herum, was ist los?» fragte Aristarch.

«Du weißt ja, dass Herophilos einer von Ptolemaios' Leibärzten ist. Vor ein paar Tagen rief ihn der König wegen einer unbedeutenden Verletzung zu sich. Als Herophilos das Schlafgemach betrat, in dem sich der König ausruhte, wurde er ungewollt Zeuge eines kurzen Gesprächs.»

Nikeratos machte eine Pause und blickte Demeas fragend an. Der nickte nur, und Nikeratos fuhr fort:

«Nun ja, der König war offenbar trotz seiner Verletzung bester Laune. Er lachte und unterhielt sich mit einem Vertrauten. Dabei schnappte Herophilos etwa die folgenden Worte auf: ‹Das Volk braucht manchmal dieses Theater. Dieses nicht enden wollende Gezeter um eine völlig unsinnige Hypothese, dieses lächerliche Getue mit Steinen und Melonen. Das hat ihnen Spaß gemacht. Ich aber konnte der ganzen Welt beweisen, wie tolerant und weise ich bin.› ‹Und die Abstimmung?› fragte ihn der Vertraute. ‹Die Abstimmung›, antwortete Ptolemaios, ‹alles gestellt. Ich habe die Kugeln gar nicht gezählt. Das Ergebnis hatte ich mir vorher schon überlegt.› Als die beiden Herophilos bemerkten, unterbrachen sie das Gespräch. Mehr konnte er darüber nicht erfahren.»

«Der ganze Disput nur eine Farce», murmelte Aristarch. «Scheinheiliger Mummenschanz und Affentheater. Welch eine Erniedrigung. Ich danke dir trotzdem, dass du mich darüber aufgeklärt hast. Man muss wissen, woran man ist.»

Weisheit ist keinen Obolos wert

15 Toth im Jahre 26 des Ptolemaios II. Philadelphos

Mit den Jahreszeiten wechselte das Licht in den Straßen Alexandrias, Kälte und Hitze kamen und gingen. Der König baute weiter an seinem Imperium, führte Kriege in allen Teilen der Aigais, schloss Bündnisse mit Rom, Athen und Sparta. Derweil hatte Aristarch zwei seiner Lehrer und Freunde verloren. Straton war gestorben, ebenso Euklid, dessen Grabstein die Zeichnung eines rechtwinkligen Dreiecks mit einem einbeschriebenen Kreis zierte. Timocharis war gebrechlich geworden, so dass er beschlossen hatte, einen Nachfolger zu bestimmen. Seine Wahl fiel auf Aristyllos, der nun oberster Astronom des Königs war. Aristarch war geduldet, solange er den Aufgaben des Hofastronomen nachkam und sich an das Urteil hielt.

An einem trüben Wintertag saß Aristarch in seinem Zimmer und grübelte über Berechnungen des großen astronomischen Jahres, als es plötzlich klopfte. Der ergraute Dolios teilte ihm mit, ein Besucher sei angekommen, der Aristarch unbedingt zu sprechen wünsche. Seinen Namen habe er leider nicht richtig verstanden, er komme aber aus Syrakus. Das wisse er noch.

«Mein Name ist Archimedes», stellte dieser sich vor. «Ihr habt sicher noch nicht von mir gehört. In meiner Heimat befasse ich mich mit Mathematik und Astronomie. Dort erzählt man sich viel von Euren Fähigkeiten, Eure Arbeit über die Größen und Entfernungen von Sonne und Mond habe ich mit größter Begeisterung gelesen. Sie ist ein absolutes Meisterwerk. Es wäre mir eine große Ehre, wenn ich einige Zeit in Alexandria bleiben und bei Euch lernen könnte. Aristyllos hat bereits sein Einverständnis gegeben.»

Die beiden unterhielten sich über ihre Wissenschaft, und die Begeisterung, mit der der junge Mann auftrat, seine wachen Augen und sein Scharfsinn ließen Aristarch in kurzer Zeit eine ihm bis dahin unbekannte Wesensverwandtschaft spüren. Der Gast aus Syrakus wurde zum Freund, der Aristarch neuen Lebensmut verlieh. Gemeinsam beobachteten sie den Lauf der Gestirne, führten Wettstreite im Lösen mathematischer Aufgaben. Dabei ging Archimedes mit einer Leichtigkeit und Unbekümmertheit vor, wie Aristarch es bis dahin nicht erlebt hatte. Wochen und Monate vergingen wie im Flug.

Eines Abends fragte Archimedes nach dem Disput mit Kleanthes, über den damals, als Archimedes noch ein Junge war, überall geredet worden war. Es kostete Aristarch einige Überwindung, sich an diese schicksalhafte Begebenheit zu erinnern. Doch weil Archimedes ein ernstliches Interesse an Aristarchs Hypothesen zeigte, erzählte er ihm die ganze Geschichte.

«Willst du mir nicht deine Berechnungen zeigen?» fragte Archimedes.

Nach kurzem Zögern holte Aristarch seine Unterlagen aus einer Kiste, die er seit dem damaligen Ereignis nicht mehr geöffnet hatte. Voller Wissensdrang schaute sich Archimedes die Zeichnungen und Rechnungen an, diskutierte lebhaft mit Aristarch. Der junge Freund begriff schnell, argumentierte scharf, aber ohne Vorurteile. Das ließ in Aristarch die alte Begeisterung für sein Weltbild wieder aufkommen. Ja, hier war einer, der sein Erbe antreten könnte, so dachte er. In Syrakus, fernab vom Machtbereich des Ptolemaios, würde dieser junge Mann vielleicht freizügigere Arbeitsbedingungen vorfinden.

Die Zeit verstrich, und es kam der Tag, an dem Archimedes Abschied nehmen musste. Aristarch begleitete ihn zum Hafen und kehrte nicht eher ins Museion zurück, bis das Segelschiff in die gleißende Helle des Horizonts eingetaucht war.

Der Alltag fing ihn wieder ein, Aufgaben des Hofes beschäftigten ihn. Doch der Besuch des jungen Archimedes hatte Spuren hinterlassen. Aristarch packte seine Untersuchungen zum heliozentrischen Weltbild nicht mehr in die Kiste zurück, sondern arbeitete heimlich daran weiter. Die Himmelsbeobachtungen ließen sich schließlich für die Erstellung des Kalenders genauso gut verwenden wie für die Überprüfung seines Systems. Vielleicht wäre es sogar möglich, so dachte er schelmisch, ein Werk über das heliozentrische Weltbild in Syrakus unter falschem Namen zu veröffentlichen. Unverhofft war sein jugendlicher Kampfgeist aufs Neue erwacht.

Eines Abends saß er wieder an seinem Tisch, Skizzen und Aufzeichnungen von Öllampen erhellt. Sorgfältig verglich er Messwerte mit Rechenergebnissen. Alte Beobachtungsprotokolle fielen ihm in die Hände und riefen Erinnerungen an vergangene Nächte hervor, in denen er im Observatorium die Sterne und Planeten beobachtet hatte. Wie oft hatte er bei bitterer Kälte ausgeharrt, um eine vorausgesagte Konstellation zu beobachten, wie oft hatte er aber auch in warmen Nächten einfach nur auf dem Boden gelegen, das Glitzern der Gestirne und das Schimmern der Milchstraße bewundert und sich gefragt, wie es dort oben aussehen möge. Die Vermessung des Halbmondes mit Ktesibios und das Basteln am kosmischen Modell traten vor sein geistiges Auge. Hatte ihn die Wissenschaft glücklich gemacht? Er hätte sich keine andere Aufgabe im Leben vorstellen mögen, hatte vieles erreicht und war höher aufgestiegen als die meisten anderen seiner Zeit. Aber er war das Opfer einer Intrige geworden, hatte den Kampf um seine Idee nie wieder aufgenommen und fühlte sich nun leer und müde. Seine Freunde hatten weiter zu ihm gehalten und waren ihm die wichtigste Stütze. Doch seine einzige Liebe im Leben hatte er nie wiedergesehen.

Hin und wieder griff Aristarch in einen kleinen Lederbeutel, holte sich ein paar Sesamkörner heraus, süßte sie mit etwas Honig und zerkaute sie genüsslich, während er in den Papyri blätterte.

Den Stich, der sein Herz zum Stillstand brachte, spürte er nicht. Sein Kopf fiel auf die Tischplatte. Ein Sesamkörnchen fiel zu Boden. Lautlos.

Seine Ruhestätte in der Nekropole blieb schmucklos, einzig sein aus Samos angereister Bruder hatte für einen Grabstein gesorgt, dessen Inschrift er Platos Apologie des Sokrates entnommen hatte: «Derjenige unter Euch ist der Weiseste, der erkannt hat, dass seine Weisheit in Wahrheit keinen Obolos wert ist.»

Auf Geheiß des Königs sorgte Aristyllos dafür, dass nur die genehmen Werke des Verstorbenen in die Bibliothek aufgenommen wurden. Das waren Abhandlungen über Optik, Licht und Farbe sowie seine Arbeit *Über die Größen und Entfernungen von Sonne und Mond*. Alle weiteren Papyri verschwanden für immer.

Der lange Weg durch die Zeit

Zwei Jahrzehnte später saß Archimedes, längst zu einem angesehenen Wissenschaftler aufgestiegen, an seinem Tisch und schrieb an einer Abhandlung. Der *Sandrechner* hieß das ungewöhnliche Werk, in dem es ihm darum ging, sehr große Zahlen möglichst handhabbar und kompakt darzustellen. Die Frage, wie viele Sandkörner im Universum Platz finden würden, schien ihm als äußere Form dafür besonders geeignet. Dabei erinnerte er sich an seine Diskussionen mit Aristarch und schrieb: «Aristarch von Samos erörterte gewisse Thesen, in welchen erschlossen wird, dass der Kosmos ein Vielfaches der von mir angegebenen Größe sei. Es wird nämlich angenommen, dass die Fixsternsphäre und die Sonne unbeweglich seien und die Erde sich um die Sonne bewege, die in der Mitte der Erdbahn liege.» Archimedes ging es in seinem *Sandrechner* gar nicht um Aristarchs heliozentrische Hypothese, aber er erinnerte sich daran, dass darin das Universum sehr groß sein musste, weil die Astronomen andernfalls die Parallaxe beobachten müssten. So diente Archimedes der Aristarch'sche Kosmos als gedachtes Gefäß, das sich mit einer nahezu unendlich großen Zahl an Sandkörnern füllen ließ.

Archimedes sah in dieser Arbeit mehr als nur eine Gedankenspielerei. Er hatte eine neue Darstellungsweise für Zahlen gefunden, die so groß waren, dass sie kein König je für die Berechnung seiner Reichsgröße und kein Kaufmann für die Darstellung seiner Gewinne benötigen würde. Aber die Astronomen hatten Bedarf an diesem neuen mathematischen Werkzeug. Deshalb schickte Archimedes eine Abschrift seines *Sandrechners* an einen befreundeten Astronomen namens Konon in Alexandria, der das Werk in die Bestände der Bibliothek einsortieren ließ.

Zwei Jahrhunderte vergingen. Längst schon hatte der Wüstensand die Inschrift auf Aristarchs Grabstein geschliffen, das Andenken an den Astronomen geriet immer mehr in Vergessenheit. Seine Schrift *Über die Größen und Entfernungen von Sonne und Mond* lag jedoch noch immer in der Bibliothek unter Hunderttausenden anderer Werke, nicht weit entfernt von Archimedes' *Sandrechner*.

Caesar kam nach Alexandria und ergriff in einem Erbfolgestreit zwischen Ptolemaios XIII. und dessen Schwester Kleopatra Partei für die schöne Intrigantin. Bald fanden sich seine Soldaten in einer Straßenschlacht wieder, in deren Verlauf Caesar in einem Akt der Verzweiflung Dutzende von Schiffen anzünden ließ. Rasch griff die Feuersbrunst auf Werftanlagen und Bücherlager über. Wertvolle Schriften verbrannten, andere konnten im letzten Augenblick in die Bibliothek und ins Serapeion in Sicherheit gebracht werden. Die beiden Schriften von Archimedes und Aristarch blieben unversehrt.

Mit dem Tode Kleopatras endete die Epoche der Ptolemäer, Alexandria gehörte nun zum römischen Imperium. Die Bibliothek überstand schwere Krisen der Stadt: Zerstörungen im Krieg zwischen Griechen und Juden, den Krieg Aurelians gegen Zenobia von Palmyra und selbst die Vernichtung aller heidnischen, also hellenischen Tempel, die der letzte römische Kaiser Theodosius befohlen hatte, nachdem er das Christentum als Staatsreligion eingeführt hatte.

Doch eine der größten Katastrophen, nämlich der Brand der Bibliothek, stand Alexandria noch bevor. Rettung für die beiden Schriften von Archimedes und Aristarch brachte eine andere Feuersbrunst im fernen Konstantinopel.

Während eines Aufstandes im Jahre 532 geriet dort die Sophienkirche in Brand und wurde ein Opfer der Flammen. Schon wenige Tage nach der Niederschlagung der Revolte beauftragte Kaiser Justinian den Architekten Isidoros von Milet mit dem Bau eines neuen Gotteshauses, das in seiner Pracht und Größe alle anderen in den Schatten stellen sollte. Isidoros sah sich mit der Konstruktion der gewaltigen Kuppel einer nicht gekannten Herausforderung gegenüber. Wollte er nicht an ihr scheitern, so musste er sich mit allen Facetten der Mathematik vertraut machen. Deshalb schickte er einen Mitarbeiter nach Alexandria mit der Aufgabe, von allen bedeutenden mathematischen Schriften des Archimedes sowie verwandter Werke Kopien anzufertigen und diese so rasch wie möglich nach Konstantinopel zu holen. Der schlaue Gehilfe stieß bei seiner Arbeit in der Bibliothek auch auf ein anderes Buch, von dem bereits eine Kopie vorlag und das ihm sehr hilfreich erschien: Es war von einem gewissen Pappos, der in einem Werk namens *Kleine Astronomie* Arbeiten der Mathematiker Euklid und Autolykos zusammengestellt hatte. Dass diese Sammlung auch die ihm weniger brauchbar erscheinende Arbeit *Über die Größen und Entfernungen von Sonne und Mond* eines gewissen Aristarchos von Samos enthielt, nahm er billigend in Kauf. So gelangten die Schriften von Archimedes und Aristarch nach Konstantinopel.

Hundert Jahre später stürmten Truppen des Kalifen Umar ibn al-Chattab die Bibliothek von Alexandria. Sein General erhielt die Order: «Bücher, deren Inhalt mit dem Koran übereinstimmen, werden nicht benötigt, diejenigen, die dem Koran widersprechen, werden nicht gewünscht. Zerstört sie also.» Mehr als 900 Jahre hatte der Hort der Kultur, Wissenschaft und Kunst bestanden, jetzt diente sein Inhalt dazu, das Badewasser der Soldaten zu heizen. Die Bibliothek von Alexandria existierte nicht mehr.

In Konstantinopel gründete Erzbischof Leon von Thessalonike zwei Jahrhunderte später eine neue Universität, deren Bibliothek die neu zusammengestellten Werke des Archimedes aufnahm. Auch die *Kleine Astronomie* des Pappos mit Aristarchs Arbeit fand hier einen sicheren Zufluchtsort. Unentwegt musste die prunkvolle Stadt feindliche Angriffe abwehren, überstand Belagerungen ebenso wie Brände, Seuchen und Erdbeben. Erst die Kreuzfahrer eroberten 1204 Konstantinopel, zerstörten Monumente, raubten Kunstwerke und ermordeten viele der Bewohner. Im Laufe der drei Tage lang dauernden Plünderung wurden auch Bibliotheken niedergebrannt und Werke daraus in ganz Europa verstreut. Die Werke von Archimedes und Pappos gelangten auf verschlungenen Pfaden in die Bibliothek von Friedrich II. von Hohenstaufen, der auf der ehemals zum Byzantinischen Reich gehörenden Insel Sizilien für eine neue Blütezeit sorgte. Doch als dessen Sohn und Nachfolger Manfred in der Schlacht bei Benevent von den Truppen des Grafen von Anjou vernichtend geschlagen wurde, übernahm dieser die gesamte Bibliothek und schenkte sie Papst Klement IV., der die wertvollen Schriften nach Rom schaffen ließ. Während des Exils des Papsttums in Avignon wurden die griechischen Manuskripte in die Bibliothek nach Assisi gebracht, doch 1368 ordnete Papst Urban V. den Rücktransport aller Bücher nach Rom an, wo sie auf verschiedene Kirchen verteilt wurden.

Ein Jahrhundert verging, bis 1450 Papst Nikolaus V. die Vatikanische Bibliothek gründete. Er beauftragte den Domkapitular Jacobus Cremonensis damit, die bedeutendsten mathematischen Werke ins Lateinische zu übersetzen und in die Bibliothek aufzunehmen. Eine der Übersetzungen des *Sandrechners* ließ Papst Nikolaus kopieren und schenkte sie dem geschätzten Kardinal Basilius Bessarion, der sehr an den Schriften der alten griechischen Gelehrten interessiert war. Bessarion hatte auf einer seiner vielen Reisen in Wien einen äußerst begabten Mathematiker und Astronomen namens Johannes Müller kennengelernt, den er 1461 zu sich nach Rom einlud. Kaum dort angekommen, studierte dieser voller Begeisterung die Schriften des Archimedes. Er kopierte die lateinischen Übersetzungen und konnte zudem einige Übersetzungsfehler korrigieren, da er des Griechischen mächtig war und vor allem mehr Sachverstand besaß als Jacobus Cremonensis.

Als er auf den wenig bekannten *Sandrechner* stieß, zeigte er anfangs kaum Interesse, war doch das Problem der Darstellung großer Zahlen längst gelöst. Doch dann las er die Sätze über einen gewissen Aristarch von Samos und dessen These, die Fixsternsphäre und die Sonne seien unbeweglich und die Erde bewege sich um die Sonne. Verwirrt und aufgeregt notierte er an den Rand seiner Kopie, damit er die Stelle später rasch wiederfinden konnte, «Aristarchus samius».

Jahrelang reiste der junge Astronom Johannes Müller durch Italien und besuchte die berühmten Universitäten von Ferrara, Venedig und Padua, bevor er sich 1471 in Nürnberg niederließ und ein Observatorium aufbaute. Er vermaß die Sterne genauer als jeder andere Astronom seiner Zeit und verglich seine Ergebnisse mit denen seiner antiken Vorfahren. Auch ihn störte das unförmige Räderwerk der Planetenbahnen, eine bessere Lösung fand er aber nicht.

Er stand in einem regen Briefwechsel mit einem seiner ehemaligen Schüler, Domenicus Maria de Novara, einem Freigeist, der in seine Heimat zurückgekehrt war und an der Universität von Bologna Mathematik und Astronomie lehrte. Ihm schrieb Müller eines Tages: «Es ist notwendig, dass man die Bewegung der Sterne ein wenig ändere wegen der Bewegung der Erde.» Johannes Müller konnte dieser Idee jedoch nicht mehr nachgehen. Papst Sixtus IV. lud ihn 1475 zur Mitarbeit an der Kalenderreform ein, so dass er umgehend nach Rom abreiste. Schon ein Jahr später starb er dort an der Pest. Regiomontanus, wie man Müller später nannte, war nur 40 Jahre alt geworden.

Doch er hatte in Domenicus Maria de Novara die Saat des Zweifels gestreut – 1700 Jahre nach Aristarchs Tod.

✪

Bologna, 5. März 1500. Schläfrig erhebt sich Nikolaus Kopernikus aus dem knarzenden Bett. Saturn hat in der Nacht zuvor in naher Konjunktion mit dem Mond gestanden, ein seltenes Ereignis, das er gemeinsam mit seinem Lehrer de Novara, bei dem er zur Miete wohnt, beobachtet hat. Sorgsam haben sie bis zum frühen Morgen die Positionen der Himmelskörper mit dem Quadranten vermessen und die Werte aufgezeichnet. Aber wie schon bei vorangegangenen Messungen dieser Art stimmen die Positionen nicht mit ausreichender Genauigkeit mit jenen überein, welche die astronomischen Tafeln angeben.

Nikolaus' Onkel darf von diesen Eskapaden nichts wissen, hat er den Neffen doch zum Studium des Kirchenrechts nach Italien geschickt. Doch Nikolaus kennt nur eine Leidenschaft: die Sternenkunde. Und so ist er zu Novara gekommen, der das astronomische Talent des jungen Domherrn sofort erkannt hat.

«Irgendetwas stimmt nicht mit dem Himmelswerk», denkt Kopernikus, als er sich an seinen Tisch setzt und nach einem Buch von Archimedes greift, das ihm sein Lehrer ans Herz gelegt hat: der *Sandrechner*.

Ein kurioses Werk, denkt Kopernikus, aber nicht sehr reizvoll. Doch an diesem Morgen stößt er darin auf einen Namen, den er noch nie zuvor gehört hat: Aristarch von Samos. Welch erstaunliche Dinge Archimedes über ihn berichtet, denkt der Astronomiestudent, die Erde soll sich um die Sonne drehen – unglaublich. Kopernikus liest weiter in dem antiken Werk über die Suche nach einer Zahl, die die Anzahl aller Sandkörner im Universum angibt. Doch immer wieder verhaken sich seine Gedanken in der ungeheuerlichen Hypothese: Die Erde ruht nicht im Zentrum des Universums, sondern bewegt sich im Kreis und wirbelt zudem um ihre eigene Achse. Wie kam dieser Aristarch darauf, und warum konnte er damit die Bahnen der Planeten erklären? Wer war dieser Mann überhaupt, fragt sich Kopernikus, als Novara an seine Zimmertür klopft und ruft:

«Kopernikus, kommt und beeilt Euch! Die Vorlesung beginnt in wenigen Minuten.»

«Ich eile!» ruft der junge Student und denkt: Über diesen Aristarch muss ich mehr erfahren.

Nachwort

Aristarch von Samos und seine Zeit

Der historische Roman entführt den Leser in eine vergangene Epoche. Er unterhält und vermittelt gleichzeitig Wissen. Damit bietet er die wunderbare Möglichkeit, Zeiten wieder auferstehen zu lassen, die einem der Geschichtsunterricht nur trocken und blutarm vermittelt hat.

Doch bleibt nach der Lektüre eines historischen Romans die Frage offen: Was ist historisch gesichert und was literarische Fiktion? Ein paar Anmerkungen zu diesem Buch sollen diese Unsicherheit ausräumen. Das Personenverzeichnis, das zwischen historisch gesicherten und fiktiven Personen unterscheidet, ist in dieser Hinsicht eine weitere Hilfe.

Über den Helden dieses Buches, Aristarch von Samos, ist nur sehr wenig bekannt. Vermutlich lebte er zwischen 310 und 230 vor Christus. Nur eine einzige Arbeit ist von ihm überliefert. Sie trägt den Titel *Über die Größen und Entfernungen der Sonne und des Mondes* und ist ein Zeugnis seiner Genialität. Es ist der erste bekannte Versuch, die Größen und Entfernungen von Himmelskörpern zu messen. Schon das allein muss als ein Bruch mit der Aristotelischen Philosophie angesehen werden, in der die Himmelssphäre die göttliche Region war. Aristarch unterschätzte zwar die Distanzen im Sonnensystem ganz erheblich, aber mit den damaligen Hilfsmitteln war eine genaue Entfernungsmessung auch gar nicht möglich. Es ist erstaunlich, dass er überhaupt zu einem Ergebnis gekommen ist. Entscheidend aber war die Erkenntnis: Die Sonne ist viel größer als die Erde.

Vermutlich führte diese Entdeckung Aristarch zu seiner revolutionären Hypothese, die ihn berühmt machte: Nicht die Erde steht im Zentrum des Kosmos, sondern die Sonne. Es mag ihm unnatürlich erschienen sein, dass sich ein großer Körper um einen kleinen dreht.

In diesem Weltbild verliert die Erde und infolgedessen auch wir Menschen ihre einzigartige Stellung im Universum, denn damit ist die Erde nur einer unter den damals bekannten fünf weiteren Planeten.

Eine Arbeit von Aristarch über dieses heliozentrische Weltsystem ist nicht erhalten geblieben. Lediglich Archimedes erwähnt sie in seiner überlieferten Schrift *Die Sandzahl*. Plutarch schrieb später, der Philosoph Kleanthes in Athen habe dazu aufgerufen, Aristarch aus diesem Grunde wegen Gottlosigkeit anzuklagen. Es gibt keine Hinweise darauf, ob der Prozess wirklich stattgefunden hat. Ich habe ihn erfunden und lasse die beiden Kontrahenten mit ihren wissenschaftlich-naturphilosophischen und religiösen Argumenten gegeneinander antreten.

Wegen seiner Hypothese des heliozentrischen Weltbildes wurde Aristarch später auch Kopernikus der Antike genannt. Kopernikus muss von Aristarchs wagemutigem Schritt erfahren haben, denn er erwähnt seinen antiken Vorgänger in einer frühen Version seines epochalen Werkes *Über den Umschwung der Himmelskreise*. Später strich Kopernikus diesen Vermerk aus ungeklärten Gründen wieder aus dem Manuskript.

Der Streit um das richtige Weltsystem kulminierte ein halbes Jahrhundert nach Kopernikus' Tod, als Galileo Galilei öffentlich für das heliozentrische Weltbild eintrat. Die damalige ablehnende Haltung der Kirche ist bekannt. Doch auch die Wissenschaftler brachten eine Reihe von Gründen gegen die Bewegung der Erde um die Sonne und die Drehung um die eigene Achse vor. Interessanterweise waren die wissenschaftlichen Argumente in beiden Zeitaltern gleich, wie sich beispielsweise an den Büchern des antiken Astronomen Ptolemäus ersehen lässt.

Der faszinierende Aspekt dieser Geschichte liegt darin begründet, dass die Griechen dem wahren Weltbild zum Greifen nahe waren. Sie konnten aber seine Richtigkeit nicht beweisen. Weitere fast zwei Jahrtausende lang glaubten die Menschen an die zentrale Stellung der Erde im Kosmos, bis die Kopernikanische Revolution sie daraus vertrieb. Kaum vorstellbar, wie die Geschichte sich entwickelt hätte, wenn die Griechen das Fernrohr erfunden hätten.

Aristarch und sein Wirken lassen sich nur verstehen, wenn man sich zumindest ein wenig mit der damaligen Naturphilosophie beschäftigt. Deswegen kommen die Lehren vor allem von Aristoteles auf der einen und den Atomisten auf der anderen Seite zur Sprache.

Aristarchs Lehrer war Straton von Lampsakos, einer der fortschritt-lichsten Denker seiner Zeit, den man auch den Physiker nannte. Von ihm sind nur wenige Zeugnisse überliefert, die in diesen Roman ein-geflossen sind. Ein wichtiger Punkt war hier Stratons Gottesbegriff.

Wir wissen nicht, wo Aristarch lebte und forschte. Ich habe ihn nach Alexandria in Ägypten versetzt. Diese von Alexander dem Großen gegründete Stadt erlebte unter dem Herrschergeschlecht der Ptole-mäer einen beispiellosen Aufstieg zu der wissenschaftlichen und kul-turellen Metropole ihrer Zeit. Dies spiegelte sich insbesondere in der weltgrößten Bibliothek und dem Museion wider, einem «Forschungs-institut», in dem Wissenschaftler, Philosophen, Musiker und Lite-raten unter dem Schutz des Königs lebten und arbeiteten.

Eines der berühmtesten Mitglieder des Museions war der Mathe-matiker Euklid. Ein Zusammentreffen mit Aristarch, wie ich es be-schreibe, ist zwar nicht überliefert, aber nicht ausgeschlossen. Ein Mitwirken Aristarchs an Euklids berühmtem Werk *Elemente* habe ich erfunden. Halbwegs sicher ist, dass Aristarch die sphärische Sonnen-uhr, Skaphe genannt, erfunden hat. Die Messung des Erdumfangs ist hingegen, ebenso wie das Zusammentreffen mit Archimedes, zwar denkbar, aber ebenfalls erdichtet.

Schließlich lebt der historische Roman auch von einer authen-tischen Darstellung des Milieus. Dies reicht in diesem Fall vom Leben der Gelehrten im Museion über das Treiben in einer antiken Groß-stadt bis hin zum religiösen Alltag der Menschen im ägyptischen Hin-terland – alles zusammen ein reiches Panoptikum einer faszinie-renden Epoche.

Die Haupthandlung beginnt am 2. Juli 289 v. Chr. mit dem Eintref-fen des jungen Aristarch in Alexandria. Sie findet ihren Höhepunkt am 7. Dezember 271 v. Chr. in dem Streitgespräch zwischen Aristarch und Kleanthes über das heliozentrische Weltsystem und endet mit Aristarchs Tod irgendwann nach 259 v. Chr. Ich verwende den da-mals üblichen ägyptischen Kalender, der sich nach dem jeweils re-gierenden König richtete.

Thomas Bührke, Schwetzingen, Herbst 2008

Der Autor

Thomas Bührke, geb. 1956, hat am Max-Planck-Institut für Astronomie in Heidelberg promoviert. Seit 1990 arbeitet er als Wissen-
schaftsjournalist und Zeitschriftenredakteur; darüber hinaus hat er
zahlreiche erzählende Sachbücher veröffentlicht, darunter im Verlag
C. H. Beck «Sternstunden der Physik» (^{5}2003; Sonderausgabe 2008)
sowie «Sternstunden der Astronomie» (2001).

✪ ✪ ✪ ✪ ERZÄHLTE WISSENSCHAFT BEI C. H. BECK ✪ ✪ ✪ ✪

Albrecht Beutelspacher
Christian und die Zahlenkünstler
Eine Reise in die wundersame Welt der Mathematik
3., durchgesehene Auflage. 2006. 176 Seiten mit Illustrationen
von Thomas M. Müller. Halbleinen

Thomas Bührke
Sternstunden der Astronomie
Von Kopernikus bis Oppenheimer
2001. 220 Seiten mit 24 Abbildungen. Paperback
(Beck'sche Reihe Band 1427)

Thomas Bührke
Sternstunden der Physik
Von Galilei bis Heisenberg
Limitierte Sonderausgabe. 2008. 260 Seiten mit 12 Abbildungen.
Paperback
(Beck'sche Reihe Band 4062)

Jean-Pierre Luminet
Rendezvous mit Venus
oder Die Liebe zur Astronomie. Ein Roman
Aus dem Französischen von Annette Lallemand
2005. 380 Seiten. Leinen

Reviel Netz/William Noel
Der Kodex des Archimedes
Das berühmteste Palimpsest der Welt wird entschlüsselt
Aus dem Englischen von Thomas Filk
5. Auflage. 2008. 303 Seiten mit 67 Abbildungen und 1 Karte.
Gebunden

Marcus du Sautoy
Die Mondscheinsucher
Mathematiker entschlüsseln das Geheimnis der Symmetrie
Aus dem Englischen von Stephan Gebauer und Andreas Gebauer
2008. 429 Seiten mit 78 Abbildungen und 4 Tabellen im Text.
Gebunden

✪ ✪ ✪ ✪ ✪ ✪ ✪ ✪ ✪ VERLAG C. H. BECK ✪ ✪ ✪ ✪ ✪ ✪ ✪ ✪ ✪